포스트투어리즘의
새로운 렌즈

KB179166

디아스포라 휴머니티즈 총서 **011**

포스트투어리즘의 새로운 렌즈 _____ 역사 문화 시대를 넘나들다

정은혜

김지영

이세윤

곽연경

김주락

최서희

장윤정

이하영

이나영

손유찬

김금미

앨피

차례

2부
포스트투어리즘의 전개와 발전: 다양한 시각과 함의

3부
포스트투어리즘의 현재와 미래: 포스트코로나 시대와 전략

머리말

포스트코로나 시대의 포스트투어리즘, 과거와 현재를 넘나들다

_정은혜

　일반적으로 관광은 사회, 문화, 생활양식의 변화를 반영하는 것으로 시대에 따라 다양하게 분석되어 왔다. 따라서 관광을 근대사회의 양면성을 반영하는 현상으로 간주하고, 이러한 관광 현상에 대해 현대사회의 특징을 파악하기도 한다.[1] 이는 관광이 사회적이고도 역사문화적인 파생물이며, 시대를 넘나들며 끊임없이 변화하고 있음을 보여 준다. 하지만 기존의 관광 연구는 관광의 행동과 개인의 인식을 종합적으로 고려하기보다는 관광 동기, 관광 만족도와 같은 고전적인 주제에 초점을 맞추는 경우가 많았다.[2] 또한 일상적인 환경에서 발생하는 관광 행태를 정의하는 작업이 부족하여 일상과 비일상을 이분법화하거나 혹은 관광공간을 아예 탈일상의 공간으로 규정하

1　Cohen, E., "Tourism and modernity: a sociological analysis: Ning Wang, Pergamon, An Imprint of Elsevier Science Ltd., Oxford, 2000, VIII+271pp," *Journal of Retailing and Consumer Services* 9(1), 2001, pp. 56-58; Urry, J., *The tourist gaze: Leisure and travel in contemporary societies*, SAGE Publications, London, 1990.

2　Sheldon, P. J., "Designing tourism experiences for inner transformation," *Annals of Tourism Research 83*(article 102935), 2020, pp.1-12.

여 일상공간인 주거와 업무공간의 반대 개념으로 분류하기도 하였다. 이로 인해 관광과 일상의 경계가 인위적으로 설정되었으며, 관광객의 정의도 일상공간에서 벗어나 반구조적 공간으로 탈출하는 것으로 다소 협소하게 부여되었다.[3]

하지만 최근 정보통신기술과 모빌리티 발달에 커다란 진척이 이루어지면서 관광의 주체는 물론이고 관광의 대상, 관광공간, 관광 방식 등이 획기적으로 변화하고 있다. 또한 윤리적 · 미학적 관점이 관광에 확대 · 도입되고 있는 것도 이러한 관광의 다변화와 다층적 성격을 반영하는 추세로 볼 수 있을 것이다. 그런 의미에서 관광을 포스트모던 이후의 시기까지 고민해야 한다는 주장이 제기되고 있다. 오늘날의 관광은 포스트모던 투어리즘만으로는 설명이 어려운 관광 현상이 나타나고 있기 때문이다.

따라서 전통적인 관광 행동 및 관광공간에 대한 이분법적 가정을 극복하는 사조로서 '포스트투어리즘post-tourism'이 대두되었다. 포스트투어리즘은 공간적 경계가 있는 장소 기반 활동으로 해석해 온 기존 관광 연구의 틀을 넘어, 모빌리티 시대를 맞아 유동적 성격을 가진 다양한 요소의 이동이 만들어 내는 결과물로서 관광을 통시적으로 살펴본다. 따라서 포스트투어리즘은 탈관광적이자 친일상적인 현

3 Ritzer, G., & Liska, A., "'McDisneyization' and 'Post-tourism': Complementary Perspectives on Contemporary Tourism," in Rojek, C. & Urry, J. (Eds.), *Touring Cultures: Transformations of Travel and Theory*, Routledge, London and New York, 1997; Stors, N., "Constructing new urban tourism space through Airbnb," *Tourism Geographies* 24(9), 2020, p. 1-24.

상의 의미로서 적용될 수 있다. 홈 익스체인지home exchange,[4] 한 달 살아 보기, 사이버 투어리즘, 볼런투어리즘voluntourism[5] 등이 그것이다. 이러한 형태의 포스트투어리즘은 관광공간의 생산과 소비 메커니즘mechanism을 재정의하고, 나아가 관광의 경계에 대한 본질에 대해 토론의 장을 열 수 있다는 점에서 가능성이 있는 주제이다.[6] 그런 의미에서 포스트투어리즘은 탈차별화를 수반하며, 새로운 여행 방식을 강조하고, 관광을 일상적인 사회 환경에서 이해할 수 있는 개념으로서 일상과 비일상이 혼재된 관광 경험 및 공간을 설명하는 철학적 배경이 될 수 있다.[7]

특히 지금과 같은 포스트코로나 시대로 접어들면서 포스트투어리즘은 공간과 이동, 행위자에 대한 새로운 이해 가능성을 모색할 수 있

---

4 홈 익스체인지는 말 그대로 '서로 집을 바꿔서 살아 보기'라는 의미로, 여행에서 중요한 숙박 문제를 당사자 간의 물물교환 형식으로 해결하는 것을 말한다. 비홈B.Home, 홈익스체인지닷컴www.homeexchange.com 등과 같은 온라인 중개 서비스 플랫폼을 통해 사용자로부터 일종의 입장 비용을 받고, 자신이 가서 살고 싶은 국가와 지역을 고르고, 리스트에 올라 있는 집의 사진들을 보면서 마음에 드는 곳을 결정하여 일정 기간 집을 바꾸어 여행하는 것을 의미한다. 여기에는 침실과 욕실이 몇 개이고, 아이가 있는지, 몇 명이 투숙할 수 있는지, 자신은 어떤 나라(혹은 어떤 도시)로 가고 싶은지 등에 대한 정보가 적혀 있어 집을 선택하는 데에 중요한 기준으로 활용된다.

5 볼런투어리즘Voluntourism이란, 자원봉사활동을 뜻하는 '볼런티어volunteer'와 여행을 의미하는 '투어리즘tourism'이 결합된 신조어로, 휴가를 자선활동으로 보내는 것을 말한다. 이런 현상은 9·11테러 사건이나 허리케인 카트리나 사태, 인도네시아 쓰나미 참사 등을 통해 전 세계적으로 나눔의 기쁨이 사람들의 소중한 삶의 가치로 확산되면서 등장하였다. 종교단체와 자원봉사단체, 국제적인 민간단체 등을 중심으로 세계적으로 활발히 진행되고 있다.

6 Jansson, A., "Rethinking Post-tourism in the Age of Social Media," *Annals of Tourism Research* 69, 2018, pp. 101-110.

7 Urry, J., *Consuming places.* Routledge, London, 1995; Shough, K. & Tesfahuney, M., *Privileged Mobilities: Tourism as World Ordering*, Cambridge Scholars Publishing, Newcastle upon Tyne, 2016.

다는 점에서 유용하게 적용될 수 있다. 무엇보다 포스트코로나 시대로 들어와 개별적 관광이 증가하고 있는 것은 포스트투어리즘에 대한 가능성을 보여 준다. 다양해진 가족 형태, 코로나19로 단절되었던 관광 및 여행에 대한 열망, 격리 기간 동안 변화된 체류의 의미 등이 개별적 관광의 동인으로서 작용하기 때문이다. 이는 포스트투어리즘과 포스트관광객post-tourist의 성격을 분석할 수 있는 중요한 개념으로 인지할 수 있도록 만들고 있으며, 더 나아가 실천적 대안을 제시함으로써 향후 관광이 관광공간과 지역 주민, 지역사회 등과 어떻게 공존하고 상생해 나갈 수 있는지를 고민하고, 그 지속가능성을 강화하는 방안을 마련할 수 있다는 점에서 보다 의미 있을 것으로 사료된다.

본서 《포스트투어리즘의 새로운 렌즈: 역사·문화·시대를 넘나들다》는 현대의 관광객을 포스트관광객으로 정의함으로써 이들의 끊임없는 이동과 교차를 통해 유동적, 혼종적, 이질적으로 재구성되고 있는 새로운 관광공간의 특성을 밝히고자 한다. 구체적으로 새로운 관광의 특성을 '관광 패러다임의 전환'이라는 좀 더 근본적이고 광범위한 차원에서 해석하기 위해 과거로부터 현재(혹은 미래)에 이르는 시공간 개념을 도입하고, 다양한 사례 연구를 통해 포스트투어리즘이라는 개념을 다층적이고 복합적인 관광의 변화를 아우를 수 있는 통합적 렌즈로서 제공하고자 한다. 이러한 통합적 렌즈는 일상여행, 문화역사관광, 다크투어리즘, 미디어 유발 관광media-induced tourism, 가상여행, 공정여행 등에 대한 구체적인 사례 분석으로 제시될 것이다.

《포스트투어리즘의 새로운 렌즈: 역사·문화·시대를 넘나들다》는 3부로 구성되어 있다. 1부 '포스트투어리즘의 시작: 역사문화공간과 투어리즘'에서는 포스트투어리즘의 시작점으로서 근현대사적으로 역사문화적 가치와 의미가 있는 관광공간을 지역적 사례 연구로 다루어 본다. 즉, 일반적인 역사문화공간으로서는 다소 낯선 지리산·천안·제주도 등을 독특한 진정성이 있는 관광공간으로 바라보고, 이들 지역을 다변화되어 가는 문화콘텐츠를 반영할 수 있는 포스트투어리즘적 관광공간으로서 고찰하였다. 특히 1부의 연구들은 문화유산의 진정한 의미와 가치를 추구할 뿐만 아니라 개인의 자유의지적 관광행태로 관광공간을 생산·소비하는 방식이 나타나고 있음을 역사적인 배경 지식과 고찰, 현장 답사, 그리고 인터뷰 자료 등을 통한 분석으로 탐색함으로써 기존의 관광 연구와는 다른 포스트투어리즘적 연구를 시도한다. 2부 '포스트투어리즘의 전개와 발전: 다양한 시각과 함의'에서는 포스트관광객으로서의 주체와 공간에 대한 학제 간 연구를 시도함으로써 현 시대가 지니는 유동적이고 이질적인 관광 연구에 더해 관광 변화의 사회적 함의를 고찰하고, 나아가 다양한 인간적·사회적 난제들에 대한 해법을 모색하고자 한다. 특히 관광 주체와 공간, 이동성의 변화를 관찰함으로써 이로 인해 변화한 관광의 모습을 포스트투어리즘으로 개념화하려는 시도를 한다. 무엇보다 공간적 경계가 있는 장소 기반 활동으로 분석해 왔던 기존 관광 연구의 틀을 넘어, 모빌리티 시대를 맞아 유동적인 성격을 가진 다양한 요소의 이동이 만들어 내는 결과물로서의 관광을 통시적으로 살펴본다. 아울러 2부에서는 가상 및 현실 공간에서의 미디어 유발 관광을 생산하고 소비하는 최근의 관광 행태도 탐색해 본다. 마지막으로 3부 '포스트투어리즘의 현재와 미래: 포스트코로나 시대와 전략'에서는 포스트관광객으로서 인간의 삶과 포스트투어리즘이 현재와 미래의 방식으로 어떻게 존재하는지를 살펴보고, 특히 포스트코로나 시대와 전략에 맞서 사회문화적 측면에서 포스트투어리즘이 어떻게 장소에 반영되고 관계를 맺고 있는지를 살펴본다. 그럼으로써 포스트투어리즘의 미래를 전망하여 그와 관련된 실천적 대안을 논의한다. 여기에는 관광에 대한 진정성 인식, 감정 등을 파악하는 과정을 거친다. 이 책의 핵심 내용은 다음과 같다.

◆ ◆ ◆

1부 '포스트투어리즘의 시작: 역사문화공간과 투어리즘'에는 기존의 관광 연구와는 달리 역사문화공간에 대한 지역사회의 입장을 보다 대변함으로써 이들 관광공간을 포스트투어리즘의 통합적 렌즈로 논의하려는 세 편의 글이 실려 있다.

첫 번째, 김지영의 〈1920~1960년대 근대 산악 투어리즘과 지리산 관광공간의 중층적 구성〉은 근대 투어리즘과 등산 문화가 '산악 투어리즘'으로 발현되어 지리산 관광공간을 형성하는 데 미친 영향을 살펴본다. 이를 위해 1920년대부터 1960년대까지 시계열적으로 다양한 주체가 지리산 산악 투어리즘 공간을 형성하는 과정을 추적하고 있다.

1920년대부터 시작된 지리산 관광은 조선일보사와 동아일보사가 진행한 지리산 탐승단 모집의 방식으로 진행되었고, 전통 사찰 주변을 가볍게 하이킹하는 형태였다. 1925년 기독교 선교사(미국 남장로교회)들이 당시 동경제국대학으로부터 지리산 연습림의 일부를 임대받아 풍토병을 피하기 위해 '문명화된 휴양촌'을 조성하면서 외국인들의 발길이 이어졌는데, 이는 이후 지리산의 투어리즘에 큰 영향을 미쳤다. 1930년대 후반부터 해방 전후까지 조선인 산악회를 중심으로 산악 투어리즘이 형성되기 시작하였으며, 1937년 양정고보 산악부가 답파하면서 산악 투어리즘이 본격적으로 등장한 것으로 보았다.[8] 해방 후인 1945년 9월에는 조선인 중심의 조선산악회(한국산악회)가 결성되면서 등산 문화 진작의 기반이 되었다.

이처럼 근대 투어리즘과 등산 문화가 도입되고, 지리산은 본격적으로 근대적 의미의 '산'으로 변화하였으나 그 사이 지리산은 특수한 위치에 놓이게 되었다. 해방 후 여순사건과 6·25전쟁을 겪으며 지리산 입산이 금지되었던 것이다. 그러나 1949년 지리산 세석평원에 산사람 허만수가 자리를 잡아 산악운동을 전개하는 등 또 다른 층위의 다양한 주체들이 지속적으로 관광공간을 형성하고 있었다. 1955년에는 구례중학교 교사 우종수 등이 구례연하반이라는 지리산 권역 최초의 산악 모임이 만들어, 등산객을 위한 등산로를 개발하고 지도를 편찬하였다. 이처럼 개인을 비롯해 지역 산악회 등이 지리산 등산 문화와 근대 투어리즘을 공간적으로 발현하는 행위 주체자로 등장하였고, 이와 동시에 일제 시기부터 지리산 탐승단을 모집해 왔던 조선일보사에서도 1955년 지리산 등반대를 조직했다. 1950~60년대에는 한국산악회, 대륙산악회 등의 산악회가 '잠자고 있던 지리산'을 깨우는 과정으로서 등산을 진행하였다. 당시 등산은 주로 각 분야 전문가를 동반하여 학술 조사를 병행하는 형태로 진행되었다. 그리고 1967년 지리산은 국립공원 1호로 지정되면서 '관광한국'의 상징이 되었다.

---

8 이 시기, 지리산이 조선팔경으로 선정되면서 국립공원 지정 논의가 진행되었지만, 이는 기획에 그쳤다.

이 글을 통해, 해방 이후에 발생한 여순사건과 6·25전쟁으로 시·공간적 분절을 겪은 것처럼 보였던 지리산 관광공간은, 사실상 1930년대 후반부터 형성되었던 산악 투어리즘이 잠재되어 있던 공간이었음을 알 수 있다. 한국의 굵직한 근현대사적 사건 속에서 지리산은 여러 주체를 통해 산악 투어리즘을 형성해 나가며 하나의 관광공간을 구성해 나갔던 것이다. 무엇보다 해방 이후, 지리산 근대 관광공간을 구성하는 주요 주체가 일제가 아닌 한국인들로 옮겨졌다는 점은 주목할 만하다. 하지만 기본적으로 일제 시기 이용했던 방법과 공간의 경로 의존성은 크게 달라지지 않았는데, 이는 지리산을 대하는 관점이 일제 시기에서 해방으로 넘어갔어도, 즉 자연을 바라보는 주체가 일제에서 한국으로 이동했다고 할지라도, 자연을 바라보는 근대적 시각이 발현되는 지점과 방식은 유사했다는 점에서 자연을 대하는 방식에 있어 근대적 모빌리티에 대한 포스트투어리즘적 논의는 앞으로 더 이루어져야 할 것으로 보인다.

두 번째, 정은혜의 〈역사문화관광지로서 천안의 역사경관 및 가상공간에 대한 잠재력 고찰: 독립기념관과 유관순 열사 사적지를 사례로〉는 천안이라는 관광공간 중에서도 유관순 열사 사적지와 독립기념관의 애국경관을 바탕으로, 이들이 역사적 상징성을 갖는 것으로서 심리적 변화를 일으킬 수 있는 잠재력이 있음을 확인하는 글이다. 이 글에서 정은혜는 애국경관이 역사적 기억들을 되살리고 재현함으로써 체험의 장으로 만들고 있을 뿐만 아니라, 향후 방문 및 재방문 여부에도 영향을 주는 심리적 변화 요인으로 작동하는 요인임을 보여 준다. 또한 천안의 역사적 애국경관이 호국충절이라는 지역적 정체성을 공고히 할 뿐만 아니라 역사문화관광지로서의 의미를 강화해 주고 있다고 보았다.

35년간의 일제 무단통치 기간은 우리나라 역사 전반에 많은 변화를 가져왔다. 아직까지 우리 주변에 남아 있는 일제강점기의 흔적은 더 이상 아프고 숨겨야만 하는 역사가 아니라, 더욱 많이 알리고 체험함으로써 후손들이 애국심과 올바른 국가관을 가질 수 있도록 가르치는 교육의 장이자 경험의 장이 되어야 함을 의미한다. 이러한 측면에서 보았을 때, 조국을 위해 모든 것을 바치고 숭고하게 희생한 독립운동가와 민족운동의 역사를 애국경관으로서 담고 있는 천안은 기존에도 그렇지만 향후에도 포스트투어리즘적 역사문화 관광공간으로서 높은 가능성을 가질 것으로 판단된다. 이 글에서는 특히 천안 유관순 열사 사적지와 독립기념관의 역사문화적 경관이 단순히 수동적으로 감상되는 것이 아니라 심리적 변화를 일으킬 수 있는 것임에 주목하였다. 무엇보다 유관순 열사 사적지와 독립기념관에 놓인 애국경관들은 역사적인 기억들을 되살리고 재현하는 작업을 통해 우리 민족이 경험했던 고문·희생·민족 독립의 과정을 간접적으로나마 체험하는 장으로 변화되고 있었으며, 이러한 역사적이고도 애국적인 경관은 우리 민족의 역사를 배움과 동시에 순국선열들의 넋을 기리며 애국심을 고취시키는 가상공간의 역할을 수행하고 있었다. 또한 추가적으로 시행한 인터뷰 조사를 통해 역사적 애국경관이 심리를 자극하여 천안을 방문하고 싶도록 만드는 동기로 작용하고 있음을 확인하였고, 이는 천안이라는 지역을 호국충절의 정체성으로 보다 공고히 하는 계기로 작용하고 있음을 파악하였다.

따라서 이 글은 일제강점기에 독립을 향한 열망과 헌신을 반영한 천안의 역사적 애국경관이 지니는 잠재력을 고찰함으로써 이들 경관이 지역의 정체성을 좀 더 명확히 세우고, 알리고, 활성화하는 데에 기여할 뿐만 아니라 향후 가상공간으로서 천안이 포스트투어리즘적 역사문화관광지로서 활용될 수 있음을 시사한다. 더 나아가 천안이 지니는 애국경관을 포스트투어리즘적 마케팅의 일환으로 적극 활용해야 함을 제안하고 있다. 그런 의미에서 천안의 유관순 열사 사적지와 독립기념관의 역사경관은 과거에 대한 집착 혹은 역사적 사명인 공적 기억의 형태로 고정되거나 단선적 차원으로 접근하는 것이 아니라, 보다 다양한 기억과 모습을 회복하는 가상공간의 형태로 구체화됨으로써 포스트투어리즘적 관광 명소로 나아가야 한다고 제안하였다.

마지막으로, 이세윤·곽연경의 〈제주, 평화로 가는 공간: 다크투어리즘의 재해석〉은 제주도가 단순히 자연경관을 감상하는 관광지 이상의 의미를 갖고 있으며, 제주도에 남아 있는 다크투어리즘 관광자원을 피스투어리즘(평화관광)의 관점으로 전환하여 관광객에게 다양한 메시지를 주는 공간으로 재해석해야 함을 주장한다. 제주도는 자연경관의 아름다움과 일제강점기 수탈의 아픔이 공존하는 곳으로서, 이곳을 하나의 특수한 관광공간으로 재조명하여 역사교육에 기반한 다크투어리즘이 이루어질 수 있도록 하고, 이를 바탕으로 피스투어리즘의 가능성을 모색해야 한다는 것이다.

우리나라 남단에 위치한 제주도는 남쪽으로는 일본, 서쪽으로는 중국이 위치하고 있어 예로부터 외세의 침략에 많이 노출되었으나 현재는 이러한 지리적 특성이 접근성이 좋은 환경으로 그 의미가 변화하였고, 이와 함께 제주도의 아픈 역사와 현존하는 문화유산은 역사교육의 현장으로 거듭나고 있다. 특히 제주도의 일제강점기 유적지들은 주민의 생활환경에 위치하고 있어 관광객들이 쉽게 접근할 수 있는데, 이는 제주도의 군사시설들이 일본의 태평양전쟁 준비를 위해 투자된 시설임을 보여 준다.

저자들은 제주도 현지 답사를 통해 일제강점기 군사시설인 가마오름 동굴진지·제주평화박물관·알뜨르비행장 등의 관광자원이 제주도민의 거주지에 혼재되어 있음을 확인하고, 이러한 제주도를 하나의 관광공간으로 인식할 수 있도록 지역사회에 대한 고려가 필요하다는 논의를 펼친다. 또한 비극적인 역사도 우리 역사의 일부분이므로 잘 설립된 기념관뿐만 아니라 현재까지 남아 있는 일제강점기 건물 및 군사시설도 보존되어야 하며, 이들 경관을 다크투어리즘적 요소로 활용할 수 있도록 다양한 프로그램 개발이 필요하고, 나아가 우리가 지켜야 할 평화의 공간으로서 다룰 것을 제기한다. 제주도를 다크투어리즘적 장소로서뿐만 아니라 이제는 피스투어리즘의 렌즈로 재해석함으로써, 향후에도 지속가능한 관광의 형태로 나아가야 한다는 것이다. 이 연구는 방문객 입장을 우선시하던 기존의 관광 연구와는 달리, 지역사회의 입장을 대변함으로써 피스투어리즘의 통합적 렌즈로 바라보는 포스트투어리즘적 사고를 하였다는 점에서 의의를 찾을 수 있다.

◆ ◆ ◆

2부 '포스트투어리즘의 전개와 발전: 다양한 시각과 함의'에는 포스트관광객으로서의 주체와 공간에 대한 연구를 통해 현 시대가 지니는 유동적이고 이질적인 관광 변화의 사회적 함의를 고찰하고, 다양한 인간적·사회적 난제들에 대한 해법을 모색하려는 세 편의 글이 실려 있다. 여기에는 모빌리티 시대를 맞아 유동적인 성격을 가진 다양한 요소의 이동이 만들어 내는 결과물로서 관광을 통시적으로 논의하고자 한다.

첫 번째, 김주락·최서희의 〈베트남 이주여성의 VFR 경험이 갖는 포스트투어리즘적 함의〉는 베트남 결혼이주여성의 본국과 한국에서 VFRvisiting friends and relatives(친구 및 친척 방문)의 특징을 심층 인터뷰를 토대로 규명하였다. 이 글은 VFR 관광 활성화에 있어 베트남 결혼이주여성의 잠재력을 확인하고, 이들이 호스트와 게스트의 특성을 모두 보여 주는 관광의 다양화된 행위자라는 점을 포착하고 있다. 이 질적인 연구 결과는 베트남 결혼이주여성의 VFR 호스팅 및 방문 패턴을 형성하는 요인이 복잡하게 뒤섞여 있음을 보여 주고 있으며, 한국과 베트남의 특성이 VFR 경험을 형성하는 데 어떻게 영향을 미치는지 드러내 주고 있다. 일반적으로 베트남인의 한국 방문은 단체 관광이 가능한 비자로 제한되지만, 베트남 결혼이주여성의 가족(특히 부모)이 받는 방문동거비자는 한국에서 장기 체류를 허용한다. 이러한 요소는 베트남인의 VFR 관광에 있어 정부의 비자 정책이 적잖은 영향을 주고 있음을 보여 준다. 저자들의 분석에 의하면, 베트남 VFR이 비자 제도의 영향을 크게 받는 데 반해, 베트남 결혼이주여성과 한국인 가족의 베트남 여행은 개인의 선택이 가장 중요하게 반영된다. 즉, 이들의 베트남 여행 패턴은 15일로 제한된 무비자 정책, 한국의 근로 문화 및 여건과 같은 구조적 요인의 영향이 크게 작용하고 있음을 밝히고 있다.

한편, 이 글은 관광 행위자, 경험, 공간의 측면에서 VFR 관광의 포스트투어리즘적 특성을 드러낸다는 점에서 의의를 찾아볼 수 있다.

먼저 베트남 결혼이주여성과 그들의 친구 및 친척이 한국과 베트남 양국을 방문하는 경우가 드물다는 통념과 달리, 베트남인의 VFR 관광에 다양화된 패턴이 있음을 보여 준다. 또한 한국을 방문하는 베트남인의 비자 제한 및 의무(아이 돌봄, 아르바이트 등)는 방문 기간뿐만 아니라 결혼이주여성과의 정보 공유, 만남, 여행의 특성을 형성하는 것으로 조사되었다. 특히 친구를 초대hosting할 때 결혼이주여성은 단체관광의 빡빡한 일정에 매여 있는 친구의 짧은 자유 시간에 그들을 만나거나, 친구의 취향에 따라 방문 장소를 결정하는 경향이 나타났다. 반면 방문동거비자를 소지한 친척들은 한국에 오래 머무르는 경향이 있어 일반적인 단체관광객과는 달리 느긋한 여행이 가능했다. 그럼에도 불구하고 그들이 실제로 여행을 함께할 수 있는 시간은 제한적이었다. 이러한 다양한 리듬의 특성은 일과 돌봄·여가가 결합된 공간에서 벌어지는 업무와 여가, 단체 패키지 관광과 한국에 거주하는 호스트host(결혼이주여성)와의 만남이 혼재된다는 점에서 포스트투어리즘의 성격을 반영한다. 다음으로, 베트남 결혼이주여성은 베트남에서 친구 및 친척의 게스트guest이지만, 한국인 가족의 호스트로서 베트남을 방문하는 것이기 때문에, 베트남에서 호스트 혹은 게스트로서의 역할이 명확하게 구분되지 않는다. 즉, 이들의 VFR 관광 패턴은 양국에서 호스트와 게스트로서 역할이 복잡하게 혼재돼 있음을 보여 준다. 따라서 이 글에서 분석·제시한 베트남 VFR 경험에 있어서 포스트투어리즘의 특징은 첫째, 호스트와 게스트의 경계가 모호해지고 있다는 점, 둘째, 베트남 결혼이주여성들이 참여 주체에 대한 이해(특히 어머니, 아내, 며느리로서 직면하는 개인 간 제약요인)에 기반해 독특한 호스트 및 게스트 역할을 하고 있다는 점을 들 수 있다.

저자들은 이 글을 통해 한국과 베트남이라는 지역적 맥락, 그리고 호스트와 게스트의 이중적 역할뿐만 아니라 제약 및 촉진요인에 주목해 VFR 관광 측면에서 베트남 결혼이주여성을 이해하는 데 도움을 주고자 한다. 무엇보다 이 글은 결혼이주여성의 관광 패턴을 면밀하게 살펴볼 수 있는 연구가 부족한 한국의 상황에서, 베트남 결혼이주여성의 VFR 경험을 사례로, 이를 포스트투어리즘적 관점의 연구로 제시하였다는 점에서 주목할 만하다.

두 번째, 장윤정의 〈포스트투어리즘과 미디어 유발 여행의 관계〉는 코로나 시대의 변화된 투어리즘 경향을 살펴볼 수 있다는 점에서 흥미롭다. 이 글은 최근 코로나19를 경험한 사람들이 실내에서 지내는 시간이 늘고 이로 인해 미디어를 접하는 시간이 길어지면서 OTT의 확장과 K-드라마의 인지도가 높아지게 되었음을 배경으로 삼고 있다. 이러한 미디어 시장의 변화로 코로나19 기간 동안 미디어가 시청자들에게 간접경험의 대체제 역할을 하게 되었고, 시청자들은 일상에서 미디어를 통해서나마 낯선 공간에 대한 호기심을 충족시킬 수 있었다. 저자는 미디어를 통한 시청자들의 일상적 경험 충족이 관광에 대한 스펙트럼을 확장·변화시킨 것으로 해석하면서, 미디어를 일상 탈출의 바람을 시각적으로나마 충족시키는 적절한 대안으로 간주하였다.

이 글은 기존의 관광 연구가 관광지 중심의 연구에 머물러 있다면 포스트투어리즘 연구는 관광객과 소비자를 다루는 연구로서 포커스가 옮겨 가고 있음에 주목하고, 그중에서도 미디어 유발 여행에 초점을 둔다. 미디어 유발 여행이란 수신자와 미디어를 경험한 여행자들로 구성되는 여행으로서, 무엇보다도 관광 주체가 중요시되고 있음에 주목한다. 미디어 유발 여행에 있어 관광의 주체는 미디어를 통한 선경험자이고, 거주지에서 머물면서 가상으로나마 여행지 계획을 세우는 과정을 겪는 여행 준비자이며, 더 나아가 국내 인바운드 미디어 여행을 유발하는 관광객이다. 이들은 코로나19를 겪으며 크게 증가하는 추세이며, 특히 K-콘텐츠에 관심이 많은 사람들에 의해 점차 그 영역 확장될 것으로 보인다. 많은 이들이 미디어를 통해 한국에 대한 이미지 여행, 소통 여행, 콘텐츠 여행, 식도락 여행 등의 형태로 방문 (혹은 재방문) 여행을 계획하고 있는 잠재력 있는 관광객이라는 점에서 상대적으로 주목할 필요가 있다.

아울러 저자는 코로나 이전의 미디어 유발 여행이 주로 촬영지를 중심으로 한 관광지에서 직접적인 관광 행태가 이루어지는 '경험자' 중심의 하드웨어적 접근이었다면, 코로나19 이후에는 인터넷이나 전파를 통한 '수신자' 중심의 소프트웨어적 접근으로 변화되었다고 분석한다. 이 같은 관광 주체의 변화 흐름을 포스트투어리즘으로 설명될 수 있다고 보고, K-콘텐츠의 사례를 들어 미디어 유발 여행과 인공지능 기술을 탑재한 가상공간의 가능성에 대해 전망하였다.

마지막으로 이하영·이나영의 〈'기생관광': 발전국가와 젠더, 포스트식민 조우〉는 박정희 정권에 의해 외화 획득과 관광 개발이라는 이름으로 획책되고 일본인 남성 관광객에 의해 실현된 '기생관광'의 의미를 분석한다. 기생관광이란 1960년대부터 1990년대 초반까지 한국에서 횡행했던 일본인 남성들의 섹스관광을 통칭한다. 당시 한국은 내수자본의 규모가 작고 축적 기반이 허약하여 적극적인 외자도입과 해외시장 개척이라는 외부 의존적인 개발 정책을 채택하고, 특히 관광 사업 육성을 통한 국가 차원의 외화벌이를 꾀하였다. 1961년 관광에 관한 우리나라 최초의 법률인 「관광사업진흥법」이 제정·공포되었고 연이어 관광을 위한 기반 시설들이 마련되었다. 1970년대에 들어서는 악화되는 무역수지 적자의 폭을 메우기 위해 관광을 국가 주요 전략 산업의 하나로 육성하기에 이른다. 하지만 전후 폐허가 된 국토에서 실질적으로 끌어들일 관광자원이 전무하고 사업 진행의 노하우 부족이라는 측면에서 여성의 몸을 자원으로 한 섹스가 관광 개발 전략으로 채택되었다. 이를 위해 정부는 여러 법 개정을 통해 일부 지역 및 공간에서의 성매매를 허용하였고, 세를 감면해 주기도 하였다. 그 결과, 일본인 관광객 수와 관광을 통한 외화 수입은 비약적으로 증가했고, 1970년대 초 일본인들에게 한국은 제1의 관광지가 되었다.

저자들은 기생관광의 외형적 성공이 금지와 허용, 범죄화와 국가 규제라는 이중적 성매매 정책 및 민족과 젠더 질서 간 이중의 경계 짓기를 통해 가능했다고 보았다. 즉, 포스트식민 발전국가의 모순과 아이러니는 다음과 같은 몇 가지 차원에서 기생관광에 깊숙이 배태되어 있다고 분석하였다. 첫째, 관광은 관광객과 관광지 사회가 직접적으로 만나는 것으로, 관광객인 일본인 남성은 관광지인 한국을 여성화되고 성애화된 이미지로 조우하여 이 순간 대한민국은 식민지 조선반도로 재영토화된 것으로 보았다. 둘째, 관광을 조장하기 위해 소환된 '기생'이라는 식민지적 기표는 제국의 남성을 포스트식민의 땅에 다시 소환함으로써 대한민국의 시공간은 식민지 과거로 퇴행하고, 제국의 현재성(시간)은 피식민 여성의 몸(공간)에 펼쳐지고 말았다는 것이다. 여기에 한국 남성들에 의한 남성중심적 성애적 욕망 구조와 기생관광으로 한국 남성들은 스스로를 식민지 남성으로 재각인하였다. 셋째, 과거 식민지배자를 소환한 식민지 남성—관광지

국가―은 재식민화와 여성화라는 이중의 아이러니를 극복하기 위해 성별화된 민족주의로 여성들을 분리·동원하면서 자신들의 행동을 정당화하고, 다른 한편으로는 기생관광을 건전관광으로 포장함으로써 탈식민 남성성을 재구축하고자 하였다. 저자들은 이러한 다중적 아이러니를 배태하고 있는 포스트식민적 조우의 형태들을 분석하면서 여성의 몸(공간)을 거점으로 경쟁하고 재구성되는 남성(성)들의 이중적이고 우화적인 모습을 표면화한다.

이 글은 현재 선진국의 대열에 들어서게 된 한국의 남성들이 원정 성매매를 떠나는 현실에 비판적인 시각을 나타내며, 과거 식민지였던 조국에 대한 수치심은 타국의 땅을 식민화하고 성애화함으로써 일순간 망각될 수 있을지 모르나, 언제고 되돌려질지 모르는 미래임을 재확인시켜 준다. 이와 동시에 젠더, 계급, 민족, 인종, 섹슈얼리티가 다층적으로 결합되고 재생산되는 포스트투어리즘적 시각에서 '과연 여성의 몸을 대상으로 하는 관광이 국가적 경계를 허물고 되풀이되어야만 하는가?'에 대한 깊은 고민과 성찰을 하게 한다.

◆ ◆ ◆

3부 '포스트투어리즘의 현재와 미래: 포스트코로나 시대와 전략'에는 포스트관광객으로서 인간의 삶과 포스트투어리즘이 현재 어떻게 존재하는지, 미래를 위해 어떻게 존재해야 하는지를 논의하는 세 편의 글이 담겨 있다. 최근의 포스트코로나 시대와 전략에 맞서 포스트투어리즘이 어떠한 방식으로 장소에 반영되고 관계를 맺고 있는지를 살펴보고, 더 나아가 포스트투어리즘을 지속가능성과 함께 연관시켜

봄으로써 실천적 대안을 모색한다.

첫 번째, 김주락의 〈포스트코로나 관광에서 주민의 역할: 유연하고 지역화된 온라인 플램폼 주민 호스트를 사례로〉는 온라인 여행 플랫폼 주민 호스트의 성격과 역할을 파악하여 유연하고 지역화된 호스트가 포스트코로나 관광에서 갖는 함의를 도출한다. 이를 위해 관광 공유경제 및 다변화되고 있는 호스트에 관한 기존 연구를 종합하고, '에어비앤비 체험'을 사례로 온라인 여행 플랫폼의 운영 특징과 현황을 파악하였다.

이를 통해 파악할 수 있는 특징은, 먼저 별도의 본업이 있는 온라인 여행 플랫폼 주민 호스트는 관광업 종사자와 달리 시장 상황에 빠르고 유연한 대처가 가능하다는 점이다. 위기 상황에서 관광시장을 떠날 수 있는 주민 호스트는 상황이 개선되면 즉각적으로 시장에 들어올 수 있으므로, 온라인 여행 플랫폼은 피폐해진 관광산업이 회복되는 동안 급증하는 수요에 대응하는 완충 역할을 할 수 있다는 것이다. 또한 에어비앤비 등의 온라인 여행 플랫폼은 지역화된 관광을 이끄는 잠재력을 가지고 있다는 점도 주목해 볼 수 있다. 유연한 주민 호스트는 피폐해진 관광 생태계가 충분히 준비되기 전에 시작될 보복 관광 수요를 일부 감당하는 완충 역할을 할 수 있고, 이들이 기존에 지역 관광에서 수행하던 역할은 지역과 더욱 깊게 연계되고 상생하는 방향으로 나아갈 포스트코로나 관광에 부합하기 때문이다.

하지만 저자는 이러한 '유연하고', '지역화된' 주민 호스트의 장점이 긍정적인 방향으로 발휘되기 위해서는 공유경제 활성화에 따라 제기되는 문제점에 대한 충분한 고려가 선행되어야 한다고 주장한다. 공유경제라는 것이 누구나 참여하고 어디서나 일어날 수 있어 불평등 해소에 기여할 것이라는 전망과는 달리, 실제로는 오히려 불평등을 심화하고 있다는 점에 주목해야 한다는 것이다. 또한 '누구나' 참여할 수 있다는 점은 곧 '아무나' 참여할 수 있다는 의미로, 이들 온라인 여행 플랫폼이 검증되지 않은 사람도 가능한 여행업이라는 점에 대해서도 좀 더 진지한 고민이 필요하다고 말한다. 따라서 저자는 관광이 잠시 멈춘 지금의 위기는 이후의 혁신을 위해 지금의 제도적 문제를 가다듬을 기회라는 점을 천명하며, 이들 플랫폼을 비롯하여 비일상적 관광, 진정성 있는 지역 경험, 여행지에 대한 존중 등이 이루어질 수 있도록 인식과 제도의 개선이 필요하다고 주장한다.

두 번째, 손유찬의 〈포스트코로나 시대, 미래 관광 교통수단으로서 자전거에 대한 소고: 뮌스터를 사례로〉는 포스트코로나 상황에서 자전거관광이 대안 관광, 지속가능한 관광으로 주목받고 있음에 초점을 맞추었다. 밀폐된 공간에서 전염성이 높은 코로나19를 피하면서 관광을 즐기는 방법으로 자동차나 대중교통을 이용하는 관광 대신 사회적 거리두기에 용이하고, 환기를 시켜 줄 필요가 없는 자전거가 대안적 교통수단으로 떠오르고 있다는 이유에서다.

자전거는 이동 시 탄소를 배출하지 않아 도심 내 미세먼지의 주범인 배기가스를 줄일 수 있다는 점, 자전거 이용 시 이동 시간의 증대로 관광객이 도시에 머무는 시간을 늘릴 수 있어 관광 수입 증대로 이어진다는 점, 또한 자전거를 이용 시 도로를 능동적으로 이동할 수 있기에 도시를 점 대신 선(자전거도로)과 면(자전거도로와 인접한 상점 및 거리)으로 인식하여 관광 수익이 특정 지역에 편중되지 않고 도시 전체에 고르게 퍼지는 효과를 낸다는 점 등을 이유로 들고 있다. 뿐만 아니라 자동차를 이용해 이동할 때는 미처 보지 못했던 도시 곳곳의 숨겨진 장소들을 관광객에게 노출시켜 비단 관광지뿐 아니라 도시 전체에 대한 이해도를 높이고 장소감을 향상시키는 효과를 기대할 수 있다는 점을 자전거관광의 장점으로 꼽고 미래 관광교통으로서 최적의 수단이라고 주장한다.

저자는 이와 같은 자전거관광에 특화된 도시의 사례로 독일 뮌스터Münster를 들고 있다. 뮌스터는 독일 북서부에 위치한 작은 도시지만 '독일 자전거의 수도'로 불리고 있을 만큼 자전거에 특화된 도시이다. 매년 수많은 관광객이 자전거를 이용해 뮌스터를 관광하고 있으며, 숙소 또는 관광지에서 다른 관광지로의 이동을 위해서뿐만 아니라 아름다운 자연과 중세 시대를 느끼기 위해 뮌스터에서 자전거를 타는 행위를 즐기고 있다는 것이다. 이 글에서 저자는 뮌스터의 자전거 풍경과 아름다운 뮌스터의 경관을 보여 주며 뮌스터의 오래된 자전거 역사를 소개한다. 뮌스터는 제2차 세계대전으로 파괴된 도시를 새롭게 건설하는 대신에 도시를 예전의 모습으로 복원하여 다른 도시보다 오래된 경관을 많이 가지게 되었다. 따라서 뮌스터의 도심은 예전의 모습처럼 구불구불하고 폭이 좁은 길과 역사적인 건물들로 복원되어, 애초에 자동차 대신 자전거가 어울리도록 설계되었다. 자동차의 편의보다 환경을 먼저 생각한 뮌스터 시민들의 선견지명은 지속가능한 미래를 고민하는 현재에 더욱 주목받고 있다.

마지막으로 김금미의 〈지속가능한 창조관광으로서 콘텐츠 투어리즘의 온·오프라인 전략〉은 콘텐츠 투어리즘을 일본의 경우와 대비하여 한국의 경우를 재개념화하고, 이에 대해 MZ 세대의 중요성과 특징을 어필한다. 그렇다고 해서 단순히 온라인 전략만을 강조하는 것이 아니라 온·오프라인 전략을 모두 모색함과 동시에 지속가능한 창조관광을 유도해야 함을 주장한다.

일본의 콘텐츠 투어리즘이 소비자의 구매 활동과 깊이 연관되어 지역의 생산성을 높일 수 있는 비자발적 온·오프라인 관광 행동 동기를 촉진하는 것과는 달리, 국내 콘텐츠 투어리즘은 콘텐츠 특히 미디어 관광 측면에서 영화나 뮤직비디오 촬영지를 활용한 관광 계획, 스토리텔링을 접목한 관광 활성화 방안 등 콘텐츠 소비 이후 활용 전략으로서 관광 개발, 그리고 관광 마케팅·홍보에 집중된 특징이 있다고 보았다. 주로 한류를 바탕으로 한 시도가 이루어지며, 국내 MZ세대의 특징을 반영하고 있다. 무엇보다 콘텐츠 투어리즘은 콘텐츠를 동기로 하는 관광 및 여행 행동이나 콘텐츠를 활용한 관광 및 여행 진흥을 목적으로 이루어지기 때문에, MZ세대의 활동이 중요하다. 디지털 가상공간을 통해 이들의 활동이 더 증가할 것으로 예상되는바, MZ세대의 참여, 공유와 소통을 전제로 하는 그들의 SNS 활동이 지역 경제 활성화를 달성하는 수단이 될 것으로 전망한다. 이러한 특징은 기존 문화관광과 달리 매체 환경에 의한 새로운 콘텐츠 향유 방법이자 창조관광의 가능성을 보여 주는 것으로, 이들의 활동을 중심으로 한 스토리텔링과 지역 커뮤니티와의 연관성을 고려할 필요가 있다.

하지만 저자는 온라인 콘텐츠 투어리즘 전략을 강조해야 한다는 점과 동시에 오프라인 전략의 중요성도 강조한다. 온·오프라인 콘텐츠 투어리즘 전략을 위해 첫째, 지역의 창조적 상품을 관광 매력물로 개발하고 유명 작가나 화가 등과 연관 지어 오프라인 여행지로서 활용할 수 있어야 하고, 둘째, 지역의 관광자원 정보를 지역 탐방객이 활용하여 재구조화할 수 있도록 방문 교육 프로그램을 개발하여 관광산업 영역과 연계하여 창조성을 증진시켜야 하며, 셋째, 커뮤니티를 통해 지역사회가 공감할 수 있도록 문화·예술·여가의 가치를 포함하는 재화와 서비스를 제공하는 산업으로 발전시켜 서적 및 잡지 출판·예술·공연예술·음악·영화·TV·패션·게임 등을 활용할 것을 제안한다.

◆ ◆ ◆

이 책에 실린 아홉 편의 글은 유동적 혹은 다중적인 정체성을 가지고 있는 포스트관광객을 새로운 관광 주체로서 주목하고 포스트코로나 시대의 현상과 전략에 주목하고 있다. 이 책을 통해 과거와 현재를 넘나들며 관광객의 다변화된 생각과 다층적인 욕구를 포스트투어리즘이라는 개념을 통해 좀 더 잘 이해할 수 있지 않을까 생각된다. 그런 의미에서 본서의 글들을 인간의 삶과 장소가 관계 맺고 있는 새로운 관광 방식에 대한 학술적 노력으로 간주할 수 있을 것이다.

관광은 시대를 초월하고, 다양한 경험은 새로운 성찰로 이어진다. 그런 의미에서 포스트투어리즘은 관광객의 내면적 정체성에 대한 질문과 함께 공간과 이동, 행위자에 대한 새로운 가능성을 모색해 볼 수 있는 주제일 것이다. 특히 최근까지 코로나19 상황을 경험하고 포스트코로나 시대를 겪고 있는 우리에게 포스트투어리즘과 관광공간이 제시하는 시각은 결코 단순하지 않다. 이러한 점에서 이 책이 과거에서부터 현재와 미래의 관광까지 아우르는 다층적이고 복잡화된 관광공간과 포스트투어리즘에 대해 보다 포괄적인 안목을 제시하는 첫걸음이 될 수 있기를 바란다.

참고문헌

Cohen, E., "Tourism and modernity: a sociological analysis: Ning Wang, Pergamon, An Imprint of Elsevier Science Ltd., Oxford, 2000, VIII+271pp," *Journal of Retailing and Consumer Services* 9(1), 2001, pp. 56-58

Jansson, A., "Rethinking Post-tourism in the Age of Social Media," *Annals of Tourism Research* 69, 2018, pp. 101-110.

Ritzer, G., & Liska, A., "'McDisneyization' and 'Post-tourism': Complementary Perspectives on Contemporary Tourism," in Rojek, C. & Urry, J. (Eds.), *Touring Cultures: Transformations of Travel and Theory*, Routledge, London and New York, 1997.

Sheldon, P. J., "Designing tourism experiences for inner transformation," *Annals of Tourism Research* 83(article 102935), 2020, pp.1-12.

Shough, K. & Tesfahuney, M., *Privileged Mobilities: Tourism as World Ordering*, Cambridge Scholars Publishing, Newcastle upon Tyne, 2016.

Stors, N., "Constructing new urban tourism space through Airbnb," *Tourism Geographies* 24(9), 2020, p. 1-24.

Urry, J., *The tourist gaze: Leisure and travel in contemporary societies*, SAGE Publications, London, 1990.

Urry, J., *Consuming places*. Routledge, London, 1995.

1부

포스트투어리즘의 시작
: 역사문화공간과 투어리즘

1920~1960년대 근대 산악 투어리즘과 지리산 관광공간의 중층적 구성

| 김지영 |

이 글은 2022년 대한민국 교육부와 한국연구재단의 지원을 받아 수행된 연구(NRF—2022S1A5B5A16052293)로, 《International Journal of Diaspora & Cultural Criticism》 제13권 1호(2023. 2)에 게재된 원고를 수정 및 보완하여 재수록한 것이다.

근대 산악 투어리즘과 지리산

근대 사회가 도래하면서 사람들은 다양한 목적으로 지리산을 방문했다. 여러 주체들은 산신 숭배, 심신 수양과 공부, 학술 연구, 탐험과 정복, 관광과 여행, 정치적·정책적 탐방, 은둔과 저항, 휴양 등의 목적으로 지리산을 찾았다. 전근대에 사용되던 유람遊覽과 탐승探勝이란 용어도 근대 '등산'의 의미가 부여되어 근대 투어리즘과 연관되었다.[1]

'탐승'은 근대 이전에는 명승名勝을 찾는 행위였으나 식민지 시기 근대 관광의 등장과 함께 주로 사용되었고, 따라서 이와 연관되어 그 개념이 정립되었다. 특히 근대 투어리즘의 시작이라 할 수 있는 금강산 탐승은 현재의 테마형 관광과 유사한, 기획된 프로그램을 갖춘 획일적이고 규모가 큰 관광의 의미로 설명된다.[2] 금강산이 일본인에 의해 관광지로 재발견되는 지표로서 철도 부설과 더불어 1926년 마쓰모토 타케마사松本武正와 가토 쇼린加藤松林이 간행한《금강산탐승안내金剛山探勝案內》의 연관성을 다룬 연구[3]와, 1930년대 전후 묘향산 기행문을 사례로 묘향산이 순례의 대상에서 순수한 탐승(관광)의 대상으로 변이되는 과정을 밝힌 연구[4]에서는 '탐승'을 '관광'의 의미로 본다.

---

1 서정호, 〈일제강점기의 지리산 탐방 목적에 관한 연구〉,《한국산림휴양학회지》17(4), 2013, 150쪽.
2 원두희, 〈일제강점기 관광지와 관광행위 연구〉, 한국교원대학교 석사학위논문, 2011, 28쪽.
3 서영채, 〈최남선과 이광수의 금강산 기행문에 대하여〉,《민족문학사연구》24, 2004, 245~246쪽.
4 우미영, 〈관광이라는 이름의 동원과 탐승〉,《근대 조선의 여행자들》, 역사비평사, 2018, 268~278쪽.

관광 이외에 근대 일본에서 유행한 등산이 식민지 조선에서 부흥기를 맞이하며 등산의 목적에 부가적인 의미로서 '금강산 탐승'이 쓰인 용례도 있다. 일제 시기 탐승은 등산·탐험·등척登陟 등의 용어와 혼용되면서 근대 투어리즘 맥락에서 개념을 형성해 나가는 동시에, 등산 개념의 형성과도 그 맥이 맞닿아 있었던 것이다. 등산이 놀이·탐승·탐험·건강 증진 등과 관련되어 사용되었듯,[5] 식민지 조선에서 등산이라는 행위는 단순히 산을 오르는 것을 목적으로 하는 서양의 알피니즘alpinism만을 의미하는 것은 아니었다.[6] 따라서 이 글에서는 등반·등척·탐험·탐승·탐방 등을 관광과 연결된 등산이라는 의미, 즉 산악 투어리즘으로 맥락화하고자 한다.

자연을 대상으로 한 근대 관광 연구는 조선의 대표적 명산인 금강산을 중심으로 진행되었다. 일제는 1910년대부터 식민지 조선의 대표 관광지로 금강산 개발을 진행하여 관광 인프라를 완성해 나갔고, 철도 기관 또한 철도와 숙박 시설을 마련함과 동시에 1915년부터 1930년 후반까지 금강산 여행안내서를 꾸준히 편찬하였다. 이러한 하드웨어와 소프트웨어를 기반으로 대규모 관광객들(조선인·일본인·서양인)은 금강산을 관광한 후, 이를 기록으로 남겼다.[7]

이에 반해 일제 시기 지리산의 근대 관광 기록은 다른 시기에 비하여 상대적으로 적다. 조선산악회가 발간한 《조선산악朝鮮山岳》에 실

---

5 박찬모, 〈탐험과 정복의 '전장(戰場)'으로서의 원시림 – 지리산〉, 《한국문학이론과 비평》 51, 2011, 171쪽, 177쪽.
6 서정호, 〈일제강점기의 지리산 탐방 목적에 관한 연구〉, 151쪽.
7 김지영, 〈일제시기 철도여행안내서와 일본인 여행기 속 금강산 관광 공간 형성 과정〉, 《대한지리학회지》 54(1), 2019, 89~110쪽.

린 여행안내 형식의 〈남선의 영산 지리산南鮮の靈山智異山〉(1932)과 일본인 가토 렌페이加藤廉平의 〈남선의 산을 순회하고南鮮の山を巡りて〉(1937), 조선총독부 철도국의 《조선여행안내기朝鮮旅行案內記》(1934) 등이 있다. 그리고 《조선일보》에 실린 학생 이학돈의 〈지리산등척기智異山登陟記〉(1936), 학생 최기덕의 〈지리산등반기智異山登攀記〉(1937), 노산鷺山 이은상의 〈지리산탐험기(智異山探險記)〉(1938) 등이 대표적이다.[8] 여기에서 일제는 근대 투어리즘을 통해 지리산을 가이드된 '무장소placeless'로서 제국적 욕망을 고양하는 구상물로 매개하거나,[9] 조선팔경 선정과 국립공원 지정 논의를 통해 경제적 목적과 식민 통치를 정당화하는 정치적 수단으로 활용하였다.[10] 조선인 이학돈·최기덕·이은상 등은 지리산을 탐험과 정복의 전장으로 여기기도 했으며,[11] 한편으로 지리산에 의탁하여 민족적 기개와 정체성을 공고히 하고자 하였다.[12] 이렇듯 지리산에 대한 근대 관광 연구는 제한된 사료를 최대한 활용하여 진행되었다. 그러나 지리산의 근대 관광과 등산 문화가 본격적으로 발현되는 시점이 1930년대 후반부터였기 때문에, 근대 산악 투어리즘에 대한 연구는 시기와 자료를 다각화하여 접근할 필요성이 있다.

지리산의 관광공간은 일제 시기, 해방, 여순사건, 6·25전쟁과 같

---

8 서정호, 〈일제강점기의 지리산 탐방 목적에 관한 연구〉, 151쪽.

9 박찬모, 〈조선산악회와 지리산 투어리즘〉, 《남도문화 연구》 23, 2012, 133~163쪽.

10 박찬모, 〈일제강점기 지리산과 '국립공원'〉, 《지리산과 구례연하반》, 경상대학교 경남문화연구원, 2017, 69~86쪽.

11 박찬모, 〈탐험과 정복의 '전장(戰場)'으로서의 원시림 – 지리산〉, 171~196쪽.

12 박찬모, 〈전시된 식민지와 중층적 시선, 지리산〉, 《현대문학이론연구》 53, 2013, 127~154쪽.

은 역사적 사건의 발생으로 인해 시·공간적 분절이 진행되었을 것으로 예상된다. 그럼에도 불구하고 지리산은 1920년대부터 1967년 국토개발 담론(국립공원) 안으로 정식 포섭되기 이전까지 역사적 사건을 거치며 근대 산악 투어리즘의 장으로서 그 공간의 전개 과정을 볼 수 있는 대표적인 지역이 되었다. 해방 이후 금강산이 시·공간적 분절을 겪었던 것에 반해, 지리산은 근대 투어리즘과 한국의 역사·문화적 맥락에서의 등산 문화 형성 과정이 수반되었기 때문이다. 이에 따라 전근대의 지리산에 부여되었던 종교적 의미와 신성함은 해체되고, 공간의 새로운 재구성을 함축하는 주체들의 공간 실천이 진행되었다.

이는 1920년대부터 1960년대까지 신문, 잡지, 지도, 문헌 등에 드러나는 여러 주체들의 지리산 수행 과정을 통해 추적할 수 있다. 매체가 다양하지 않았고 지리산 관광 기록이 상대적으로 적은 시기였기에, 이 글은 지리산과 관련된 신문 기사를 주요 분석 자료로 하였다. 신문 기사는 그 내용을 재구성하는 과정이 현상의 나열로 보일 위험을 안고 있기는 하지만, 여러 주체들의 활동이 관광공간에 어떠한 영향을 미쳤는지 파악하는 주요 자료원이 되었다. 여기서 여러 주체는 기획가·정책입안자·관광객·관광회사·지역 번영회·주민 등으로, 이들은 단일한 국적이나 스케일로 드러나지 않는다. 다양한 국적(일본·미국·조선 등)과 스케일(제국·국가·관련 기관 및 단체·개인 등)의 주체들은 등반·등척·탐험·탐승·탐방 등의 행위를 하면서 지리산의 근대 산악 투어리즘과 관광공간 형성 과정에서 영향을 주고받았다.

정리하면, 이 글은 근대 투어리즘과 등산의 결합, 이를 통한 산을 수행하는 방식의 전환이 지리산 관광공간에 미친 영향을 시계열적으로 추적하고자 한다. 크게 근대 투어리즘 도입기, 근대 산악 투어리즘 형성기, 근대 산악 투어리즘 부흥기과 지리산 관광공간 재편기 등으로 나누어 산악 투어리즘이라는 특정 분야에서 이루어진 근대화 양상을 식별하고, 다양한 주체에 의한 행위가 지리산을 산악 투어리즘 공간으로 (재)구성하는 과정을 확인하고자 한다.

근대 투어리즘 도입기

사찰 방문 중심의 지리산 탐승 관광의 시작

현재 우리가 사용하는 관광tour이라는 단어는 원을 그리는 도구를 의미하는 라틴어 토르누스tornus에서 비롯된 말로, 특정 지점에서 출발해서 원점으로 돌아오는 주유周遊를 뜻한다.[13] 일제 시기 이러한 관광의 형태는 탐승 관광이었다. 신문사 등 다양한 단체가 다양한 주제 (꽃구경·달맞이·피서·스키·단풍놀이)로 여러 지역에서 탐승 관광을 행했다. 일제 시기 금강산이 대표적인 탐승 관광 지역이었음은 주지의 사실이다.[14] 동아일보사가 주최한 탐승단 모집 현황을 정리하면, 총 232건의 탐승 모집 광고 중 산지가 156건으로 가장 많은 비중을 차지하였으며, 산지 중에서는 금강산 102건, 내장산 10건, 지리산 8건 순이다. 이는 《동아일보》만 한정했을 때의 결과이며, 여러 신문 매체를 확인해 보면 금강산 탐승이 845건으로 압도적으로 많았다. 그

---

13 설혜심, 《그랜드투어》, 웅진지식하우스, 2013, 19쪽.
14 원두희, 〈일제강점기 관광지와 관광행위 연구〉, 28~29쪽.

뒤를 이은 것이 '지리산 탐승'이지만, 45건에 그쳤다.[15]

1920년대에서 1930년대까지 주로 동아일보사나 조선일보사에서 지리산 탐승단을 모집하였다. 1926년《조선일보》사천지국에서는 양남兩南(경남·전남)기자대회에 참가하면서, 지리산 탐승단을 조직하고자 단원을 모집하였다. 1920년대 중반 근대 투어리즘의 일환으로 지리산 탐승단을 모집했지만, 탐승단은 대체로 지리산 자락에 있는 사찰을 방문하는 정도였다. 후술하겠지만, 지리산 탐승을 위한 등산 코스는 1930년대 후반까지도 안정적으로 개발되지 않았기 때문이다.

1926년《조선일보》양남기자대회에 참여했던 최창순崔昌淳은 당시 기자대회가 끝난 뒤 80여 명과 섬진강에서 헤어지고, 칠불암을 거쳐 반야봉에 갔다가 바람과 비에 쫓겨 화엄사로 가는 길을 잃어 실상사로 가게 된다. 그 이후 1927년 다시 지리산을 찾았고, 4회에 걸쳐《조선일보》에 〈방장산재유기方丈山再遊記〉를 기고하였다. 여기에서 그는 지리산 등산로가 정리되지 않았음을 한탄하여 자처해서 길을 안내하는 '향도자嚮導者'가 되기로 결심한다.

전통적으로 지리산은 거제수나무 수액(약수)이 유명했는데, 이 약수는 임질·각기·요통 등에 효과가 있다고 알려져 있었다. 이에 곡우穀雨 전후로 환자들을 포함하여 많은 풍류객이 지리산 사찰과 그 주변을 찾았다. 이때 지리산 자락에 있는 사찰 주변 길은 자동차와 인력거가 길이 메이도록 왕래하여 번잡한 공간이었다.[16] 특히 지리산

---

15 한국역사정보통합시스템(https://www.koreanhistory.or.kr/)에서 근대 탐승 대상이었던 산을 대상으로 검색한 신문 기사 건수를 살펴보면, 금강산 탐승 845건, 지리산 탐승 45건, 내장산 탐승 23건, 가야산 탐승 7건, 북한산 탐승 1건 등의 순이다.

16 《조선일보》1927년 5월 10일자, 〈方丈山再遊記 一〉.

대원사는 매년 곡우 때가 되면 거제수나무 수액을 먹는 것을 겸하여 찾는 탐방객이 수천 명씩 모이는 곳이었다. 1928년에는《동아일보》에서 곡우에 맞추어 탐승단을 모집했는데, 진주 단성에서 출발하여 대원사에서 2박만을 하고 돌아오는 일정이었다.[17]

1920년대 대표적인 근대 관광지는 금강산이었기에, 지리산 탐방은 개별적으로 관심이 있는 지역 사람들이 소규모로 진행하였다. 지리산 탐승 모집 공고에서 지리산은 '남조선의 금강산'·'남선 알프스'·'대표적인 피서지'와 같은 별칭으로 홍보되기도 하였지만, 지리산은 '세속화된' 금강산과는 다르게 천혜의 자연을 가진 잘 알려지지 않은 곳으로 여겨졌다. 이는 근대 투어리즘 도입을 위한 기반시설인 철도와 도로 등이 구축되지 않은 곳이라는 뜻이기도 했다. 1920년대 중후반까지 지리산 탐승은 현대적 의미의 등산보다는 주로 사찰에 가서 약수도 먹고 가볍게 즐기고 돌아오는 하이킹에 가까운 행위를 일컫는 것이었다. 이러한 지리산의 공간적 특성은 곡우에 일시적으로 전통 사찰에 근대 교통수단이 등장하여, 전통과 근대가 뒤섞인 공간으로 발현되었다. 따라서 1920년대는 근대 투어리즘 개념인 탐승 관광이 시작되는 시점으로서 의미를 찾을 수 있다.

노고단 선교사 휴양촌으로 촉발된 근대 관광

일제 시기 지리산은 외국인들에게 각광받는 피서지로 부상하고 있었다. 식민지 조선에서 외국인 피서지로 강원도 금강산·함경도 원

---

17 《동아일보》1928년 4월 6일자, 〈智異山大源寺 探勝團員募集〉.

산·황해도 구미포 등이 유명했고, 1920년대에 지리산은 세간에 드러나지 않았지만 외국인 사이에서는 유명한 피서지였다. 1926년경 여름에는 북경·천진·상해 방면의 중국인 피서객이 지리산에 왔다. 그러나 외국인들에게 비교적 최근 '발견'된 곳이라 등산하는 길이 일정하지 못하여 부인과 어린이들은 적지 않은 곤란을 겪기도 했다.[18]

지리산은 1920년대 전남 순천의 서양 선교사들의 휴양촌이 노고단에 들어서면서 조선 4대 피서지가 됐다. 노고단 휴양촌은 한미수호조약 이후 내한한 미국 선교사들의 건강과 휴식 등을 위해 건설됐다. 1920년부터 미국 남장로회 선교사들이 휴양촌 설립 절차를 진행했다. 선교사들이 1923년 총독부에 협조를 요청하자 총독부는 이를 동경제국대학에 양도했다. 1925년 동경제대에서 총독부와 협의를 거쳐 '연습림의 경양상 지장이 없다고 판단하여 대여를 승인한다'는 서류를 총독부에 제출하면서 총독부의 승인이 났다.[19] 이에 1940년 기준 총 56동의 건물이 휴양촌에 지어졌으며, 산에서 채취한 돌과 나무로 지은 석조 및 목조건물로 본관·강당·호텔(3층 17실)·병원·도서관주택(25동)·테니스 코트·수영장·골프장(9홀) 등이 조성되었다.[20]

당시 조선인들은 휴양촌을 방문은 할 수 있었지만, 호텔 등의 시설을 이용할 수 없었다.[21] 1955년 의학박사 김성진은 1925년경 노고단

---

18 《조선일보》 1926년 8월 17일자, 〈避暑地로 屈指될 靈岳智異山〉.
19 한규무, 〈지리산 노고단 '선교사 휴양촌'의 종교문화적 가치〉, 《종교문화연구》 15, 2010, 147~148쪽.
20 지리산 노고단 휴양촌의 조성 경위와 종교문화적 가치에 대한 자세한 내용은 한규무 (2010) 참조.
21 《조선일보》 1936년 8월 17일자, 〈南朝鮮遍歷紀行 三 老姑壇의 避暑地〉.

| 그림 1 | 1930년대 지리산 노고단 일대 외국인선교사 휴양촌 전경

출처: 국립공원 역사아카이브

을 방문했던 기억을 회상했는데, 그는 유토피아와 같은 노고단을 선망했다. 그는 서양인에게 자연환경이 독점되고 훼손되는 것을 한탄하며 자연을 국립공원으로 지정하여 탐승객이 모두 이용할 수 있어야 한다고 주장[22]했으나, 그의 욕망은 이미 '문명화된 노고단'을 이용하는 것이었다.

　노고단의 근대 시설이 자아내는 이색적인 경관은 투어리즘을 촉발하는 계기가 되었다. 전남 당국에서는 접근성을 높이기 위해 도로의 개축을 계획하고, 수력으로 전기를 끌어들이고 위생시설을 확충하여

22　《조선일보》 1955년 8월 10일자, 〈曾遊의山河 智異山老姑壇〉.

피서지로 기획하고자 하였다.[23] 1926년에는 60여 명 이상의 외국인이 지리산으로 피서를 왔고, 1927년에는 동경·북경·봉천 등에서 100명 이상의 외국인이 올 계획이었다. 이에 순천 선교사 로버트 코잇Robert T. Coit은 외국인으로서는 처음으로 조선총독부 철도국에 철도가 지리산 부근인 구례를 통과하도록 철도 연장을 청원하기도 하였다.[24]

1935년 8월에는 재경성구례유학생친목회在京城求禮留學生親睦會에서 지리산탐승대원을 모집했는데, 목적지로 화엄사·노고단(서양인 피서지)·임걸령·반야봉 등을 명시하였다.[25] 1936년 우가키 가즈시게宇垣 一成 총독이 직접 휴양촌을 방문하여 인문 및 자연경관을 보고 감탄하기도 했다. 당시 서양인 피서객은 70여 호, 일본·중국에서 200여 호가 찾았다. 단체 관광객도 많아지자 번영회에서는 지리산 그림 엽서와 안내지도 1만 부를 제작하여 관광객들에게 제공했다.[26]

1920년대 중반부터 1930년대 중반까지 지리산의 노고단 휴양촌은 탐승 관광에서 대표적인 관광지로 부상하게 되었다. 보통 근대 관광은 일제에 의해 철도가 놓이고 관련 기반 시설과 여행안내서 및 여행기 등이 갖춰지면서 활성화되었지만, 지리산은 미국 선교사들이 만들어 낸 근대적 휴양 시설이 구축되면서 촉발되었다. 지방정부와 조선총독부에서 관광객들이 노고단의 이색적인 '문명화된 경관'을 몸소 이용하고 시각적으로 경험할 수 있도록 기반 시설 마련 논의를 시작하였기 때문이다. 식민지 관광지로서 기획된 금강산 관광과는 양

23 《조선일보》1926년 8월 17일자, 〈避暑地로 屈指될 靈岳智異山〉.
24 《동아일보》1926년 9월 19일자, 〈鐵道敷設을 陳情〉.
25 《조선중앙일보》1935년 8월 12일자, 〈智異山探勝隊員大募集〉.
26 한규무, 〈지리산 노고단 '선교사 휴양촌'의 종교문화적 가치〉, 162쪽.

상이 다르게 전개되었지만, 지리산 근대 관광은 노고단 휴양촌으로 인해 본격적으로 시작되었다.

산악 투어리즘 형성기

산악회의 등산 문화와 산악 투어리즘 형성

근대 이전 한국에서 걸어서 산을 오르는 등산의 개념은 특정 목적을 위한 예비 행위 혹은 잉여 행위에 불과했다. 1920년대 이후부터 다양한 담론과 사회적–문화적 맥락 속에서 그 의의와 효용이 부가됨으로써 다의적인 의미를 내포하게 되었다.[27] 이는 일제 시기 근대 투어리즘과 알피니즘의 도입을 거치며 산을 보는 시각이 전통적인 산 인식에서 근대적 산 개념으로 이행했음을 의미한다. 따라서 근대적 자연관을 가진 다양한 주체가 행하는 등산이 갖는 의미는 이를 포괄하는 다양한 목적을 수반하게 되었다.

1930년대 일본인들 사이에서 가장 대중적으로 알려진 스포츠와 레저 활동은 등산이었다. 일본인들은 어릴 때부터 학교에서 산이 본질적으로 일본의 국가경관이라고 교육을 받았고, 자신의 마음과 몸을 훈련하는 방법으로 등산을 택했다. 이와 연관되어 일본은 등산가를 위한 투어 개발 도구로 일본제국 전역에 도입된 국립공원 시스템을 이용하기도 했다.[28] 이러한 맥락에서 산악회 조직은 자연스러운 것

---

27 박찬모, 〈탐험과 정복의 '전장(戰場)'으로서의 원시림 – 지리산〉, 171~196쪽.

28 Hyung Il Pai, *Heritage management in Korea and Japan*. Seattle: University of Washington Press, 2013, p. 156.

이었으며, 1931년 10월 28일에 조선 최초의 산악단체인 조선산악회[29]가 조직되었다. 일본인 중심으로 결성된 조선산악회는 조직화된 등산 활동으로 알피니즘의 기치를 든 산악운동을 일으켰고, 한편으로는 학술답사나 탐승이 같은 등산이라는 개념 속에서 공존했다. 이들은 조선 알프스라 불리는 관모봉 중심의 개마고원과 부전고원[30]·금강산·서울 근교의 암벽·한라산·지리산 등지로 진출하였다.[31]

조선산악회는 '산악에 관한 연구 및 회원 상호 간의 친목 도모'라는 목적과, '등산에 관한 적당한 사업 및 기관 잡지의 발행'을 주요 사업으로 채택했다. 이에 따라 조선산악회는 주로 좌담회를 개최하고 회보《조선산악》을 발간했다. 간담회와 회보의 중심 논의 대상은 금강산과 관모봉이었다. 지리산에 대한 내용은 여행안내 1번[32] 1934년의 여행기 1번[33]에 그친다. 그리고 회보《조선산악》은 투고 원고와 예산 부족으로 총 4회만 발간되고 1934년에 폐간되었다. 조선산악회는 1943년 무렵까지 존속했지만, 관광 매체의 대량 발간 등으로 인해 그 활동은 이미 1934년 이후 급속하게 침체되었다.[34]

조선인 중심의 산악 활동은 세브란스 연합의학전문학교 산악부(1936년 결성), 양정고등보통학교 산악부(1937년 결성)와 보성전문학교 산악부(1938년 결성)에 의한 것이 전부였다. 양정고보 산악부는

---

29 조선산악회 결성과 활동에 관한 자세한 내용은 박찬모(2012) 참조.
30 부전고원은 함경남도 장진군과 신흥군에 위치한 개마고원의 서부를 이루는 평균 1,200m의 고원이다. 개마고원과 함께 침엽수림 밀림을 이루고 있다.
31 손경석,《韓國登山史》, 이마운틴, 2010, 48쪽.
32 朝鮮山岳會,〈雜錄 – 南鮮の靈山智異山〉,《朝鮮山岳》2, 1932. 12, 146~149쪽.
33 加藤廉平,〈南鮮の山を巡りて〉,《朝鮮山岳》4, 1937. 3, 18~36쪽.
34 박찬모,〈조선산악회와 지리산 투어리즘〉, 136~146쪽.

1937년 황욱 교사의 지도를 받으며 창설되었는데, 창설과 거의 동시에 지리산 등반을 계획했다. 양정고보 산악부의 지리산 종주는 당시 유명한 이벤트였다. 최기덕(리더)·안필수·김상국·이상선·전일 등 총 5명이 3월 18일부터 8일간에 걸쳐 구례-화엄사-노고단-반야봉-칠불암-덕평-세석평전-천왕봉에 올라 다시 북쪽 능선인 유평리-산정-진주로 빠지는 지리산 종주 코스를 답파했다.[35]

그리고 《조선일보》에 '탐험등산'이라는 이름으로 알림 기사가 난 이후, 최기덕은 5회에 걸쳐 〈지리산등반기〉를 기고했다. 조선일보는 양정고보 산악부의 지리산 등반을 '용감'한 등정이라 명명하고 그 과정을 신문에 실으며 세간의 주목을 이끌어 냈다. 지리산 탐승단 모집을 중심으로 활동했던 동아일보사와 달리, 조선일보사는 산악회 후원과 탐승단 모집뿐 아니라 등산기·탐험기 등을 수록함으로써 산악 투어리즘 활성화의 주체로 등장했다.

1937년 양정고보 산악부가 지리산을 '정복'한 이래, 1938년부터 조선일보사는 더욱 적극적으로 단체 등산을 기획했다. 당시까지 완전한 답파 코스가 서지 못한 상황에서 숙박할 곳이 불편해서 쉽게 종단하지 못하는 등산객을 위해 단체 종단 계획을 세우기도 했다.[36] 이는 《조선일보》에서 3회째 진행하는 탐험등산으로 제1회 백두산, 제2회 한라산 탐험 이후 지리산 탐험을 계획한 것이었다.[37] 당시 이훈구 주필과 노산 이은상 등 28명은 구례-노고단-칠불암-세석-천왕봉-

---

35 손경석, 《韓國登山史》, 71쪽.
36 《조선일보》 1938년 7월 16일자, 〈智異山探劍團員募集〉.
37 《조선일보》 1938년 7월 28일자, 〈山岳探險의 意義〉.

백두봉-마천-남원 등의 코스로 탐험하였다.[38] 이은상은 탐험등산에 참여한 후 〈지리산탐험기〉를 기고하며 주목받고 있는 지리산 등산의 분위기를 드러냈다. 그리고 《조선일보》는 천왕봉에 오르는 정확한 코스가 없다는 것을 지적하며, 4회에 걸쳐 지리산 등산 코스 안내를 연재하는데, 일반 등산객들이 오르는 문인 코스, 보통 등산가들이 오르는 보통 코스, 탐험 등산가들이 오르는 탐험 코스 등 세 가지 코스를 소개하였다.[39]

　해방 후 1945년 9월 한국인 주도의 '조선산악회'[40]가 결성되면서 등산 문화 진작振作의 기반을 이루었다. 해방 후 결성된 조선산악회는 일제 시기 조선인 중심으로 활동했던 산악 클럽 '백령회'를 중심으로 조직된 것이다. 백령회는 일제의 조선산악회와 경쟁적으로 활동하면서 서울 근교의 암벽과 북한산·백두산·금강산 초등 등반과 코스 개척을 두고 앞을 다투었다. 1940년 전후로는 일본인의 활동이 부진해지면서 백령회의 활동이 더욱 두드러졌다.[41]

　해방 후 미군정기가 시작되면서 북한으로 가지 못한 조선산악회원들은 겨울 스키 등산[42] 장소를 찾아야 했다. 1923년 원산에 스키가 전

38　손경석, 《韓國登山史》, 574쪽.

39　《조선일보》 1939년 6월 28일자, 〈智異山 코—쓰 ①琴瀔 東海三神山의 雄〉; 《조선일보》 1939년 6월 29일자, 〈名山案內 智異山 코—쓰 ②琴瀔〉; 《조선일보》 1939년 6월 30일자, 〈智異山 코—쓰 ③琴瀔 高山峻嶺을 벗삼아〉; 《조선일보》 1939년 7월 1일자 〈智異山 코—쓰 ④琴瀔 天王峯上의 壯觀—〉.

40　이는 1931년 창립된 일본인들의 조선산악회와는 다른 조직이고, 1948년 한국산악회로 명칭을 바꾸었다.

41　한국산악회, 《韓國山岳會五十年史》, 1996, 42~54쪽.

42　일반적으로 일본인들이 '적설기 등산'이라는 용어로 사용했던 것으로, 당시 용어 개념이 명확히 정립되지 않은 상태에서 겨울 등산은 결국 적설기 등산으로 인식되었다.

래되어 원산스키클럽이 결성되기도 하였다. 스키는 산악인들의 겨울산 기술을 의미했다. 당시 책자에 남한의 스키장으로 소개된 곳은 한라산뿐이었다. 한라산은 접근성이 떨어졌기 때문에 조선산악회 회원들은 지리산 노고단의 휴양촌을 이용하기로 결정했다.[43]

이 계획은 1947년 제2회 '조선동계올림픽 스키대회'라는 이름으로 2월 12일부터 3일간 노고단 위에서 임걸령으로 빠지는 사면까지의 능선에서 개최되었다. 스키대회는 일제 시기에 중단되었다가 해방 후 2년 만에 부활한 것으로 70여 명의 선수들이 참가했다. 대회에 참여했던 조선산악회 대원 5명은 스키대회를 마치고 노고단을 출발하여 반야봉-백설령-천왕봉 종주를 2박 3일간 진행하기도 했다.[44]

1947년 당시 스키대회와는 별개로 조선스키협회는 조선여행사[45]와 함께 제1회 스키강습회를 지리산에서 개최하였고,[46] 1948년에는 이러한 분위기가 이어져 제2회 스키강습회와 전국학생 스키대회가

---

43 손경석, 《등반반세기》, 사람과산, 1995, 25~27쪽.

44 《동아일보》 1947년 2월 20일자, 〈冒寒探査隊一行 十八日老姑壇出發〉; 《동아일보》 1947년 2월 20일자, 〈銀世界를 征服한 "스키-"軍 智異山에서 凱歌올리고 歸京〉; 《동아일보》 1947년 2월 20일자, 〈全種目에 嚴廷煥君優勝 智異山 스키-盛況〉.

45 조선여행사는 1912년 3월 12일에 조직된 일본여행협회 조선지부에 그 기원을 두고 있다. 조선여행사는 동아교통공사 조선지부 직원들이 1945년 8월 15일 일제 패망 이후 동아교통공사를 접수하여 9월 15일 사명을 조선여행사로 개칭, 1946년 주식회사로 전환하였고, 1949년에는 재단법인으로 전환하면서 사명을 대한여행사로 변경하였다. 주로 고적 탐방과 하이킹을 목적으로 여행객을 모집하였다. 지리산은 추기 등산회를 목적으로 1947년 10월 10~8일에 진행되었으며, 운수부와 조선산악회가 후원하였다. 조선여행사가 주최한 관광 모임의 규모는 대략 30~50명 정도였으며, 교통비와 숙박비·식비·여행 일수 등을 감안하여 여행경비가 책정되었으나 경제적으로 부유한 계층이 아니면 쉽게 참여할 수 없었던 것으로 보인다(조성운, 〈조선여행사(1945~1949)의 활동을 통해 본 해방공간기 관광〉, 《숭실사학》 29, 2012, 171~198쪽).

46 《경향신문》 1947년 1월 31일자, 〈第一回 스키講習會와 競技大會를 開催〉.

개최될 예정이었다. 1947년 노고단의 휴양촌은 '도적과 풍화 때문에 산산이 깨어지고 허물어져 마치 그림에서 보았던 전쟁터와도 흡사'[47] 한 곳이 되었지만, 해방 이후 겨울 등산의 상징인 스키의 장이 펼쳐지면서 4계절 관광할 수 있는 공간으로 거듭나고 있었다.

조선일보사가 1937년 양정고보 산악회의 지리산 등산을 대대적으로 보도하고, 다양한 지리산 등산 코스를 안내하면서 산악 투어리즘 형성의 기점이 되었다. 그리고 해방 전후 혼란한 사회 상황에서 지리산의 산악 투어리즘에 영향을 미친 산악회는 일본인 중심이 아닌 조선인 중심의 조선산악회였다. 일제 시기부터 활동했던 조선인 산악회 백령회를 중심으로 진단학회에 이어 두 번째로 설립된 사회단체인 조선산악회는 산악운동을 통해 민족성을 회복하는 국토구명사업 등을 펼쳤다. 이러한 조선산악회 활동은 1950~60년대까지 이어지면서 산악 투어리즘 부흥의 기반이 되었다.

여행안내서의 기획된 관광공간

철도 관광과 제국의 식민지 관광의 배경에는 철도 발달이 있었다. 철도는 다수의 장소를 연결함으로써 시·공간을 압축함과 동시에, 선택적 장소를 연결함으로써 공간을 팽창시키는 양면적인 특징을 지닌다.[48] 그리고 철도 관광 부흥을 위해 철도 관련 기관이나 여행사 등에서 관광안내서, 여행기, 사진엽서 등의 시각 매체를 만듦으로써 '관광

---

47 《동아일보》1947년 2월 22일자, 〈智異山踏査記 本社特派員 鄭璿秀記〉.

48 Wolfgang Schivelbusch, *The Railway Journey: The Industrialization of Time and Space in the Nineteenth Century*. Berkeley: University of California Press, 2014, p. 34

객의 시선tourist gaze'[49]이 형성된다.

여행안내서의 역할은 교통수단, 숙박업소, 음식점 등의 정보 제공에 그치지 않았다. 이를 이용하는 관광객들의 임무는 특정한 방식으로 현장을 보고, 특정한 장소만을 방문하고, 미리 정의된 렌즈를 통해 그들이 바라보고 있는 문화를 이해하는 것이었다. 특히 여행안내서는 독자들에게 특정 경관, 특정한 건물이나 유적, 그리고 유명한 작가들의 눈을 통해 장소를 볼 수 있도록 권유하고 있었다.[50]

1931년경부터 신문사는 지리산의 사찰 중심이 아닌 삼신봉·석문·통천문·세석평지·상봉(천왕봉)·벽계암·대원사 등 하동에서 시작해서 산청으로 넘어가는 등산로를 중심으로 지리산 탐승단을 모집하기 시작했다.[51] 그리고 조선산악회에서 발간한 《조선산악》제2호에 실린 〈남선의 영산 지리산〉(1932)부터 천왕봉과 노고단 중심으로 탐승 안내가 시작되었다. 이어 1933년 전라선 남원역이 개통되면서 본격적인 지리산 탐승이 진행되었다. 1934년 조선총독부 철도국 안내서인 《조선여행안내기朝鮮旅行案內記》에는 경전선에 지리산 안내가 실렸다.

1936년 구례구역이 개통되고 여러 가지 상황과 결합하여 본격적인 지리산 탐승이 진행되었다. 1940년에 편찬된 조선총독부 철도국

---

49 관광객의 시선은 계급, 성별, 민족 및 연령에 따라 구조화된다. 사람의 눈은 언어와 마찬가지로 사회문화적으로 구성되어 왔으며, 사람들의 사회계급·성별·국적·나이 및 교육에 따라 '보는 방법', 즉 '시선gaze'이 형성된다. 시선은 개인 심리학의 문제가 아니라 사회적으로 패턴화되고 보는 방법을 배운 것에서 생긴 것이다(John Urry · Jonas Larsen, *The Tourist Gaze 3.0*. SAGE: Los Angeles, 2012, pp. 1-2).

50 Eric G. E. Zuelow, *A History of Modern Tourism*. London: Palgrave Macmillan, 2016, p. 79.

51 《동아일보》1931년 8월 3일자, 〈智異山探勝 河東서 募集〉.

| **표 1** | **1932년과 1934년의 지리산 탐승 경로 안내**

방면	목적지	주요 경로 및 수단(소요시간)
경전 북부선 (전라선)	천왕봉	남원-자동차(1시간 45분)-실상사-도보(약 8km, 약 3시간 35-45분)-벽송사-도보(약 16km, 6시간 30분)-천왕봉(1박, 야영)-도보-벽송사-도보-실상사-자동차-남원
		남원-도보-실상사-도보-벽송사(1박)-도보-천왕봉-도보-벽송사(2박)-도보-실상사-자동차-남원
	노고단	곡성-자동차(약20분)-구례-화엄사-도보(약3시간)-노고단-도보(약 4시간)-반야봉-도보-노고단(1박, 야영)-도보(약2시간)-천은사-자동차(약 3시간)-남원
		남원-자동차(약 3시간)-화엄사-도보(약 8km, 약 3시간)-노고단-종주(약 4시간)-반야봉-도보-노고단(1박, 야영)-도보(약 2시간)-천은사-자동차(약 3시간)-남원
진주	천왕봉	진주-자동차(약 4시간)-실상사(함양 경유)-도보-벽송사(1박)-도보-천왕봉-도보(약 20km, 약 5시간)-대원사(2박)-도보(약 1시간 30분)-산청 석남리-자동차(약 1시간 20분)-진주
	노고단	진주-자동차(약 3시간)-화개장-雙溪寺-자동차(약 1시간 30분)-구례-화엄사-도보-노고단(1박)-도보-천은사-구례-진주

출처: 朝鮮山岳會, 〈雜錄—南鮮の靈山智異山〉, 《朝鮮山岳》 2, 1932. 12, 146~149쪽.; 朝鮮總督府鐵道局, 《朝鮮旅行案內記》, 日本旅行協會, 1934; 박찬모, 〈전시된 식민지와 중층적 시선, 지리산〉, 137~138쪽

| **그림 2** | **1930년대 지리산등산약도**

출처: 朝鮮總督府鐵道局, 《朝鮮旅行案內記》, 日本旅行協會, 1934, 175쪽

안내서 《호남지방湖南地方》에서도 지리산의 탐승 명소로 화엄사·노고단·천은사·반야봉·세석평전·천왕봉·쌍계사·칠불암·대원사·실상사·벽송사 등이 언급되었다. 여행안내기의 주요 명승지와 탐승로에 대한 설명은 대동소이하다. 이는 정형화된 곳으로 안내하는 관광객의 시선을 형성하는 과정이었다.

1934년 〈그림 2〉와 1940년 〈그림 3〉을 비교해 보면 탐승로와 경유지가 점차 다양해졌음을 알 수 있다. 주요 능선인 지리산맥智異山脈의 운봉 부근 덕두산-세존봉-만복대 능선이 개발되었으며, 그 외에도 도보 탐승로 코스가 많아졌다. 주요 탐승로로는 1930년대 중반과 같이 천왕봉과 노고단 등반 노선이 있다. 천왕봉은 지리산의 최고봉이라 조선시대에도 유람객들이 많이 가는 곳이었다.

노고단의 경우 1910년대부터 지리산의 3대 고봉(천왕봉 1,915m, 반야봉 1,732m, 노고단 1,507m) 중 하나로 인식되었다. 1920년대에 조성된 휴양촌과 동경제대 연습림이 있어 자연·문화 경관이 좋았으며, 1930년대 인근에 철도역이 개통함에 따라 철도와의 접근성이 높은

| 표 2 | 1940년의 지리산 탐승 경로 안내

등반지	경유지	1일차	2일차
천왕봉	백무동	남원(자동차)-내산리-백무동(숙박)	백무동-천왕봉
	벽송사	남원(자동차)-내산리-벽송사(숙박)	벽송사-천왕봉
	대원사	진주(자동차)-석남리-대원사(숙박)	대원사-천왕봉
노고단	화엄사	구례구(자동차)-구례읍(자동차)-화엄사(숙박)	화엄사-노고단
	천은사	구례구(자동차)-천은사(숙박)	천은사-노고단

출처: 朝鮮總督府鐵道局, 《湖南地方》, 1940, 17쪽

| 그림 3 | 1940년 지리산약도

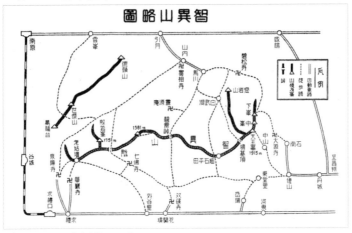

출처: 朝鮮總督府鐵道局, 《湖南地方》, 1940, 17쪽

곳이었기 때문으로 보인다.[52]

조선시대 유산기를 분석해 보면, 지리산 내 여정은 크게 ① 지리산 최고봉인 천왕봉을 오르는 여정, ② 청학동이라는 신선의 세계가 존재한다고 알려진 지리산 남사면의 화개 계곡을 방문하는 여정, ③ ①과 ②를 겸하는 여정, ④ 기타 여정으로 나눌 수 있다. 지리산 유람의 거점 역할을 하였던 북쪽의 용유담·군자사, 남쪽의 쌍계사·신흥사 등은 전 시기에 걸쳐 여행자들의 발길이 끊이지 않았다. 군자사·쌍계사·신흥사 등의 사찰은 여행자들의 주된 숙소였다. 현재 방문자가 많이 찾는 화엄사와 연곡사는 주된 유람 경로에서 벗어나 위치해 있

---

52 박찬모, 〈전시된 식민지와 중층적 시선, 지리산〉, 138쪽.

었기 때문에 방문자가 많지 않았다.[53]

조선시대 이상향이었던 청학동을 비롯하여 숙소 역할을 한 사찰(용유담·군자사·신흥사·쌍계사)도 일제 시기에는 사람들에게 매력적이지 않은 공간이 되었다. 노고단과 천왕봉 두 곳 중심으로 등산로가 개발되다 보니, 지리산을 등산하는 사람들은 주변 사찰 중심으로 숙박했다. 노고단에 오르기 전에 천은사나 화엄사에서, 천왕봉에 오르기 전에 대원사나 벽송사에서 숙박했다.

실제 지리산 관광객들이 방문한 경로를 여행안내기와 비교해 살펴본 결과, 여행안내기에서 생산된 다양한 정보가 다양한 경로로 유포되고 있었다. 여행안내기에서 지리산은 정형화된 정보로 사물화된 풍경처럼 '전시'되었던 것이다.[54]

철도의 구축과 여행안내서 발간, 산악회 결성과 등산 문화의 활성화 등과 함께 지리산 탐승단 모집은 1938년에서 1940년 정도에 비교적 빈도가 잦아졌다. 그리고 1935년 지리산이 조선팔경으로 선정되면서 관광객이 증가하였다. 이는 1937년 지리산국립공원 논의로 이어지면서 지리산 지역 주민들은 지리산 산악 투어리즘 부흥에 대한 기대를 품게 된다.

상징경관으로서의 조선팔경과 지리산국립공원

1920년대 일본에서 국가적/제국적으로 국민/식민의 단일 의식 형성과 경제성장을 위해 팔경 선정과 국립공원 지정이 동시에 시작되

---

53 정치영, 《사대부, 산수유람을 떠나다》, 한국학중앙연구원 출판부, 2014, 242~247쪽.
54 박찬모, 〈전시된 식민지와 중층적 시선, 지리산〉, 149쪽.

었다. 1927년 일본 경제심의회에서 일본의 경제개발이 심화되어 풍경이 파괴되는 와중에, 풍경을 보호하고 풍경을 활용한 외화 획득의 방편으로 국립공원 지정을 제안했다.[55] 일본은 원생 풍경을 앞세우면서 풍경을 관광지로 이용한다는 미국의 국립공원 이념을 1931년 4월 1일 발표된 국립공원법에 거의 계승했다. 그리고 일본 제국의 시선으로 식민지 조선과 대만의 국립공원 풍경을 선정하는 과정에서 제국 차원의 '국가풍경'을 규정해 나가는 작업을 진행하였다.[56]

국립공원 지정과 더불어 신문 판매 정책의 일환으로 진행된 일본 신팔경을 선정하는 미디어 이벤트와 이를 모방한 식민지 조선과 식민지 대만의 팔경 선정을 위한 미디어 이벤트는 모두 정부기관의 후원을 받았다. 팔경 선정의 첫 번째 목적은 경제 효과였지만, 국가/제국의 정체성을 드러낼 수 있는 지역local/식민지 풍경을 지속적으로 소개하면서 이를 대중 사이에 확산시키는 역할도 하였다.[57]

1935년 8월 29일 조선총독부 시정 25주년 사업의 하나로 오사카 마이니치신문사大阪毎日新聞社에서는 조선팔경[58] 선정 사업을 추진하

---

55 M. Oyadomari, "The Establishment of the National Park System in Japan." *Communication & Society* 21, 2011, p. 329; 水内佑輔・古谷勝則, 〈大正期における田村剛の示す国立公園の風景とその変遷〉,《ランドスケープ研究》77(5), 2014, 417쪽.

56 김지영, 〈일본제국의 '국가풍경'으로서의 금강산 생산 – 금강산국립공원 지정 논의를 중심으로〉,《문화역사지리》33(1), 2021, 115~116쪽.

57 홍영미, 〈1920年代 八景 選定 미디어 이벤트와 帝國意識의 擴散〉, 경희대학교 석사 학위논문, 2012, 63~65쪽.

58 당시 선정된 조선팔경은 한려수도, 한라산, 지리산, 불국사, 속리산, 내장산과 백양사, 부여, 부전고원이다. 일본은 조선팔경을 선정한 이후 남은 지역인 9위부터 16위까지 조선팔승으로 선정하였는데, 이는 동봉온천・해인사・변산반도・황해 몽금포・묘향산・평양 모란대・평북 통군정・주을온천 등이다.

| 그림 4 | 조선팔경 · 지리산

山異智・最小州

출처: 부산광역시립박물관

였다. 투표는 일본 국민과 식민지 조선 13도 주민들을 대상으로 진행
되었고, 우편엽서에 하나의 경승을 기재해서 신문사로 보내는 방식
이었는데 1인당 투표 매수는 무제한이었다. 각 도의 예선을 거쳐 조
선 16경을 선정한 후, 7월 20일부터 9월 1일까지 투표를 진행한 결과
총 3,438만 9,931표 중 1위는 한라산, 2위는 부전고원, 3위는 지리산
이었다.[59]

　1935년 조선팔경으로 선정됨에 따라 갑자기 많은 등산객(관광객,
학자와 어린 학생 및 관료 등)이 지리산을 찾았다. 특히 지리산에 원시

59　《동아일보》1992년 9월 22일자, 〈한려수도〈壬辰水道〉로 改稱하자〉.

림과 광산 등의 자원이 있어 식물학자·광물학자·실업계의 탐험자의 방문이 늘었다. 1936년 8월 전후로 일본 내지와 경성·군산·마산·목포·영광·나주·광주 등의 지역에서 탐승객이 운집하여 화엄사와 노고단 휴양지를 통과하는 사람이 매일 수백 명을 넘었는데, 이 모습이 장관이었다고 한다.[60]

조선팔경 선정은 표면적으로 조선의 명승지를 대내외적으로 널리 홍보할 목적으로 시행되었지만, 국립공원 지정을 위한 사전 준비 작업의 일환이었다.[61] 조선팔경 선정과 함께 노고단 휴양촌의 문명화된 시설이 지리산 국립공원 지정 논의의 촉매제가 되었다. 노고단 휴양촌을 둘러본 사람들은 그 시설과 주변 경관에 찬탄했다. 구례군민들은 1936년 지리산 개발과 등산로 확장 등을 요구하였고, 전남도회의는 당국에 지리산을 국립공원으로 지정할 것을 요청하기로 결정하였다.[62]

1937년에는 일본 국립공원의 아버지라고 불리는 다무라 쓰요시田村剛가 국립공원 지정을 위한 설계안을 작성하기 위해 조선 명승지 투표에서 1~3위로 선정된 한라산·지리산·백양사 등을 방문할 계획을 세웠다. 당시 경상남도와 전라남도의 초빙으로 방문한 다무라 쓰요시는 한라산과 지리산의 전남 쪽을 답사하였다. 지리산 조사와 관련한 일정을 살펴보면, 1937년 9월 27일 함양에서 출발하여 제석봉에 도착하여 1박, 28일 세석평전을 답사한 후 천왕봉에서 1박, 29일 대원사를 거쳐 오후 7시 진주에 도착 및 망월여관에 투숙, 다음날 부

---

60 《조선일보》 1936년 8월 29일자, 〈靈峰方丈山에 探勝客이 雲集〉.
61 박찬모, 〈일제강점기 지리산과 '국립공원'〉, 81쪽.
62 《조선일보》 1936년 6월 30일자, 〈勝地智異山開發의 施設促進猛運動〉; 《조선일보》, 1937년 3월 11일자, 〈名山智異山을 國立公園으로〉.

산으로 향하였다. 그는 지리산이 국립공원으로서 적절한 규모, 편마
암이라는 지질학적 특성, 소나무와 진달래 군락 등의 식물학적 특성,
전망미, 고사古寺 등과 같은 문화적 우수성을 겸비하였다고 언급했다.
그리고 국립공원으로 지정하기 위해 도로와 여관 등의 시설을 구비
해야 한다고 지적했다.[63]

다무라 쓰요시의 국립공원 계획안[64]을 두고 신가이 하지메新貝肇
전남도지사, 후쿠마 도시마사福間俊正 전남 산림과장, 총독부 임정과
장, 순천 철도사무소장, 동대연습림 주임과 구례군수 및 구례번영회
장 등이 수차례 답사를 하여 상세한 조사를 진행하였다. 1940년에는
전남 김대우金大羽 내무부장의 등방을 기회로 총독부 토목과장과 도
의원, 구례군수, 구례번영회 등이 쌍계사·칠불사·반야봉·임걸령·
노고단·종석대·만복대·천은사·화엄사 등을 탐방하였다. 그리고 전
남도, 구례군, 구례번영회가 협력하여 화엄사와 천은사를 연결할 관
광도로와 등산도로 및 등산 관련 시설 계획 구축을 진행하기로 하였
다.[65] 1941년까지 지리산의 국립공원 계획이 구체화될 것이라는 기사
가 등장했지만, 태평양전쟁을 기점으로 그 논의가 중단된 것으로 보
인다.[66]

1930년대 후반에 이르러서 지리산 산악 투어리즘을 위한 기반 시

---

63 《조선일보》1937년 10월 4일자, 〈國立公園建設함에 條件具備한 智異山〉.
64 당시 상황을 전하는 신문 기사에서는 지리산국립공원 계획안이 작성되었다고 보도
    하고 있지만, 계획안은 전하지 않는 것으로 보인다. 아직까지 관련 사료를 발견하지
    못했을 뿐 아니라, 지리산국립공원 계획안에 대해 언급하거나 다룬 연구를 발견하지
    못했다.
65 《조선일보》1940년 8월 8일자, 〈智異山의 登山施設〉.
66 《매일신보》1941년 6월 12일자, 〈靈峯智異山의 國立公園具體化 – 三道關係協會組織〉.

설과 여행안내서 등이 어느 정도 구비됨과 동시에 국립공원 지정 논의가 진행되었다. 특히 국립공원 지정 논의 과정에서 다양한 분야의 전문가와 관료 등이 학술 조사 및 정책 입안 등을 목적으로 방문하면서 좀 더 다면적 의미의 산악 투어리즘이 형성되었다.

정리하면, 조선총독부는 금강산국립공원이 지정되지 않자,[67] 차선책으로 조선팔경 사업을 진행한 후 순위에 오른 지리산을 국립공원으로 지정하려 한 것으로 보인다. 조선팔경은 식민지 조선을 대표하는 경관이며 이들 중 국립공원으로 선정된 곳은 제국 일본을 상징하는 경관이기 때문에, 지리산이라는 자연경관을 법으로 지정하는 국립공원 제도는 자연을 이용한 일제의 실질적인 영토화 과정이었던 것이다. 일제는 식민지 조선의 자연경관을 국립공원으로 지정함으로써 풍경을 통한 식민 통치를 구현하고자 한 것이다. 즉, 일제의 지리산국립공원 지정 논의는 관광객들에게 조선의 식민 지배의 정당성을 보여 주는 정치적 목적과 산악 투어리즘 부흥을 이끌어 내는 경제적 목적이 교차하는 지점에 있었다.

산악 투어리즘 부흥과 지리산 관광공간 재편기

전후戰後 산악운동과 본격적인 등산의 대중화

지리산은 여순사건과 6·25전쟁으로 인해 1948년 10월 19일부터

---

67 금강산국립공원 지정이 미뤄진 이유는 금강산에 군수물자를 만들 수 있는 중석(텅스텐)이 매장되어 있었기 때문이다. 금강산국립공원 지정 논의에 대한 구체적인 내용은 김지영(2021) 참조.

1955년 4월 1일까지 등산객이 드나들 수 없는 곳이었다. 1955년 입산
금지가 해제되자 조선일보사는 내무부 후원을 받아 지리산 등반대를
결성했다. 지리산 등반대는 8월 7일 화엄사에 도착하여 10일간 현지에
주둔하고 있는 경찰기동대 및 관할 경찰의 후원 아래 최고봉인 천왕봉
까지 등반하고 17일 서울에 도착했다. 이들은 현지 주민들의 생활 실
태와 식물의 분포상 등 각 학술 분야와 명승고적에 이르기까지 전반적
으로 답사하고 조사하였다.[68] 서울로 돌아온 등산대의 일부 학자는《조
선일보》에 보고서 형식의 글을 연재하였다. 서울대학교 약대 이선주
교수와 서울대학교 문리과대학 전광용 강사가 대표적이다.[69] 1956년에
는 동아일보사 후원으로 서울대학교 공과대학 동기지리산지구冬期智異
山地區 학술조사등반대 일행이 박희선 교수 인솔 하에 학술 조사에 착
수하기도 했다. 학술조사등반대는 20여 명으로 구성되었으며, 지질·
민속·역사·기상·동식물에 대한 연구 조사를 목적으로 하였다.[70]

이는 1940년대 한국산악회 대원들 주도로 형성된 등산 문화에서
기인한 것이다. 해방 후 과도정부기에 한국산악회는 첫 번째로 국토
구명사업을 진행했는데, 그들은 학술 조사나 학술 답사 형태의 산악
운동을 하면서 자연을 조사하고 등산로를 개척하였다.[71] 이러한 맥락

---

68 《조선일보》1955년 8월 11일자,〈피아골을 돌아 華嚴寺로 全員豫定코스 順調踏査〉.

69 《조선일보》1955년 8월 25일자,〈天王峰踏査 - 智異山登攀記(上)〉;《조선일보》1955
년 8월 26일자,〈天王峰踏査 - 智異山登攀記(下)〉;《조선일보》1955년 8월 30일자,
〈智異山의 心臟 老姑壇地帶의 藥草 登攀隊 報告(上)〉;《조선일보》1955년 8월 31일
자,〈登攀隊報告(中) 智異山의 心臟〉;《조선일보》1955년 9월 1일자,〈智異山의 心臟
登心臟 登攀隊報告(下)〉.

70 《동아일보》1956년 1월 4일자,〈智異山學術登攀〉;《동아일보》1956년 1월 14일자,
〈冬期智異山地區 學術調査隊報告〉.

71 한국산악회의 국토구명사업은 개화기에 이어 일본인들이 임의로 명명하거나 그들

에서 한국산악회 경남지부는 1956년 8월 지리산 하계 등반을 시작으로 전쟁 이후 본격적인 활동을 시작했다. 이 등반은 한국산악회의 사실상 첫 번째 지리산 학술 조사였다. 20명의 대원들은 역사·지질·문학·민속·동식물 등 광범위한 학술 조사를 진행했고, 답사 이후 1956년 10월 미화당백화점에서 학술 조사 결과를 전시하고 보고회를 가졌다. 당시 지역 언론매체가 적극적으로 후원하고 홍보한 결과, 부산 산악인과 시민들에게 호응을 얻기도 했다.[72] 1959년에는 한국산악회가 하계 지리산 등반을 진행하기도 하였다.

신문사와 한국산악회의 산악운동을 배경으로, 일반 대중들이 학술 조사나 어떤 공리적인 목적 없이 산에 올라가는 것 자체에 뜻을 두고 그 과정에서 즐거움을 찾고자 하는 새로운 형태의 산악운동이 1950년대 말 전후에 생겼다. 새로운 산악운동을 열망하는 젊은이들은 다양한 산악회를 조직하였고, 이로 인해 1960년대부터 등산의 대중화가 시작되었다. 등산이 행락으로 영역을 넓혀 가기 시작한 것이다.[73]

1954년부터 약 4년간 각 대학 산악부는 활발한 산악 활동을 하고 고교 산악부도 실적들을 올리고 있었다.[74] 1954년 한양공대, 서울대 문리대, 서울대 공대 산악부, 1955년 이화여대 사범대 산악부, 1957

중심의 지리적 국토규명을 광복 후 한국의 얼로 다시 조명하고 새롭게 구명하자는 뜻이었다. 한국산악회는 해방 후 10년 동안 총 10회에 걸쳐 국토구명사업을 진행했다. 그들은 조사 후 보고 전시회를 갖거나 각 분야별 보고서를 학술지를 비롯해 《조선일보》에 연재하였다(한국산악회, 《韓國山岳會五十年史》, 69~83쪽.).

72 60대산회 엮음, 《(1960년대) 한국의 산악운동》, 조선일보사, 2003, 147~148쪽.

73 허영미, 〈산악회를 통한 원거리 안내등산의 시공간적 행태에 관한 연구〉, 부산대학교 석사학위논문, 2011, 4쪽.

74 한국산악회, 《韓國山岳會五十年史》, 114쪽.

년 경북학생산악연맹 등 각 지역에서 대학생 중심의 산악회가 조직되면서 산악운동이 확산되었다.[75] 설악산과 지리산은 이들의 대표적인 등반 지역이었다. 그 외에도 1964년까지 등산 레저의 붐 속에서 등산이 대중화되고 일반 산악단체도 속출했다. 여러 목적으로 조직된 등산단체는 산악회란 이름으로 단체 등산을 감행했다.[76]

1968년에는 등산의 대중화가 가시적으로 드러났다. 1968년 한국산악회 일반등산위원회 주관으로 삼성산에서 열린 친목 계간 등산회에는 121명이, 이어 열린 하계 등산을 위한 산악 강좌에는 141명이 참여하였다. 특히 한국산악회는 8월 15일 조선일보사와 공동으로 '전국 20대 명산 순례'를 개최하였는데, 이때 산악인은 물론 일반인도 참가하도록 해서 등산운동을 대대적으로 진행하였다.

조선일보사는 등산이 그 어떤 스포츠보다 보편화되고 급속히 보급되는 생활스포츠임을 지적하면서, 정부 수립 20주년 20대 명산 순례에 일반인이 참여할 수 있는 가장 대규모 행사를 8월 15일부터 10월 3일 개천절에 이르기까지 진행하였다.[77] 7개 순례대가 설악산·오대산·치악산·태백산·소백산·속리산·덕유산·지리산·계룡산·모악산·내장산·무등산·가야산·팔공산·운문산·한라산·월출산·울릉도 성인봉 등으로 떠났으며, 1개 순례대는 2개 내지 4개 명산을 순례하였다. 지리산에서는 7명으로 구성된 순례대가 8월 29일에서 9월 9일(12박 13일)까지 진행하였다. 거창을 출발해서 장기리-함양-인

75 손경석, 《韓國登山史》, 112~133쪽.
76 손경석, 《등반반세기》, 133쪽.
77 《조선일보》 1968년 7월 21일자, 〈韓國山岳会 주최로 〈4大 事業〉 展開〉.

월-마천-벽송사-정상(1,915m)-세석평전-벽소령-반야봉-노고단-화엄사-구례-구례구-서울로 돌아오는 일정이었다.[78] 10월 3일 개천절에 강화도 마니산 참성단에서 진행된 귀환歸還 보고식에는 총 1,240명이 참여했다. 역대 산악회 행사 중 가장 많은 인원이 동원되었고 일반인들의 참여도 많았다. 12월 5일부터 보름 동안 광주·전주·대전·대구·부산 등지를 순회하며 개최된 이 행사의 사진 보고 전시도 성황을 이루었다고 한다.[79]

지리산은 1955년 입산이 허용되었지만 실질적으로 1963년에 평화가 찾아왔다. 그러나 그사이 학술 조사를 병행한 등산대, 각 지역에서 조직된 개별 등산대 등이 지리산에 올랐다. 또한 '지리산 산신령'으로 알려진 우천宇天 허만수許萬壽가 1949년부터 세석평전에 토담 움막을 짓고 30여 년간 생활하였는데, 그는 등산로 개척, 조난객 구조, 등산안내도 제작 등을 하였다.[80] 당시 삼엄한 상황에서도 개인이나 소규모 단체들이 지리산에 입산하면서 지속적으로 산악 투어리즘을 형성하고 있었다. 1960년대 후반 정치적 상황이 어느 정도 안정을 되찾고, 국가를 재건하는 과정에서 지리산 관광 정책이 펼쳐졌다. 국가, 신문사, 산악회 등이 산악운동을 펼치면서 산악 투어리즘 대중화의 문이 열리게 된 것이다.

---

78 《매일경제》1968년 8월 6일자, 〈政府수립 20周年 紀念 20個 名山 순례〉.

79 한국산악회, 《韓國山岳會五十年史》, 223~224쪽.

80 허만수는 1976년 "나를 찾지 말라"는 말을 남긴 채 행방불명되었다고 전해진다(국립공원 역사아카이브 http://www.knps.or.kr/history/). 허만수는 행방이 묘연해진 데다, 공식 기록이 많지 않아 '산신령'이란 별명이 붙었다.

산악인들의 등산로 개척과 등산 지도의 제작·유통

1955년 지리산 입산이 풀리자 구례중학교 교사 8명은 1955년 4월 처음 구례경찰서에 입산을 신고하고 노고단을 오르고자 했으나, 빨치산과 군경이 다니면서 생긴 많은 길 때문에 노고단 정상에 오르지 못했다. 구례중학교 교사들은 일반인들을 모아 같은 해 5월 5일 '구례연하반(회장 손재훈, 총무 우종수)[81]'을 조직하고 노고단 등반을 재도전했으나 실패했다. 6월 노고단에 오른 연하반은 하산 후 화엄사-노고단-반야봉-벽소령-세석평전-천왕봉 종주 구간을 오르고자 사냥꾼이나 약초꾼 등에게 길을 물었다. 당시 노고단-반야봉, 세석평전-천왕봉 구간을 오른 사람들은 많았지만, 지리산 종주 개념이 없어서 반야봉-벽소령-세석평전까지의 길은 잘 알려지지 않았다.

연하반은 1956년 반야봉에, 1957년 천왕봉에 차례로 올랐다. 그리고 1958년 화엄사-노고단-임걸령-노루목-토끼봉-세석평전-장터목-천왕봉-중산리까지 4박 5일 만에 지리산 종주 등반에 성공하였고, 이 등산로를 개척하였다.[82] 연하반은 1960년에는 피아골과 칠불암 코스를 답사하고, 1962년 지리산 등반지도를 만들기 위해 코스별 시간을 기록하고 보폭 60cm 기준으로 걸음 수를 계산하여 거리를 기록하였다. 이때 노고단과 피아골 산장지기로 유명한 산사람 함태식이 합류하기도 하였다.

1962년 연하반은 등사기로 지리산등산안내도를 처음 제작하여 등

---

81 구례연하반은 1967년 12월 지리산악회로 개칭한다.
82 우두성, 〈구례연하반(지리산악회)과 우종수〉,《지리산과 구례연하반》, 경상대학교 경남문화연구원, 2017, 105~117쪽.

| 그림 5 | 구례연하반 지리산등산안내도(1963년)

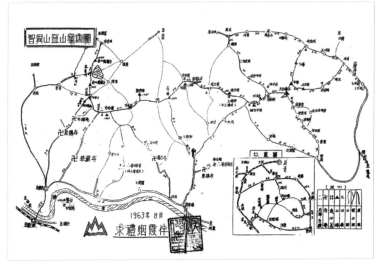

출처: 국립공원 역사아카이브

산인들에게 무료로 배포하였다. 그리고 1963년 이정표 60개와 안내 리본 300개를 만들어 종주 등반로 곳곳에 부착하여, 지리산 종주 등반 코스를 확정했다. 이때 보완한 지리산등산안내도 1,000매를 제작하여 각 산악단체에 무료로 보내 주기도 했다. 이들은 1960년 피아골-노고 단 코스, 1965년 왕시루봉-노고단 코스, 1966년 노고단-질매재-피아 골-직전마을 코스, 1971년 칠선계곡-천왕봉 코스에 이정표를 설치하 였다. 또한 이름이 없었던 지역에 비목령·노루목·삼도봉·덕평봉· 칠선봉·연하봉 등의 이름을 지어 등산 지도에 표기하였으며, 종주 등 산로에 샘 10곳을 찾아 정비하여 등산객의 편의를 도모하였다.

부산일보사는 1964년에 11월 27일부터 12월 5일까지 8일간의 일 정으로 한국산악회 소속 등반대를 보내기도 했다. 17명의 대원들은 칠선계곡 등반로를 개척하고 종합자연조사를 실시하였다. 등반로를 개척하면서 칠선계곡에서 천왕봉으로 오르는 등반로에 이정표와 안내판을, 천왕봉 정상에 1,915m가 표시된 비목을 처음 설치했다.[83]

1960년대 들어 지리산 등산이 대중화되는 분위기 속에서 여행과 등산에 관심 있는 개인들이 여행안내서와 등산 안내서적을 제작하기 시작했다. 전형적인 여행안내서인 《천하명산지리산기天下名勝智異山記》(1960)가 출판되었고, 산악 투어리즘이 활성화되고 있던 상황에 발맞춰 등산 안내 형식의 책이 출판되었다. 산악인 손경석의 《등산백과登山百科》에 그려진 1962년 지리산 등산지도는 일제 시기 여행안내서의 지도(〈그림 3〉)와 거의 같다. 1960년대 초반까지는 일제 시기와 크게 다르지 않은 단순한 안내도였으나, 그사이 연하반·산악인 등에 의해 등산로가 개발되고 관련 지도가 유포된 뒤로 등산안내도는 더욱 정교해지기 시작하였다. 1967년 출판된 《登山의 理論과 實際》[84]의 지도를 보면(〈그림 6〉 참조) 그동안 개발된 등산 코스 등이 반영되었다.

그리고 1960년대 후반에서 1970년대로 넘어가는 과정에서 산악잡지 발간이 시작되었다. 한국산악회에서 1969년 월간 《등산》[85]과 월간 《산수》[86]를 창간하였으며, 이 잡지를 통해 본격적으로 등산지도가

---

83 국립공원공단, 《지리산국립공원 50년사》, 지리산국립공원본부, 2019, 32~34쪽, 44~45쪽.

84 손경석은 《登山百科》를 1967년 개정하면서 《登山의 理論과 實際》란 서명으로 변경하였다.

85 산악인 최선웅에 의해 1969년 5월 《등산》(산악문화사)이라는 이름으로 창간되었다가, 1970년 《山》으로 잡지명이 변경되었다. 1980년 조선일보사가 이를 인수하였으며, 중간에 조선일보 계열사로 발행 주체가 몇 차례 바뀌긴 했지만, 2022년 11월 현재 통권 637호가 발간되었다.

86 산악인 이우형에 의해 1969년 6월 창간되었으나, 1969년 9·10월호 통권 4호로 폐

| 그림 6 | 지리산 등산코스도

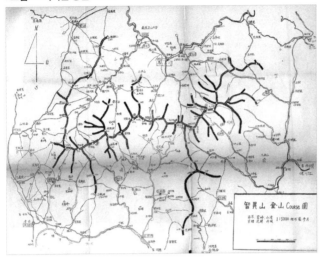

출처: 손경석, 《登山의 理論과 實際》, 成文閣, 1967

전국적으로 대량 유통되었다.

1960년대 초중반이 지나면서 본격적으로 산악인, 산악회, 지역 주민, 언론사 등이 지리산 산악 투어리즘 부흥과 관광공간 형성을 주도하기 시작하였다. 특히 지역 산악회인 구례반은 한정적이었던 지리산 등산 코스를 개발하고, 이를 반영한 지도를 제작하여 등산객과 산악 관련 단체에 배포하기 시작하였다. 그때까지 만들어진 등산지도와 여행안내서 등이 누적되면서 지리산 등산 코스는 더욱 복잡한 양상을 띠며 발달해 나갔다. 그리고 산악 잡지의 창간과 맞물리면서 등

간되고 만다.

산지도의 유통이 용이해졌고, 이는 산악 투어리즘 부흥과 상보적인 관계를 맺었다.

관광 한국의 상징으로서 지리산국립공원

해방 이후 미군정기에는 장춘단을, 이승만 정부는 경주·부여·남한산성 등 사적지를 중심으로 국립공원 지정을 논의하였다.[87] 이는 법률에 의한 것이기보다는 대통령 지시에 의해 결정된 경우가 대부분이었고 실질적인 지정까지 이어지지 못했다. 1959년 문교부는 주민들의 건의에 의해 경주·부여·속리산·설악산·제주도·한려수도 등을 국립공원으로 지정할 계획이었다.[88] 1961년 5·16군사정변 이후 경주국립공원 지정이 우선 진행되었다.[89]

당시 한국은 냉전 체제 속에서 국제연합UN: United Nations의 원조가 중요한 상황이었는데, UN은 자연환경과 관련된 사항을 UN의 후원으로 1948년 창설된 국제자연보전연맹IUCN: International Union of Conservation for Nature and Natural Resources에 의지하고 있었다. 1961년 국제교류 관계로 한국에 온 해럴드 쿨리지Harold J. Coolidge 박사와 레이먼드 클레란드Raymond W. Cleland 박사 등이 아름다운 풍경을 자원으로 한 국제관광 진흥책으로 국립공원 제도를 추천하였다. 그들은 UN군

---

87 《조선일보》1947년 8월 9일자, 〈格오른 獎忠壇 國立公園으로 再出發〉;《동아일보》1951년 12월 24일자, 〈慶州國立公園 來年度에 着工豫定〉;《경향신문》1954년 5월 18일자, 〈새丹裝한 南漢山城國立公園으로 開放〉.

88 《조선일보》1959년 5월 11일자, 〈6個地에 國立公園〉.

89 《동아일보》1961년 11월 24일자, 〈매만져지는 佛國寺一帶 國立公園계획 進陟〉;《조선일보》1961년 8월 13일자, 〈경주에 국립공원 8개년 계획으로〉.

의 휴가지를 일본에서 국내로 전환함으로써 외화 수입을 올려야 한다고 주장하였다.

1961년 이후 경제개발계획과 국토개발계획을 마련하는 과정에서 군사정부는 이들의 추천에 따라 지역개발 차원에서 국립공원제도 도입을 모색했다. 정부는 1962년 미국 시애틀에서 개최된 제1차 세계 국립공원회의에 건축가 김중업과 농학자 김헌규 이화여대 교수를 참석시켰다. 김헌규 교수는 1963년 1월 재건국민운동본부에 설치된 지리산지역개발조사위원회의 부원장으로 참여하여 지리산 지역을 국립공원으로 지정하기 위한 조사·계획을 주관하기도 하였다.[90]

이에 따라 지리산국립공원 지정은 제1차 경제개발5개년계획(1962~1966)과 맞물리면서 경제적으로 자연을 이용하는 방안으로 추진되었다. 국립공원은 자연보호와 이용이라는 상충되는 목표를 지향하고 있었지만, 그 시작은 자연의 이용으로 기울어 있었다.

재건국민운동본부 지리산지역개발조사연구위원회는 《지리산지역개발에 관한 조사보고서地異山地域開發에 關한 調査報告書》(1963)를 통해 지리산의 자연·인문환경이나 산업·문화·생태·사회 관련 부문의 세부적인 조사 결과와 개발 이용 계획을 제시했다. 이들은 지리산의 지형적 조건(농경지 개발에 적합한 지형), 농업경제적 요건(동식물 자원 풍부), 사회적 조건(빈곤한 현주민을 위한 복지), 관광자원(지형·동식물·명승고적 등) 등 인간과 자연의 관계를 상정하며 국립공원으로서 적합한 지역임을 강조했다.

---

90   국립공원관리공단, 《국립공원 30년사(1967~1997)》, 1998, 100쪽.

또한 구례연하반은 지리산 산림 훼손 방지와 등산로 개척 및 관광 개발을 위해, 구례군 군민은 지리산 자연보호와 관광 개발을 통한 지역경제 활성화를 위해, 언론과 IUCN은 지리산의 천연기념물과 풍광 보호, 관광 개발 지원을 위해[91] 지리산국립공원 지정 운동을 실천해 나갔다.

특히 지리산에서 자행된 불법적 도벌은 국립공원 지정 논의를 가속화시켰다. 1945년 해방 직후부터 1960년대 중반에 이르는 동안 전국적으로 야산 지대에서 불법적 도벌과 지나친 남벌이 진행되었는데, 지리산도 예외는 아니었다. 1964년 10월에는 대규모의 지리산 도벌 사건이 발생하기도 하였다. 6·25전쟁 이후 불안정한 국가 상황에서 지리산의 산림이 벌채되어 산림 파괴 문제가 심각했다. 지역 주체들은 당시 지리산 산림이 파괴되는 것을 막아야 한다는 데 공감했다. 이로써 자연을 보호할 수 있는 유력한 수단으로 국립공원 지정이라는 결론에 이르렀다.[92]

1966년 정부가 적극적인 관심과 반응을 보여 건설부 국토계획국 내에 국립공원 업무를 관장하는 직제가 생겼고, 1966년 6월 지리산 국립공원 기본 조사 실시, 1967년 3월 국립공원법 제정, 동년 11월 20일 국립공원위원회 위촉, 11월 24일 제1회 국립공원위원회 회의에서 지리산이 우리나라 국립공원 1호로 지정결의되었고, 1967년 12월 29일 건설부장관에 의해 지리산국립공원 지정이 공포·선포되었다.

91 《경향신문》 1962년 8월 22일자, 〈絶讚받은 濟州島의 風光〉.
92 우종수, 〈1장 구례연하반과 지리산국립공원 지정운동〉, 《지리산과 구례연하반》, 경상대학교 경남문화연구원, 2017, 91쪽.

한국의 국가 재건 과정에서 지리산은 반공이데올로기와 맞물려 관광자원과 식량자원의 자본 축적 대상으로 자리매김되면서 또 다른 층위의 관광공간이 형성되었다.

제도 도입 초기 국립공원 지정 목적은 국제적인 관광지 개발을 통한 외화 획득과 국립공원 개발 과정에서 사회 기반시설 확충 등 지역개발이 목표였다.[93] 이에 맑은 공기와 수려한 산천을 지닌 지리산은 지리산국립공원으로 지정됨으로써 '관광한국'의 상징이 되었다.[94]

지리산이 국립공원 1호로 지정될 수 있었던 것은 근대 자연관인 자연보호 개념과 자연 개발 개념을 충족시킬 수 있는 곳이었기 때문이다. 본격적인 국토개발 담론을 실현시키고자 했던 군사정부는 해외원조에 기대었는데, 당시 지리산 도벌 사건을 계기로 자연을 보호해야 한다는 여러 주체들의 목소리에 대응하기 위해 지리산을 국립공원으로 지정하게 되었다. 이 과정에서 개인, 산악회, 지역 단체, 국가 차원 스케일의 주체들과 국제기구 등 초국가적인 스케일의 주체가 등장하면서 지리산을 구성하는 주체는 폭넓은 스케일을 넘나들게 되었다.

해방 이후 근대적 산악 투어리즘 발현의 장, 지리산

이 글은 근대 투어리즘과 등산 문화가 '산악 투어리즘'으로 발현되

---

93   현병관, 〈한국 국립공원 제도 도입과 초기 공원 지정 과정 연구〉, 상지대학교 석사학위논문, 2022, 78쪽.
94   《경향신문》 1962년 8월 22일자, 〈絶讚받은 濟州島의風光〉.

어 지리산 관광공간을 형성하는 데 미친 영향을 살펴보고자, 1920년 대부터 1960년대까지 다양한 주체가 지리산 산악 투어리즘 공간을 형성하는 과정을 시계열적으로 추적하였다.

1920년대부터 시작된 지리산 관광은 조선일보사와 동아일보사가 진행한 지리산 탐승단 모집의 방식으로 진행되었고, 전통 사찰 주변을 가볍게 하이킹하는 형태에 가까웠다. 1925년 기독교 선교사(미국 남장로교회)들이 당시 동경제국대학으로부터 지리산 연습림의 일부를 임대받아 풍토병을 피하기 위해 '문명화된 휴양촌'을 조성하면서 외국인의 발길도 이어졌는데, 이는 이후 지리산의 투어리즘에 큰 영향을 미쳤다. 1930년대 후반부터 해방 전후까지 조선인 중심의 산악회를 중심으로 산악 투어리즘이 형성되기 시작하였다. 1937년 양정 고보 산악부가 답파하면서 산악 투어리즘이 등장했고, 1930년대 중반 이후 지리산이 조선팔경으로 선정되면서 국립공원 지정 논의까지 진행되었지만, 이는 기획에 그쳤다. 해방 후 1945년 9월에 조선인 중심의 조선산악회(한국산악회)가 결성되면서 등산 문화 진작의 기반이 되었다.

근대 투어리즘과 등산 문화가 도입되고 본격적으로 지리산이 근대적 의미의 '산'으로 변화하는 가운데, 지리산은 특수한 위치에 놓이게 되었다. 해방 후 여순사건과 6·25전쟁을 겪으며 지리산 입산이 금지된 것이다. 그러나 1949년 지리산 세석평원에 산사람 허만수가 자리를 잡아 산악운동을 전개하는 등, 또 다른 층위에서 다양한 주체들이 관광공간을 지속적으로 형성하였다. 1955년에는 구례중학교 교사 우종수 등이 구례연하반이라는 지리산권역 최초의 산악 모임을 만들었다. 이들은 등산객을 위한 등산로를 개발하고 지도 등을 제작했다.

개인을 비롯해 지역 산악회 등이 지리산 등산 문화와 근대 투어리즘을 공간적으로 발현하는 행위 주체자로 등장함과 동시에, 일제 시기부터 지리산 탐승대를 모집해 왔던 조선일보사에서도 1955년 지리산 등반대를 조직했다. 1950~60년대에는 한국산악회, 대륙산악회 등의 산악회가 '잠자고 있던 지리산'을 깨우는 과정으로서 등산을 진행했다. 당시 등산은 주로 각 분야 전문가를 동반하여 학술 조사를 병행하는 형태로 진행되었다. 그리고 1967년 지리산은 국립공원 1호로 지정되면서 '관광한국'의 상징이 되었다.

해방 이후 여순사건과 6·25전쟁으로 시·공간적 분절을 겪은 듯 보였던 지리산의 관광공간은, 사실상 1930년대 후반부터 형성된 산악 투어리즘이 잠재되어 있던 공간이었다. 한국의 굵직한 근현대사 사건 속에서 여러 주체는 산악 투어리즘을 형성해 나가면서 지리산 관광공간을 구성해 나갔다. 해방 이후 지리산 근대 관광공간을 구성하는 주요 주체가 한국인 중심으로 옮겨졌지만, 기본적으로 일제 시기 이용했던 방법과 공간의 경로의존성은 크게 달라지지 않았다. 이는 더 나아가 자연을 바라보는 '근대적 관점'에 대한 논의와 맞물려 있다. 일제 시기에서 해방 이후 자연을 바라보는 주체가 바뀌더라도 자연의 근대적 시각이 발현되는 지점과 방식은 유사했었다.

참고문헌

60대산회 엮음,《(1960년대)한국의 산악운동》, 조선일보사, 2003.

강대홍,《(天下名勝)智異山記》, 鴻思社, 1960.

국립공원공단,《지리산국립공원 50년사》, 지리산국립공원본부, 2019.

국립공원관리공단,《국립공원 30년사(1967~1997)》, 1998.

박찬모, 〈일제강점기 지리산과 '국립공원'〉,《지리산과 구례연하반》, 경상대학교 경
　　남문화연구원, 2017, 69~86쪽.

설혜심,《그랜드투어》, 웅진지식하우스, 2013.

손경석,《登山百科》, 文化堂, 1962.

＿＿＿,《登山의 理論과 實際》, 成文閣, 1967.

＿＿＿,《등반반세기》, 사람과산, 1995.

＿＿＿,《韓國登山史》, 이마운틴, 2010.

우두성, 〈구례연하반(지리산악회)과 우종수〉,《지리산과 구례연하반》, 경상대학교
　　경남문화연구원, 2017,

우미영, 〈관광이라는 이름의 동원과 탐승〉,《근대 조선의 여행자들》, 역사비평사,
　　2018, 260~288쪽.

우종수, 〈1장 구례연하반과 지리산국립공원 지정운동〉,《지리산과 구례연하반》,
　　경상대학교 경남문화연구원, 2017.

정치영,《사대부, 산수유람을 떠나다》, 한국학중앙연구원 출판부, 2014.

한국산악회,《韓國山岳會五十年史》, 1996.

김지영, 〈일제시기 철도여행안내서와 일본인 여행기 속 금강산 관광 공간 형성 과
　　정〉,《대한지리학회지》54(1), 2019, 89~110쪽.

＿＿＿, 〈일본제국의 '국가풍경'으로서의 금강산 생산 - 금강산국립공원 지정 논
　　의를 중심으로 - 〉,《문화역사지리》33(1), 2021, 106~133쪽.

박찬모, 〈자기 구제의 '제장(祭場)'으로서의 대자연 - 지리산: 이은상의 지리산탐
　　험기를 중심으로〉,《현대문학이론연구》38, 2009, 53~85쪽.

＿＿＿, 〈탐험과 정복의 '전장(戰場)'으로서의 원시림 - 지리산〉,《한국문학이론과
　　비평》51, 2011, 171~196쪽.

_____, 〈조선산악회와 지리산 투어리즘〉,《남도문화 연구》23, 2012, 133~163쪽.

_____, 〈전시된 식민지와 중층적 시선, 지리산〉,《현대문학이론연구》53, 2013, 127~154쪽.

서영채, 〈최남선과 이광수의 금강산 기행문에 대하여〉,《민족문학사연구》24, 2004, 242~280쪽.

서정호, 〈일제강점기의 지리산 탐방 목적에 관한 연구〉,《한국산림휴양학회지》17(4), 2013, 149~157쪽.

원두희, 〈일제강점기 관광지와 관광행위 연구〉, 한국교원대학교 석사학위논문, 2011.

조성운, 〈조선여행사(1945~1949)의 활동을 통해 본 해방공간기 관광〉,《숭실사학》29, 2012, 171~198쪽.

한규무, 〈지리산 노고단 '선교사 휴양촌'의 종교문화적 가치〉,《종교문화연구》15, 2010, 141~172쪽.

허영미, 〈산악회를 통한 원거리 안내등산의 시공간적 행태에 관한 연구〉, 부산대학교 석사학위논문, 2011.

홍영미, 〈1920年代 八景 選定 미디어 이벤트와 帝國意識의 擴散〉, 경희대학교 석사학위논문, 2012.

현병관, 〈한국 국립공원 제도 도입과 초기 공원 지정 과정 연구〉, 상지대학교 석사학위논문, 2022.

《경향신문》1947년 1월 31일자, 〈第一回스키講習會와 競技大會를 開催〉.

《경향신문》1954년 5월 18일자, 〈새丹裝한南漢山城國立公園으로開放〉.

《경향신문》1962년 8월 22일자, 〈絶讚받은 濟州島의風光〉.

《경향신문》1967년 12월 1일자, 〈國立公園 제1호〉.

《동아일보》1926년 9월 19일자, 〈鐵道敷設을 陳情〉.

《동아일보》1928년 4월 6일자, 〈智異山大源寺 探勝團員募集〉.

《동아일보》1931년 8월 3일자, 〈智異山探勝 河東서 募集〉.

《동아일보》1947년 2월 20일자, 〈冒寒探査隊一行 十八日老姑壇出發〉.

《동아일보》1947년 2월 20일자, 〈冒寒探査隊一行 十八日老姑壇出發〉.

《동아일보》1947년 2월 20일자, 〈銀世界를 征服한 "스키-"軍 智異山에서 凱歌올리고 歸京〉.

《동아일보》1947년 2월 20일자, 〈全種目에 嚴翼煥君優勝 智異山 스키-盛況〉.

《동아일보》 1947년 2월 22일자, 〈智異山踏査記 本社特派員 鄭璿秀記〉.

《동아일보》 1951년 12월 24일자, 〈慶州國立公園 來年度에着工豫定〉.

《동아일보》 1956년 1월 4일자, 〈智異山學術登攀〉.

《동아일보》 1956년 1월 14일자, 〈冬期智異山地區 學術調査隊報告〉.

《동아일보》 1961년 11월 24일자, 〈매만져지는 佛國寺一帶 國立公園계획進陟〉.

《동아일보》 1992년 9월 22일자, 〈한려수도 〈壬辰水道〉로 改稱하자〉.

《매일경제》 1968년 8월 6일자, 〈政府수립 20周年紀念 20個名山 순례〉.

《매일신보》 1941년 6월 12일자, 〈靈峯智異山의 國立公園具體化-三道關係協會組織〉.

《조선일보》 1926년 8월 17일자, 〈避暑地로 屈指될 靈岳智異山〉.

《조선일보》 1927년 5월 10일자, 〈方丈山再遊記 一〉.

《조선일보》 1936년 6월 30일자, 〈勝地智異山開發의 施設足進猛運動〉.

《조선일보》 1936년 8월 17일자, 〈南朝鮮遍歷紀行 三 老姑壇의 避暑地〉.

《조선일보》 1936년 8월 29일자, 〈靈峰方丈山에 探勝客이 雲集〉.

《조선일보》 1937년 10월 4일자, 〈國立公園建設함에 條件具備한 智異山〉.

《조선일보》 1937년 3월 11일자, 〈名山智異山을 國立公園으로〉.

《조선일보》 1938년 7월 16일자, 〈智異山探險團員募集〉.

《조선일보》 1938년 7월 28일자, 〈山岳探險의 意義〉.

《조선일보》 1939년 6월 28일자, 〈智異山 코―쓰 ①琴澈 東海三神山의 雄〉.

《조선일보》 1939년 6월 29일자, 〈名山案內 智異山 코―쓰 ②琴澈〉.

《조선일보》 1939년 6월 30일자, 〈智異山 코―쓰 ③琴澈 高山峻嶺을 벗삼아〉.

《조선일보》 1939년 7월 1일자, 〈智異山 코―쓰 ④琴澈 天王峯上의 壯觀一〉.

《조선일보》 1940년 8월 8일자, 〈智異山의 登山施設〉.

《조선일보》 1947년 8월 9일자, 〈格오른 獎忠壇 國立公園으로 再出發〉.

《조선일보》 1955년 8월 10일자, 〈曾遊의 山河 智異山老姑壇〉.

《조선일보》 1955년 8월 11일자, 〈피아골을 돌아 華嚴寺로 全員豫定코스 順調踏査〉.

《조선일보》 1955년 8월 25일자, 〈天王峰踏査-智異山登攀記-(上)〉.

《조선일보》 1955년 8월 26일자, 〈天王峰踏査-智異山登攀記-(下)〉.

《조선일보》 1955년 8월 30일자, 〈智異山의 心臟 老姑壇地帶의 藥草 登攀隊 報告(上)〉.

《조선일보》 1955년 8월 31일자, 〈登攀隊報告(中) 智異山의 心臟〉.

《조선일보》 1955년 9월 1일자, 〈智異山의 心臟 登心臟 登攀隊報告(下)〉.

《조선일보》 1959년 5월 11일자, 〈6個地에國立公園〉.

《조선일보》1961년 8월 13일자,〈경주에 국립공원 8개년 계획으로〉.
《조선일보》1968년 7월 21일자,〈韓國山岳会 주최로〈4大 事業〉展開〉.
《조선중앙일보》1935년 8월 12일자,〈智異山探勝隊員大募集〉.

朝鮮總督府鐵道局,《朝鮮旅行案內記》, 日本旅行協會, 1934.
_____,《湖南地方》, 1940.
Eric G. E. Zuelow, *A History of Modern Tourism*. London: Palgrave Macmillan, 2016.
Hyung Il Pai, *Heritage management in Korea and Japan*. Seattle: University of Washington Press, 2013.
John Urry · Jonas Larsen, *The Tourist Gaze* 3.0. SAGE: Los Angeles, 2012.
Wolfgang Schivelbusch, *The Railway Journey: The Industrialization of Time and Space in the Nineteenth Century*. Berkeley: University of California Press, 2014.

加藤廉平,〈南鮮の山を巡りて〉,《朝鮮山岳》4, 1937. 3, 18~36쪽.
水内佑輔 · 古谷勝則,〈大正期における田村剛の示す国立公園の風景とその変遷〉,《ランドスケープ研究》77(5), 2014, 413~418쪽.
朝鮮山岳會,〈雜錄－南鮮の靈山智異山〉,《朝鮮山岳》2, 1932.12, 146~149쪽.
M. Oyadomari, "The Establishment of the National Park System in Japan." *Communication & Society* 21, 2011, pp. 321-334.

국립공원 역사아카이브, http://www.knps.or.kr/history.
한국역사정보통합시스템, https://www.koreanhistory.or.kr.
e뮤지엄, http://www.emuseum.go.kr.

역사문화관광지로서 천안의 역사경관 및 가상공간에 대한 잠재력 고찰
: 독립기념관과 유관순 열사 사적지를 사례로

| 정은혜 |

이 글은 《국토리학회지》 제55권 3호(2021. 9)에 게재된 원고를 수정 및 보완하여 재수록한 것이다.

이 글은 《국토리학회지》 제55권 3호(2021. 9)에 게재된 원고를 수정 및 보완하여 재수록한 것이다.

역사문화관광지로서의 천안

최근 들어 지역의 정체성과 문화를 대변할 수 있는 지역 고유의 문화자원을 발굴·개발하고 이를 관광과 접목시켜 역사문화관광지로서 관광객을 유치하는 사례가 증가하고 있다.[1] 이 사례들의 주요 특징은 지역의 역사를 스토리텔링화하고, 그 역사적 자원을 활용하여 관광자원화하고 있다는 점이다. 무엇보다 근대 역사에 대한 관심이 높고, 독립운동 사적지에 대한 관심과 활용이 적극적으로 반영된 사례들이 늘고 있는데, 천안이 대표적이다.

천안은 '호국충절'이라는 고유 이미지와 '유관순'이라는 역사적 인물로 관광객에게 매우 깊은 인상을 심어 주는 지역이다. 천안이 호국충절의 이미지로 연상되는 이유는 이 지역 출신 인물 가운데 국가의 위기에 목숨 바쳐 나라를 구한 인물들이 많기 때문이다.[2] 그중에서도

1　박경목, 〈천안지역 독립운동 사적지 현황과 활용방안 – 창의적 체험학습 관광 활성화를 중심으로〉, 《충청문화연구》 9, 2012, 103~138쪽.

2　오세창, 〈(都市巡禮) 忠節의 고장 天安〉, 《도시문제》 261(5), 1988, 99~105쪽; 박경목, 〈천안지역 독립운동 사적지 현황과 활용방안 – 창의적 체험학습 관광 활성화를 중심으로〉, 106~107쪽; 공훈전자사료관. 이들 자료에 따르면, 일제강점기 천안 출신 독립운동 유공자는 총 67명으로, 이 중 67.1퍼센트(45명)가 3·1독립만세운동 관련자이다. 참고로 천안 출신 독립운동 유공자로는 '의병' 권찬규·이정규, '의열투쟁' 유중협·유찬순·장두환·조종철, '3·1독립만세운동' 강기형·김교선·김구웅·김상철·김상헌·김상훈·김소용·김채준·민옥금·박병호·박상규·박영학·방치성·서병순·안은·안시봉·유관순·유도기·유예도·유우석·유중권·유중무·유중오·윤태영·윤희천·이규영·이규태·이근문·이백하·이성하·이성호·이소제·이순구·전치관·조만형·조병호·조쌍동·조인언·최오득·최은식·최정철·한상필·한이순·허병·홍찬섭, '국내항일' 정인석·조병옥·유제경, '학생운동' 김규환·황봉선, '만주방면' 이의복·이장녕·최병규, '중국방면' 강인수·유민식·이봉해·서단파, '임시정부' 이동녕·이종건, '광복군' 안성근·이명 등 총 67명이다.

어린 나이에 서울 유학 중 귀향하여 아우내에서 독립만세운동을 주도하고, 심문 과정에서도 끝까지 일제에 항거하다가 옥중 순국한 유관순의 독립정신과 희생정신, 나라사랑은 천안의 호국충절 이미지를 강화시켜 주고 있다. 그로 인해 천안의 유관순 열사 사적지, 아우내장터, 독립기념관 등은 이곳의 대표적인 역사문화관광지로 인식되고 있다.[3] 이처럼 천안은 일제강점기의 슬픈 역사를 잊힌 과거에 머물게 하지 않고, 항상 국민 가운데에서 함께 공유할 수 있도록 기념관이나 사적지를 만들어 이들 공간을 역사 체험의 장으로 제공하고 있다. 그럼으로써 이들 역사경관을 활용하여 국가에 대한 애국심과 충성심을 북돋워 주는 역할을 함과 동시에 건강한 국가관 확립에 기여하고 있다.[4]

그럼에도 불구하고 천안 지역 자체에 관한 지리학적 연구를 쉽게 찾아볼 수 없으며, 또한 이 지역이 역사문화관광지로서 갖는 의미에 대한 연구 역시 미비한 편이다. 이에 이 글은 천안의 역사적 애국경관이 지니는 잠재력과 특성을 소개하고 이들 경관이 지역의 정체성을 보다 명확히 세우고, 알리고, 활성화하는 데에 유용하다는 것을 확인함으로써 천안이 역사문화관광지로서 의미를 갖는 지역임을 고찰하고자 한다. 이를 위해 첫째, 경관 연구의 흐름을 통해 경관 연구의 가치를 확인함과 동시에 역사경관 개념에 관해 논하고, 둘째, 2019년 2월 26일과 2020년 4월 7일, 두 차례에 걸쳐 실제 답사한 자료를 바탕으로 천안의 역사경관을 살펴봄으로써 역사문화관광지로서 특징

---

3   한지은, 〈장항선의 출발지, 천안〉, 《국토》 475, 2021, 64~71쪽.
4   민말순, 〈역사문화관광지로 거듭난 미국의 전쟁유적지〉, 《경남발전연구원》 83, 2006, 137~145쪽.

을 고찰한다. 추가로 2021년 7월 25~31일 7일간 온라인과 유선상 모집을 통해 자발적으로 참여한 총 22명의 인터뷰 응답자를 대상으로 본고의 연구대상지인 천안 독립기념관과 유관순 열사 사적지에 대한 반구조화 심층 인터뷰를 진행하여 이들 역사경관 및 그 안에 내재된 힘을 살펴보고자 하였다. 그럼으로써 천안이 지닌 역사경관이 역사문화관광지로서의 특징을 강화시키고 있음을 확인하고, 이 연구가 제시하는 역사경관의 중요성을 바탕으로 향후 천안의 지역 발전과 지역 이미지 형성에 도움을 주고자 한다.

역사경관(애국경관) 및 역사문화관광의 개념 고찰

일반적으로 경관은 눈에 보이는 모든 것을 의미하지만, 지리학에서는 경관을 하나의 연구 대상으로 간주한다. 경관은 "한 지역에서 역사적으로 전개되어 온 인간과 자연의 관계, 사회적인 권력관계, 시대성과 지역성을 반영하는 인간의 심미적 차원 등을 누적하고 있는 지리적 실체"[5]이자, "그 사회의 의미와 가치를 대변하는 요소, 또한 오감에 의해 지각된 지리적 현실"[6]로 해석할 수 있는 개념이다. 특히 데니스 코스그로브Denis Cosgrove는 경관을 새로운 패러다임으로 제시하며 "경관에 내재되어 있는 사회·경제·정치적 권력을 읽어야 한다"고 주장하였다.[7] 다시 말해, 경관에는 특정 사회집단이 가지는 세계에 대

---

5 전종한, 〈지리와 역사를 함께 요구하는 경관 연구〉, 역사지리 연구 모임 안팎너머 편, 《역사지리학 강의》, 사회평론, 2011, 19쪽.

6 김선범, 〈도시의 경관과 형태〉, 권용우 편, 《도시의 이해》, 박영사, 2009, 50쪽.

7 Cosgrove, D., "Prospect, Perspective and the Evolution of the Landscape Idea," *Transactions*

한 역사적 경험과 시간, 지배와 피지배의 권력관계가 투영되어 있으며, 또한 경관에는 특정 계급 사람들이 그들 스스로 상상하는 자연과의 관계에 부여한 의미가 반영되어 있다는 것이다.[8] 경관 연구의 공통점은 경관이 그 자체로 존재론적 지위를 가지고 있다는 점이다. 이에 필자는 경관이 그 자체로 역사문화적이고 정치적인 것으로서 존재론적 위치를 지닌 것으로 바라보고자 한다. 즉, 경관은 사람들의 감상의 대상이기도 하지만, 경관은 그 자체로 사람들에게 영향을 미쳐 사람들의 활동 결과를 야기한다는 점에 주목한다. 일반적으로 사회 내 다양한 세력은 자신들이 소속된 집단의 힘을 증대시키거나 확인시키기 위해 자신들이 원하는 경관을 형성하려는 경향이 있다. 그리고 이미 주어진 경관도 되도록 자신들의 방식과 의지대로 해석되기를 희망하는 성향이 있다.[9] 특히 현대사회에서 경관은 지배집단 또는 권력집단이 원하는 결과를 얻기 위해 이용하는 대상물이 되기도 한다. 이는 심리를 이용한 경관으로서, 단지 그 공간의 경관을 바라보는 것만으로도 지배집단의 권위나 정통성이 강화되기도 하고, 특정 이데올로기가 무의식적으로 주입되기도 하는 것이다.[10]

역사경관은 "인간이 특정 정치·경제·사회·문화적 상황에서 어떠

of the Institute of British Geographers(New Series) 10(1), 1985, p. 46.

8 정은혜, 〈식민권력이 반영된 경관의 보존 가치에 대한 연구: 일제 하 형성된 전남 소록도와 인천 삼릉(三菱) 마을을 사례로〉, 《한국도시지리학회지》 19(1), 2016, 85~103쪽.

9 이정만, 〈경관을 어떻게 읽을 것인가?〉, 박삼옥 편, 《지식정보사회의 지리학 탐색(제2개정판)》, 한울아카데미, 2012, 352쪽.

10 정은혜, 《지리학자의 공간읽기: 인간과 역사를 담은 도시와 건축》, 푸른길, 2018; Zukin, S., *Landscapes of power: from Detroit to Disney World*, Berkeley: University of California Press, 1991.

한 목적을 두고 특정 공간에 만든 가시적 형태의 보전 가치를 지닌 경관"을 의미한다.[11] 다시 말하면 역사경관은 시간 변화의 양상들을 포함하면서 사회적 효과를 낳는 경관으로서, 시간과 공간의 이중성을 지닌 이미지의 형태로 나타나는 경관을 일컫는다. 시간의 퇴적물로 존재하는 경관은 단지 물리적 시간이 아니라 일종의 사회적 기억으로서 인간이 역사를 통해 공간을 경관화하여 쓰고 있는 것으로 볼수 있다.[12] 따라서 역사경관은 시대와 지역에 따라 다르게 나타나며, 그 변화상을 통해 역사를 이해할 수 있는 하나의 텍스트이자 담론이다. 사실상 모든 경관은 역사의 결과물이며, 한 시대의 역사를 반영하기 때문에 역사경관은 과거에 형성된 모든 경관을 의미하기도 한다. 하지만 이 글은 역사경관을 '독립적으로 위치한 역사적 가치가 높은 구조물과 주변의 공간이 이루는 경관으로서 과거 어떤 시대의 인물·기술·문화·사건 등 과거의 자취와 사연이 깃들여 있는 역사적 가치와 미적 가치를 지닌 경관 혹은 역사유적지'로 한정 적용하고, 여기에 '역사적 중요성과 희소성 등의 이유로 인간이 의도적으로 창출해 낸 경관'도 포함시키고자 한다.[13] 특히 이러한 역사경관이 민족적 스케

---

11 박용국, 〈초등학교 『사회 5-1』 교과서의 역사경관 고찰〉, 《역사교육논집》 47, 2011, 400쪽.

12 남호엽, 〈역사경관의 재현과 지역교육의 합리성 - 제주 지역 교과서 내용구성 방식의 변화를 사례로〉, 《시민교육연구》 34(2), 2002, 27~41쪽; Ogborn, M., "History, Memory and the Politics of Landscape and Space: Work in Historical Geography from autumn 1994 to autumn 1995," *Progress in Human Geography*, 20(2), 1996, pp. 222~229; 임동균 · 스기야마 카즈이치 · 김용남 · 김대영, 〈경관에 대한 인상평가와 경관개선 효과에 관한 연구 - 나가사키시 히가시야마테 전통적 건조물 보존지역을 대상으로〉, 《국토지리학회지》 50(2), 2016, 159~173쪽.

13 심승희, 〈역사경관과 지역 정체성에 관한 연구: 전주시 한옥보존지구와 역사유적을 사례로〉, 《서울대학교 대학원 지리교육과 석사학위논문》, 1995; 최형석, 〈역사경관보

일에서 다루어질 경우 '애국경관'이라는 명칭을 병용하고자 한다. 이경우, 순수 객관적인 독립체로서의 경관이라기보다는 역사적 사실과 역사적 스토리에 의해 재현된 양상을 보이기도 한다.[14]

현대의 관광객은 관광 경험의 과정에서 자신의 정체성을 정의한다.[15] 그런 의미에서 관광은 장소에 대한 대중의식을 형성하고 장소의 사회적 이미지를 만들고 있으며, 이는 해당 지역의 이상적인 전통과 역사, 그리고 문화를 반영하는 경관을 형성하고자 한다.[16] 대체로 중앙정부나 지방정부·관광사업체 등에 의해 그 경관이 형성되나 관광객은 형성된 장소에 대한 수용자이자 소비자로서 해당 장소의 관광 경험을 토대로 그 장소를 소비하는 의미화 과정을 거친다.[17] 이러한 과정 속에서 역사적 상징성이 드러나는 경관들은 역사문화관광지로서의 인식과 정체성을 창조하고 형성하는 데에 큰 기여를 한다.[18]

전을 위한 건축물 높이 규제에 관한 연구〉,《서울대학교 대학원 조경학과 박사학위 논문》, 1999.

14　남호엽, 〈역사경관의 재현과 지역교육의 합리성 – 제주 지역 교과서 내용구성 방식의 변화를 사례로〉, 27~41쪽.

15　Square, S. J., "Accounting for cultural meanings: the interface between geography and tourism studies re-examines," *Progress in Human Geography*, 18(1), 1994, pp. 1-16; 조아라, 〈문화관광지의 문화정치와 정체성의 사회적 구성: 일본 홋카이도 오타루의 재해석, 제도화, 재인식〉,《대한지리학회지》44(3), 2009, 240~259쪽.

16　Britton, S. G., "Tourism, capital and place: towards a critical geography of tourism," *Environment and Planning D: Society and Space* 9(4), 1991, pp. 451-478; Bell, C., "The real New Zealand: rural mythologies perpetuated and commodified," *The Social Science Journal* 34(2), 1997, pp. 145-158; Milne, S., Grekin, J., and Woodley, S., "Tourism and the construction of place in Canada's eastern Artic," in Greg, R.(ed.), *Destinations: Cultural Landscapes of Tourism*, London and New York: Routledge, 1998, pp. 101-120.

17　황희정 · 윤현호, 〈관광객의 진정성 경험을 통한 관광지로의 장소 구성: 인천 송월동 동화마을을 중심으로〉,《관광연구저널》30(1), 2016, 65~82쪽.

18　정은혜 · 손유찬,《지리학자의 국토읽기》, 푸른길, 2018.

역사문화관광은 역사관광과 문화관광의 의미를 광범위하게 포괄하는 개념으로서, "문화, 역사, 교육은 관광 동기의 주류"라는 전제를 함축한다.[19] 즉, '유적, 유물, 전통 공예, 예술 등이 보존되거나 스며 있는 지역 또는 역사적 스토리를 지닌 사람의 과거에 초점을 두고 관광하는 행위로서 지적 욕구를 위해 일상을 벗어나 특정 생활양식이 내재된 대상이나 유적지 및 사적지, 문화 · 예술적 표현물 등의 자원으로 이동하는 행위'로 정의된다.[20] 더 나아가 이에 수반되는 산업 활동을 포괄하는 총체적 현상으로서 과거와 현재, 그리고 미래 간의 연결고리를 제공해 주는 관광으로 볼 수 있다.[21] 특히 과거로부터 물려받은 역사, 예술, 그리고 경관 등에 기반한 새로운 지식과 경험 및 만남을 증가시키려는 인간의 다양한 욕구를 충족시킬 수 있다는 점에서 차별성을 지닌다.[22] 한편, 전략적인 차원에서 역사문화관광을 지방과 국가의 복지, 기업, 그리고 관광자의 욕구에 균형을 맞추어 그 지방 주민과 방문객을 위해 풍요로운 환경을 창출하는 것을 의미하기도 한다.[23]

하지만 이 글은 역사문화관광을 역사경관과 지역 정체성에 좀 더

---

19 유영준, 〈문화상품으로서 경주 자전거투어〉, 《한국도시지리학회지》 11(3), 2008, 82쪽.

20 Goodman, M. E., *The Individual and Culture, Homewood*, Illinois: Dorsey Press, 1967; Richards, G., "Production and consumption of European cultural tourism," *Annals of Tourism Research*, 23(3), 1996, pp. 261-283; 이준태 · 윤병국, 〈한민족 시원과 형성이 역사유적 관광지로서의 가능성 탐색 연구〉, 《한국사진지리학회지》 26(4), 2016, 107~121쪽.

21 윤세환, 〈역사적 문화관광에 관한 소고〉, 《관광개발논총》 7, 1997, 447~458쪽; 정은혜, 〈경관을 통해 살펴본 문화역사관광지로서의 블라디보스토크 고찰: 신한촌과 아르바트 거리를 중심으로〉, 《한국도시지리학회지》 22(2), 2019, 63~77쪽.

22 Garrod, B. and Fyall, A., "Managing heritage tourism," *Annals of Tourism Research* 27(3), 2000, pp. 682-708; 김홍운 · 전영철, 〈청소년 여가활동으로 교육관광에 관한 연구〉, 《관광정책학연구》 2, 1996, 119~136쪽.

23 서태양, 《문화관광론》, 대왕사, 1999; 이광진, 《한국관광문화정책론》, 백산출판사, 1995.

초점을 맞추어 "관광자가 역사적, 문화적 동기를 가지고 다른 지역을 방문하여 역사적 사적지 및 기념관을 경험하는 지적 욕구의 관광"으로 협의하고, 이러한 관광이 이루어지는 곳을 역사문화관광지로 개념화한다. 무엇보다 본 연구는 관광을 양적인 차원이 아닌 질적 차원으로 접근할 필요성에 근거하여[24] 위와 같이 재정립한 역사문화관광지의 개념을 천안에 있는 역사경관에 적용시킴으로써 역사문화관광지로서의 역할과 가치를 논하고자 한다.

천안은 어떠한 곳인가?

충남 북부 지역의 문화권을 주도하고 있는 천안은 한반도 중앙의 남부에서 약간 서쪽으로 치우친 방향에 위치한다(《그림 1》). 천안이라는 지명은 고려를 건국한 태조 왕건이 천안부를 만들고 이곳에 지방관직으로 도독都督을 둔 데서 비롯하였다. 태조를 모시던 술사術師 예방이 태조에게 "삼국의 중심이며 오룡쟁주五龍爭珠의 형세로 이곳에 3,000호를 두고 군사를 조련하면 적이 저절로 항복할 것"이라고 보고하자 태조가 친히 태조산에 올라 지세를 살핀 후 천안이라는 지명을 지었다고 한다.[25] 지금도 천안은 그때와 같은 하늘 천天자와 편안할 안安자를 쓰고 있어 지명 그대로 본다면 천안은 하늘 아래 가장 편안한 도시로 해석된다.[26] 이처럼 삼국의 중앙에 위치했던 천안은

24 Hall, M. C. and Page, S. J., *The Geography of Tourism and Recreation*, London and New York: Routledge, 2002.

25 한정순, 〈하늘아래 가장 편안한 도시: 천안〉, 《국토》 235, 2001, 70쪽.

26 한정순, 〈하늘아래 가장 편안한 도시: 천안〉, 71쪽; 장규식·박상준, 〈일제하 천안지

왕건이 군사를 조련하던 고려 개국의 근원지였다. 조선시대에는 호남·영남·호서와 서울을 이어 주는 삼거리 길목으로서 교통의 요충지였고,[27] 각 포구를 연결하는 정치·군사상의 요지로 중부와 남부를 구분하는 지점을 차지하였다. 지금도 천안은 장항선·경부선·호남선·전라선·수도권광역철도 등이 경유하는 주요

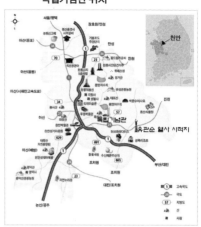

| 그림 1 | 천안 내 유관순 열사 사적지와 독립기념관 위치

출처: 천안시청, https://www.cheonan.go.kr.

분기점이 되고 있으며, 1번 국도가 뻗어 있는 교통의 요지다.[28]

　게다가 천안은 많은 명인과 열사를 배출한 곳으로 알려져 있다. 대표적으로 유관순 열사를 들 수 있다. 그는 천안이 호국충절이라는 고유 이미지를 갖게 하는 데에 큰 역할을 하였다. 무엇보다 1919년 4월 1일 유관순 열사가 지역 주민 3,000여 명과 함께 아우내장터에서 펼

　　역의 사회운동과 유력자층 동향〉, 《중앙사론》 48, 2018, 30쪽. 이들 자료에 의하면 실제로 천안은 지형학적으로도 평온한 지세를 갖추고 있어 그 이름처럼 자연재해 발생이 가장 낮은 도시로도 알려져 있다.
27　김경수, 〈조선시대 천안과 천안삼거리〉, 《중앙사론》 29, 2009, 39~82쪽. 천안삼거리는 전국 각지에서 모인 사람들이 지친 몸과 마음을 정비하던 곳으로, 신분제가 엄격했던 조선시대에도 이곳에서만큼은 신분이나 성별에 구애받지 않고 모두가 평등하게 어울릴 수 있었기에 소통의 장으로 활용되었던 장소다.
28　한지은, 〈장항선의 출발지, 천안〉, 66쪽.

친 독립운동은 다양한 독립운동 전개의 기반이 되었고, 그 과정에서 수많은 독립운동가가 배출되어 천안이 애국과 충절의 도시로서 입지를 다지는 데에 적잖은 영향을 주었다.[29] 이 외에도 천안의 독립운동은 1919년 3월 14일 목천보통학교 만세시위, 3월 20일 입장면 양대리 광명학교 여학생 만세시위, 3월 28일 직산광산 광부 만세시위, 3월 28~29일 사직동에서 시작된 천안읍내만세운동 등의 역사로 기록되어 있으며, 이들 독립운동은 현재까지도 각종 기념비와 기념탑 등의 역사경관으로 그 증거가 남아 있다(〈표 1〉). 뿐만 아니라 천안에는 유관순 생가지,[30] 조병옥 생가지, 이동녕 생가지, 유민식 집터, 유창순 집터, 이종건 생가지 등 조국을 위해 몸과 마음을 바쳤던 열사들의 흔적이 존재한다(〈그림 2〉).[31] 이 같은 독립운동가들의 보금자리이자 활동 배경지로서 천안은 애국심과 충절을 대표하는 도시로 인정받게 되었으며, 이러한 지역 정체성에 힘입어 천안에는 유관순 열사 사적지와 독립기념관이 문을 열게 되었다. 한편, 국내 최대 규모의 전시관으로 알려진 독립기념관은 1982년 일본의 역사교과서 왜곡 사건을 계기로 전국적인 국민성금 모금운동을 거쳐 1987년 개관하였다.[32] 무

---

29 유관순열사기념관, http://www.cheonan.go.kr/yugwansun.do.

30 유관순 열사 사적지에서 1.3킬로미터 거리에 위치한 유관순 생가는 두 칸의 방에 인형을 이용해 동네 사람들이 모여 만세운동을 준비하는 모습들을 재현해 놓고 있다.

31 김춘식 · 김기창, 〈아우내 역사유적의 문화마케팅 전략에 관한 연구〉, 《유관순연구》 4(4), 2005, 43~64쪽; 박경목, 〈천안지역 독립운동 사적지 현황과 활용방안 – 창의적 체험학습 관광 활성화를 중심으로〉, 103~138쪽.

32 정은혜 · 오지은 · 황가영, 《답사 소확행》, 2019, 168쪽; 한국민족문화대백과사전, http://encykorea.aks.ac.kr. 이들 자료에 의하면 1982년 일본 고교 역사교과서 검정 당시 문부성이 한국과 중국 근대사와 관련된 내용을 일본에 유리한 형태로 수정하면서 역사 왜곡 이슈가 터졌고, 이에 일본에서 교과서 집필진에 대한 항의와 문부성 비

| 표 1 | 천안의 역사경관: 독립운동 기념비와 기념탑

입장 만세운동 기념탑	목천 만세시위 기념비	병천 3·1운동 기념비	아우내 장터 (병천장터)	대한광복회기념비
천안시 입장면 양대리에 있다. 1919년 3월 20일 양대리 광명학교 여학생, 3월 28일 에는 직산 금광 광부가 중심이 되어 주민들과 만세시위 를 전개하였다. 일 제의 발포로 3명이 숨지고 다수의 부 상자가 생겼다.	1919년 3월 14일 목천보통학교 만세 시위가 일어난 장소로, 조선시대 목천현 관아 자리 였다. 비 후면에는 127명의 참여자 명단이 새겨져 있다.	병천리 구미산에 있다. 정인보 선생 이 기초한 비문은 '기미독립운동 때 아우내서 일어난 장렬한 자취'라고 각서되어 있으며, 좌, 우, 후 3면의 비신에 3·1운동 기념비문이 각서되 어 있다.	1919년 4월 1일 유관순 열사가 지역주민과 함께 만세운동을 전개한 장소로 기념비가 세워져 있다. 현재까지도 아우내장터는 4일 시장(1일, 6일)이 서고 있다.	천안시 삼용동 삼거 리공원 안에 있다. 1915년 풍기광복 단과 조선국권회복 단이 통합하여 결정 된 대한광복회의 회 원으로 천안 출신인 장두환, 성달영, 유 중협, 강석주, 조종 철, 김정호, 유창순 의 활동을 기념하기 위해 건립되었다.

출처: 2020년 4월 7일, 저자 촬영

| 그림 2 | 천안의 역사경관: 유관순 생가지와 이동녕 생가지

출처: 2020년 4월 7일, 저자 촬영

판 여론이 일었으며 한국 언론에도 보도되었다. 이 사건으로 한국 내에서 독립운동 과 같은 역사를 보존하고 후대에 알려야 된다는 여론이 형성되어 1986년 4월 8일 기 준 490억 2,432만 5,009원의 국민성금을 기초로 독립기념관이 건립되었다.

엇보다 독립기념관은 참혹한 무단통치 속에서도 꿋꿋이 조국을 지킨 열사들의 모습을 담은 자랑스러운 민족의 전당으로서 훌륭한 역사교육의 장이 되고 있다.

이처럼 애국과 충절의 도시로서 천안의 이미지는 독립운동가들이 나라를 위해 헌신한 결과로서 이들 역사경관의 적극적인 활용은 지역의 정체성을 보다 명확히 세우고, 알리고, 활성화하는 데에 매우 유용할 것으로 사료된다.

유관순 열사 사적지의 역사경관과 가상공간

천안 출신 독립운동가 중 우리에게 가장 잘 알려진 대표적인 인물로 유관순 열사를 들 수 있다. 1902년 충청남도 목천군(현재 천안시 동남구 병천면 용두리)에서 태어난 유관순 열사는 천안의 3·1운동을 주도한 독립운동가로, 아우내장터에서 태극기를 나눠 주며 만세운동을 벌이던 중 체포되었다. 이 과정에서 열사의 부모를 포함한 19명이 순국하였으며, 열사는 체포 이후 가혹한 고문을 견디던 중 1920년 18세의 꽃다운 나이에 순국하였다.[33] 투옥 과정에서도 독립의 뜻을 잃지 않고 조국에 모든 것을 바친 유관순 열사의 뜨거운 삶은 우리나라의 독립운동에 커다란 영향을 주었다. 이러한 이유에서인지 천안 시 내에는 유관순 열사의 생애와 조국을 향한 애정을 느낄 수 있는 장소가 곳곳

---

33 이화여자대학교 아시아여성학센터, 〈[충청남도 예산 및 천안, 아산지역] 2. 신여성의 발자취〉,《이화여자대학교 아시아여성학센터 학술대회자료집》, 2006, 16~29쪽.

| 그림 3 | 유관순 열사의 만세 동상과 유관순 열사 기념관 입구

출처: 2019년 2월 26일, 저자 촬영

에 존재하는데,[34] 대표적인 곳이 바로 '유관순 열사의 사적지'이다.

1972년 사적지로 등록된 이곳은 열사의 고향인 병천면 용두리 매송산 기슭에 위치해 있다. 이곳에는 열사의 넋을 기리는 유관순 열사 기념관, 추모각, 봉화탑, 만세동상 등이 조성되어 있다. 가장 먼저 눈에 들어오는 것은 사적지 내 태극광장에 위치한 유관순 열사의 만세동상이다. 이 만세동상은 유관순 사적지의 대표적인 상징적 경관으로 독립운동을 이끈 그의 모습을 통해 애국의 의지를 다지게 한다(〈그림 3〉). 또한 만세동상 바로 맞은편에 있는 유관순 열사 기념관은 유관순 열사 탄신 100주년을 기념하기 위해 2003년 설립하였다.[35] 이

---

34 유관순 열사의 정신을 기리는 공간으로 1972년 건립된 아우내 추모각이 있으며, 추모각 인근에는 봉화지, 봉화탑, 초혼묘, 생가, 기념관 등이 있다. 추모각에서는 순국일인 9월 28일에 추모제를 올리며, 기념관 광장 및 아우내장터에서는 매년 2월 말에 '3·1절 기념 봉화제'를 연다.

35 서미원, 〈가봅시다! 천안, 유관순 열사 사적지를 찾아서〉, 《새가정》, 2008, 71쪽; 유관순열사기념관, http://www.cheonan.go.kr/yugwansun.do.

| 그림 4 | 유관순 열사 기념관 내부 전시물: 아우내 독립만세운동과 옥중 유관순 재현 공간

출처: 2019년 2월 26일, 저자 촬영

| 그림 5 | 유관순 열사 기념관 내부 전시물: 벽관체험관(좌·중)과 매직 비전(우)

출처: 2019년 2월 26일, 저자 촬영

안에는 열사의 수형자 기록표, 호적등본, 재판기록문 등 관련 전시물과 아우내 독립만세운동을 재현한 디오라마, 재판 과정 매직 비전, 애국지사들이 고문 받았던 서대문형무소 벽관(벽에 선 채로 고문 받았던 곳), 열사의 애니메이션을 비롯하여 역사 퀴즈 등의 터치스크린, 영상실 등이 갖추어져 있어 간접적으로나마 열사의 애국적 생애를 경험해 볼 수 있도록 구성돼 있다. 이 중에서도 일제강점기의 고문 도구인 벽관을 설치하여 잠시나마 직접 그 괴로움을 체험해 볼 수 있도록 한 '벽관 체험관'이나 유관순 열사의 재판 과정을 홀로그램 형식으로 표현한 '매직 비전'은 다른 곳에서 쉽게 볼 수 없는 독특한 전시물로서 관광객들의 관심을 끌며 역사적 교훈과 경험의 장으로 활용되고

| 그림 6 | 유관순 열사 사적지 내의 추모각과 방명록

출처: 2019년 2월 26일, 저자 촬영

있다(〈그림 4〉, 〈그림 5〉). 이러한 가상공간은 포스트투어리즘적 관광공간으로서 발전 가능성이 있다.

한편, 열사의 영정사진이 모셔져 있는 추모각은 실제로 분향을 할 수 있도록 되어 있는데, 분향소 옆에 놓여 있는 방명록을 보면 우리나라뿐만 아니라 일본, 미국 등 다양한 나라의 사람들이 방문하여 열사의 넋을 기리고 있는 것을 확인할 수 있다(〈그림 6〉). 이처럼 유관순 열사 사적지는 천안의 중요한 역사문화관광지로서 역사적이고 애국적인 경관을 통해 교육적 의미를 도모하고, 호국충절이라는 지역 정체성을 알리는 데에 일조하고 있다.

독립기념관의 역사경관

애국심과 충절을 대표하는 도시라는 천안의 지역 정체성은 1987년, '독립기념관'이 문을 여는 데에 큰 영향을 끼쳤다.[36] 천안시 동남

---

36   한정순, 〈하늘아래 가장 편안한 도시: 천안〉, 72쪽.

구 목천읍 남화리에 위치한 독립기념관은 선사시대 이후부터 1945년 해방 무렵까지의 독립운동과 관련한 자료들을 담고 있는 국내 최대 규모(120만 평)의 전시관으로, 1982년 일본의 역사교과서 왜곡 사건을 계기로 전국적인 국민성금 모금운동을 거쳐 1987년 광복절에 개관하였다.[37] 특히 독립기념관은 일제로부터 벗어난 1945년 8월 15일이라는 과거를 기억하기 위해 건립된 것으로 '기념'이라는 특정한 형태의 기억을 목적으로 제작되었다는 점에서 '함께, 같이 기억하라'는 의무를 수반한다.[38] 즉, 공적으로 과거를 회상하는 기억 행위로서 기념은 명시적으로 정해진 시간과 공간에서 특정한 방법을 통해 이루어지는 사회적 기억 행위로 간주된다. 이러한 관점에서 보자면 독립기념관의 역사경관들은 기억 행위를 통해 현재 한국인으로 하여금 균등한 시공간을 창출하게끔 만드는 문화적 상징으로 작용한다.

역사적 증거를 통한 집단의 기억은 사회적으로 배분되고 공유된 상징적 이미지에 의해 매개됨으로써 일정한 권력과 담론 작용, 그리고 다양한 주체들의 실천 등으로 사회적으로 재구성되는데,[39] 독립기념관은 국가를 통해 독립을 하나의 기념일로서 꾸준히 기억되고 전승시키고자 하는 집단기억의 하나로 재구현된 공간이다. 사실상 건립 당시 독립기념관은 국가가 추진한 대형 복합 문화공간의 거대 프

---

37 독립기념관, http://www.i815.or.kr.
38 태지호, 〈독립기념관에 나타난 독립의 기억과 그 재현 방식에 관한 연구〉, 147쪽.
39 이기형, 〈영상미디어와 역사의 재현 그리고 '기억의 정치학': 안중근 의사의 순국 100주년 기념 텔레비전 역사다큐멘터리들을 중심으로〉, 《방송문화연구》 22(1), 2010, 57~90쪽; 정근식, 〈한국전쟁의 기억과 냉전, 또는 탈냉전: 전쟁사진과 기념관〉, 동북아역사재단 편, 《역사적 관점에서 본 동아시아의 아이덴티티와 다양성》, 동북아역사재단, 2010, 161~199쪽.

| 그림 7 | 독립기념관의 상징적 경관: 겨레의 집과 불굴의 한국인상

출처: 2019년 2월 26일, 저자 촬영

로젝트 중 하나였다.[40] 그러나 일제강점기의 수난과 나라를 되찾기 위해 싸운 독립운동을 주제로 한 독립기념관은 그 자체만으로도 국민들의 애국적 상징으로 자리 잡을 수 있었다. 특히 독립기념관의 상징적 건축물인 '겨레의 집'(길이 126m, 폭 68m, 높이 45m)은 '동양 최대의 기와집'으로 설명되는데, 전통과 현대의 융합이라는 기치 아래 한옥이라는 과거의 건축양식을 현대식 콘크리트로 재해석해 만든 공간이다.[41] 내부에는 조각가 김영중의 '불굴의 한국인상'이라는 거대한 조각상이 설치되어 있는데, 이는 온몸을 바쳐 국가와 민족의 미래를 열어 주신 순국선열들의 얼을 형상화한 작품이다(〈그림 7〉).

이 겨레의 집을 필두로 독립기념관 내에는 겨레의 뿌리·겨레의 시

---

40 독립기념관뿐만 아니라 당시 중앙청 건물이 국립중앙박물관으로 전환되고, 국립현대미술관·예술의전당 등이 국가의 대형 프로젝트로 추진되어 건립되었는데 이는 86아시안게임과 88서울올림픽으로 한국에 방문하는 외국인을 위한 문화시설을 구축하기 위함이었다.

41 겨레의 집은 너무 직설적으로 한옥의 형태를 한 현대 건축물이라는 점, 즉 기능과 상관없이 과거 건축양식을 콘크리트로 모방한 건축물이라는 점에서 비판을 받고 있다. 하지만 건물의 성격이나 역사를 생각한 타당한 전통 계승의 결과물이라는 해석도 있다.

련·겨레의 함성·평화누리·나라 되찾기·새나라 세우기의 총 6가지 주제로 구성된 전시관(제1~6전시관)이 있으며, 체험존(제7전시관)에서는 전시 등 다양한 프로그램이 운영되고 있다(〈표 2〉). 이러한 구성은 5천 년의 역사 속 잦은 외침과 수난이 있었지만 슬기롭게 나라를 지킨 선조들의 호국정신과 문화유산 등을 순차적으로 정리해 조성한 것으로 우리 민족의 발자취와 겨레의 얼을 담고 있다. 이 같은 교육적 목적이 내재되어 있기에 통제된 관람 동선은 체계적이고 일관된 형태로 제시된다.[42] 그렇기 때문에 방문객은 기념관 내에서 시간과 공간의 자율적 활용이 불가능하여 다른 방문객과 동일한 순서로 관람을 진행한다. 이러한 순차적 구성과 교육적 목적은 독립기념관

| 표 2 | 독립기념관 상설전시관 설명

전시관 이름		주제
제1전시관	겨레의 뿌리	선사시대부터 조선시대 후기까지 우리 민족의 문화유산과 민족혼에 관한 자료 전시
제2전시관	겨레의 시련	일제의 침략과 무단수탈로 인하여 민족의 역사가 단절되고 국권을 상실한 시련기의 자료 전시
제3전시관	겨레의 함성	식민지배 아래 일어난 독립운동과 대중투쟁 관련 자료 전시
제4전시관	평화누리	민족의 자유를 위한 독립운동의 의미와 가치를 되새겨보기 위한 자료 전시
제5전시관	나라 되찾기	조국을 되찾기 위해 국내외에서 전개된 독립전쟁에 대한 자료 전시
제6전시관	새나라 세우기	일제강점기 민족문화 수호운동과 대한민국 임시정부의 활동을 다룬 자료 전시
제7전시관	(체험존)	사진, 로봇 등을 통해 직접 역사를 체험할 수 있는 참여 공간

출처: 독립기념관, http://www.i815.or.kr.

---

42 Dean, D., *Museum Exhibition Theory and Practice*, London and New York: Routledge, 1994; Bennett, T., *The Birth of the Museum: History, Theory, Politics*, London: Routledge, 1995.

의 역사경관을 통해 더 강화되므로 특히 일제 침략과 식민 지배로 뼈 아픈 고통 속에서도 자주독립정신으로 나라를 지켜 온 구국 선열들의 애국심을 보고 배우는 민족의 전당으로서의 의미가 더욱 간결하고 강하게 전달되고 있다.

독립기념관의 또 다른 상징은 하늘을 찌를 듯이 우뚝 솟아 있는 '겨레의 탑'이다. 약 51m에 달하는 겨레의 탑은 우리 민족의 비상을 표현하는 상징물이며, 민족의 자주와 자립을 향한 의지를 나타낸다. 이 탑을 지나면, 광복을 상징하는 815개의 태극기가 게양되어 있는 태극기 마당이 있다(〈그림 8〉). 빼곡하게 들어선 태극기가 바람에 펄럭이는 모습은 독립기념관의 대표적인 상징적 경관이자 애국경관으로서 이를 마주하는 방문객은 국가에 대한 경건함과 애국심을 전달받는다. 즉, 방문객이 겨레의 탑과 태극기 마당의 압도적인 경관을 바라보는 것만으로도 국가에 대한 이데올로기와 정통성이 강화되는 효과를 얻게 되는 것이다.

| 그림 8 | 독립기념관: 겨레의 탑과 태극기 마당

출처: 2019년 2월 26일, 저자 촬영

│ 그림 9 │ 독립기념관의 '겨레의 시련' 전시관: 을사늑약과 명성황후 시해 재현

출처: 2019년 2월 26일, 저자 촬영

│ 그림 10 │ 독립기념관의 '나라 되찾기' 전시관: 윤봉길의사의 훙커우공원 의거와
한국광복군 총사령부 성립 전례식 장면의 재현

출처: 2019년 2월 26일, 저자 촬영

　　독립기념관 내부 전시관의 전시는 마치 하나의 이야기를 들려주듯
시간의 흐름에 따라 구성되어 있다.[43] 이를 통하여 관광객들은 우리
나라 독립의 역사를 좀 더 흥미롭게 이해할 수 있으며, 전시관 내에
마련된 각종 체험 프로그램과 전시물을 관람하는 과정에서 자연스럽
게 애국심과 자긍심을 느끼게 된다. 특히 겨레의 시련(제2전시관)과
나라 되찾기(제5전시관)의 역사적이고도 애국적인 경관은 일제강점

43　태지호, 〈독립기념관에 나타난 독립의 기억과 그 재현 방식에 관한 연구〉, 145~177쪽.

기 민족주의 체험의 장소로서 민족이라는 내러티브로 제시되는 공적 재현으로 요약될 수 있으며, 문화적 실천이 교차하는 장소로 해석될 수 있다(〈그림 9〉, 〈그림 10〉). 즉, 독립기념관은 참혹한 무단통치 속에서도 꿋꿋이 조국을 지킨 열사들의 모습을 담은 자랑스러운 민족의 전당이자, 그들의 애국심을 보고 배울 수 있는 훌륭한 역사교육의 현장이 되는 것이다. 이러한 독립기념관의 경관은 천안이 지역 내 독립운동 역사를 알리고 보존하며, 호국충절의 지역 정체성을 좀 더 확고히 하는 계기를 만들고 있으며, 더 나아가 일상적이고도 역사문화적인 포스트투어리즘적 관광공간으로서의 역할을 더해 주고 있다.

한편, 독립기념관 주 건물 서쪽(석양을 상징하는 자리)에는 '조선총독부 철거 부재 전시공원'을 만들어 민족과 대립되는 개념으로서 조선총독부 조형물을 전시하고 있다(〈그림 11〉). 조선총독부 철거 부재를 역사교육의 자료로 활용하고 전시하되, 이 건축물의 분해된 모습을 취함으로써 상대적으로 홀대하는 방식으로 제작되었다. 첨탑을

| 그림 11 | 조선총독부 철거 부재 전시공원

출처: 2019년 2월 26일, 저자 촬영

| 그림 12 | 독립기념관 건립비[45]

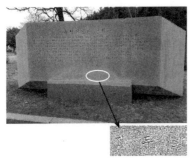

출처: 2019년 2월 26일, 저자 촬영

지하 5미터 깊이에 매장하는 방식으로 조성하고 서쪽이라는 위치성을 부여함으로써 일제강점기의 진정한 극복과 청산을 강조하고 있다. 이러한 전시 구성은 일제강점기에 대한 상징적 조형물의 대상화, 즉 일제 만행의 증거물을 통해 민족성을 일으키는 전략으로 이해될 수 있으며, 그 이면의 가치에는 일제에 대한 조소와 적대감이 내포되어 있는 것으로도 해석할 수 있다. 그리고 이 공원 근처에는 전두환 전 대통령의 이름이 새겨진 독립기념관 건립비가 이전되어 있다(〈그림 12〉). 이 건립비는 1987년 8월 15일 개관 당시 '겨레의 집' 앞 중앙통로에 세워져 있었으나 20년 만에 철거돼 이곳으로 옮겨졌다.[44] 조선총독부 철거 부재 전시공원과 독립기념관 건립비가 공존하는 이 공간의 경관적 의미는 퇴색된 힘의 상징으로 해석된다.

이 외에도 독립기념관 입구의 홍난파비를 둘러싼 논란이 애국경관의 얼룩으로 남아 있다. 홍난파비는 독립기념관 광복의 동산에 놓여있다. 하지만《친일인명사전》에도 등재된 그의 비석이 독립기념관에 있다는 것은 독립운동가의 투쟁과 고통에 대한 모독이며, 후대의

---

44 《연합뉴스》2007년 4월 19일자, 〈전두환 전 대통령 명의 독립기념관 건립비 철거〉.
45 건립 당시 적혀 있던 대통령 이름 부분은 하얗게 색이 바래져 있는데, 이는 방문객들이 지우려고 한 흔적이다.

올바른 역사교육에도 어긋난다는 주장이 계속되어 2015년 이 비 앞에 '홍난파의 친일 행적' 알림판이 설치되었다.[46] 이처럼 독립기념관에 애국경관을 형성하는 과정에서 기념관 내에 전두환 건립비, 홍난파비 등 힘의 경관을 만듦으로써 이들 경관을 둘러싼 주체들 간의 경합과 타협, 권력관계 등에 대한 논지를 남겨 놓고 있다. 독립기념관이 대대적인 국민성금 모금으로 형성된 공간인 만큼 앞으로는 경관을 조성한 주체와 경합하는 행위자 등에 대한 고찰과 고민이 충분히 이루어져야 할 것으로 생각된다.

천안의 역사경관 및 가상공간 관찰 후 심리적 변화

필자는 단순한 경관 분석에 그치지 않기 위해 2021년 7월 25일~31일까지 총 7일간 추가적인 인터뷰 조사를 시행하였다. 온라인과 유선상으로 자발적인 참여 의사를 밝힌 대상자에게 본고의 연구 대상지인 천안 독립기념관과 유관순 열사 사적지의 사진 자료를 제공함으로써 반구조화된 심층 인터뷰를 진행하였다.

인터뷰에 참여한 응답자는 천안 방문 유경험자 10명, 천안 방문 미경험자 12명으로 총 22명이다. 응답자 중 천안 방문 경험자의 방문 목적은 대체로 역사교육 및 가족여행이었으며, 상대적으로 독립기념관 방문자 비율이 유관순 사적지 방문자보다 높았는데 그 이유로는 '접근성과 대표성'을 들었다. 즉, 이들은 독립기념관의 교통 및 접

---

46 《YTN》 2015년 9월 20일자, 〈독립기념관 홍난파비 옆에 적힌 〈홍난파의 친일행적〉.

근성이 편리하다는 점, 그리고 천안 하면 가장 먼저 떠오르는 대표적 관광지가 독립기념관이라는 답변을 하였다. 인터뷰 대상자 중 천안 방문 유경험자의 경우 천안을 재방문할 의사가 있느냐는 질문에 10명 중 5명(1/2)이 그렇다고 대답한 반면, 천안 방문 미경험자의 경우 천안을 방문할 의사가 있느냐는 질문에 12명 중 4명(1/3)만이 그렇다고 응답했다(〈표 3〉).

다음으로 이들에게 본 연구에 제시된 역사경관 사진 자료(〈그림 2〉~〈그림 11〉)를 제공하고, 천안을 재방문 혹은 방문할 의사가 있는지에 대한 여부와 이유를 물었다. 그 결과, 천안을 방문한 경험이 있는 인터뷰 응답자 중 향후 재방문 의사가 없던 5명 모두에게 심리적 변화가 나타났다. 이미 역사교육의 목적으로 천안을 방문한 적이 있어 재방문 의사가 없었지만 제공된 역사경관을 통해 가 보지 못한 역사문화관광지를 보니 추가적으로 방문하고 싶다는 답변을 하였다. 또한 천안을 방문한 적이 없는 12명의 응답자들 중 8명은 향후 천안을 방문할 의사가 없었으나 역사경관 사진을 본 후 이들 중 7명이 마음이 바뀌어 천안을 방문하고 싶다고 대답했다. 심리적 변화의 이유로, 이들은 천안의 지역적 매력이 크지 않았으나 역사경관을 보고 나니 애국심이 생겨 한국인으로서 한번쯤은 가 볼 만한 장소가 되었다고 답변하였다. 한편, 천안을 방문한 적이 없는 12명의 응답자들 중 애초 천안 방문 의사가 있음을 밝힌 4명은 역사경관 사진을 보니 더욱 구체적인 방문 목적이 생겼다며 천안 방문 의지를 굳혔다(〈표 4〉). 특히 이 조사를 통해 주목할 것은 천안을 방문한 경험이 없는 사람의 경우, 역사경관 사진 자료를 본 후 천안을 방문해 보고 싶다는 심리적 변화 양상이 상대적으로 높게 나타났다는 점이다. 이는 경관이 수동적으로

|표 3| 인터뷰 응답자의 특성(역사경관 사진 제공 전)

분류		나이	성별	유관순 사적지 방문 여부	독립 기념관 방문 여부	그 외 방문지	방문 목적	향후 (재)방문 의사
천안방문 유경험자	Y1	10대	여성	×	○	×	역사교육	×
	Y2	10대	남성	○	○	조병옥 생가, 매봉산 봉화지	역사교육	×
	Y3	20대	여성	×	○	×	가족여행	×
	Y4	20대	남성	×	○	천안삼거리	역사교육, 친지방문	○
	Y5	30대	여성	×	○	×	친척방문	×
	Y6	40대	여성	○	○	아우내장터	역사교육, 가족여행	○
	Y7	40대	여성	○	○	천안박물관, 이동녕 생가, 김시민 생가	역사교육	○
	Y8	40대	남성	○	○	천안박물관	역사교육	○
	Y9	50대	여성	×	○	현충사	역사교육	○
	Y10	70대	남성	×	×	광덕산	휴양	×
총10명				4명	9명			5명
천안방문 미경험자	N1	10대	남성	-	-	-	-	×
	N2	10대	여성	-	-	-	-	×
	N3	10대	여성	-	-	-	-	×
	N4	20대	여성	-	-	-	-	○
	N5	20대	남성	-	-	-	-	○
	N6	30대	여성	-	-	-	-	×
	N7	40대	여성	-	-	-	-	×
	N8	40대	여성	-	-	-	-	×
	N9	40대	여성	-	-	-	-	○
	N10	50대	남성	-	-	-	-	×
	N11	60대	여성	-	-	-	-	×
	N12	70대	남성	-	-	-	-	×
총12명				-	-	-	-	4명
합	22명			4명	9명			9명

| 표 4 | 인터뷰 응답자의 변화 (역사경관 사진 제공 후)

분류		향후 (재)방문 의사	심리적 변화 여부	심리적 변화 이유
천안방문 유경험자	Y1	× → ○	있음	재방문 의사가 없었으나 유관순 사적지 사진을 보고 다시 방문해야겠다는 생각을 하였다.
	Y2	× → ○	있음	유관순 사적지, 독립기념관을 이미 모두 가 보아서 재방문 의사는 없었지만 아우내 장터나 여러 독립운동가들의 생가를 새로운 코스로 삼아 돌아보고 싶다.
	Y3	× → ○	있음	이전의 방문은 단순한 가족여행으로 자동차로의 접근성이 좋은 독립기념관만 방문하였는데 제시한 사진들을 보니 유관순 열사의 사적지도 역사교육 차원에서 가고 싶어졌다.
	Y4	○ → ○	없음	-
	Y5	× → ○	있음	친척이 독립기념관에 가라고 권유하여 한 번 갔을 뿐이라 또 방문하고 싶은 생각은 없었으나 유관순 사적지와 다른 독립운동가의 생가도 방문하고 싶어졌다.
	Y6	○ → ○	없음	-
	Y7	○ → ○	없음	-
	Y8	○ → ○	없음	-
	Y9	○ → ○	없음	-
	Y10	× → ○	있음	천안에 놀러간 거였는데 사진을 보니 애국심이 들어 새롭게 가보고 싶다는 생각이 들었다.
천안방문 미경험자	N1	× → ○	있음	딱히 천안이라는 지역에 대한 매력이 없었는데 사진들을 보니 한국인으로서 방문하고 싶어졌다.
	N2	× → ○	있음	무언가 배울 점이 있는 지역으로서 가보고 싶어졌다.
	N3	× → ○	있음	무척 가고 싶은 건 아니지만 한번쯤은 방문해 보고 싶다.
	N4	○ → ○	없음	천안에 애국자가 많다고 해서 한번쯤은 가고 싶었는데 사진들을 보니 더 가야겠다는 생각이 든다.
	N5	○ → ○	없음	천안은 거리상 가까워서 한번쯤 가보려고 했는데 뚜렷한 방문목적이 생긴 것 같다.
	N6	○ → ○	없음	독립기념관에 가보고 싶었는데 가게 되면 유관순 사적지도 들르고 싶다.
	N7	× → ○	있음	그다지 방문하고 싶은 여행지는 아니었는데 사진을 보니 대한민국 국민으로서 방문해야할 듯한 생각이 들었다.
	N8	× → ○	있음	천안에 관광적인 큰 메리트가 없다고 생각했는데 의외로 애국마케팅이 가능한 장소라는 생각이 든다.
	N9	○ → ○	없음	병천순대를 맛보러 병천장에 가려고 했는데 사진을 보니 추가적인 목적(애국심)으로 방문할 수 있을 것 같다.
	N10	× → ○	있음	태극기를 보니 가고 싶어졌다.

| N11 | × → ○ 있음 | 나이로 인해 딱히 무언가를 배우기 위해 가고 싶은 곳은 아니었지만 독립기념관과 유관순 사적지를 보니 한번쯤은 가볼만한 곳이라는 생각으로 바뀌었다. |
| N12 | × → × 없음 | 사진을 보니 관심은 가지만 굳이 시간을 내서 갈 것 같지는 않다. |

감상되는 것이 아니라 국가적 권위와 정통성, 그리고 독립과 민족이라는 이데올로기가 무의식적으로 반영된 결과임을 보여 준다.

본 연구가 시행한 22명의 인터뷰는 소수 샘플 조사라는 점에서 모든 사람의 의견을 대변할 수 없겠지만, 적어도 응답자들 중 상당수가 역사경관 및 가상공간 사진을 본 후 천안에 대한 지역적 이미지가 형성·변화하였다고 답했고, 이것이 천안을 직접 방문하고 싶게 하는 심리적 동기로 작용하였음은 경관이 지니는 힘을 보여 준다. 이러한 결과는 천안의 역사적 애국경관이 심리를 자극하였음을 확인할 수 있다는 점에서 의의가 있다. 이를 통해 천안의 애국경관이 포스트투어리즘적 역사문화관광지로서 나아갈 수 있는 잠재력을 갖고 있으며, 더 크게는 천안이 이들 애국경관을 좀 더 적극적인 관광 마케팅 요소로 활용할 수 있음을 제시하고자 한다.

포스트투어리즘적 역사문화관광공간으로서 천안이 지니는 잠재력

35년간의 일제 무단통치 기간은 우리나라 역사 전반에 많은 변화를 가져왔다. 아직까지 우리 주변에 남아 있는 일제강점기의 흔적은 더 이상 아프고 숨겨야만 하는 역사가 아니라, 더욱 많이 알리고 체험함으로써 후손들이 애국심과 올바른 국가관을 배울 수 있는 교육의 장이 되어야 한다. 이러한 측면에서 보았을 때, 조국을 위해 모든 것을 바치고 숭고하게 희생한 독립운동가와 민족운동의 역사를 애국경관으로서 담고 있는 천안은 향후 역사문화관광지로서 높은 가능성을 가질 것으로 판단된다. 특히 최근 역사 과목의 중요성 증대와 더불어 교육과정 개편에 따른 체험학습 기회가 증가하면서, 천안시 내의 역사적 장소에 대한 관심은 더욱 높아질 것으로 전망된다.

다양한 독립운동과 수많은 독립운동가를 배출한 천안은 애국과 충절의 도시로서 입지를 다진 지역이다. 그중에서도 천안 유관순 열사 사적지와 독립기념관을 사례로, 역사적 상징성을 갖는 이들 경관이 단순히 수동적으로 감상되는 것이 아니라 심리적 변화를 일으킬 수 있다는 점에 주목하였다. 특히 유관순 열사 사적지와 독립기념관에 놓인 애국경관들은 역사적인 기억을 되살리고 재현하는 작업을 통해 우리 민족이 경험했던 고문·희생·민족·독립의 과정을 간접적으로나마 체험하는 장(가상공간)이 되고 있으며, 이러한 역사적이고도 애국적인 경관은 우리 민족의 역사를 배움과 동시에 순국선열들의 넋을 기리며 애국심을 고취시키는 공간의 역할을 수행하고 있다. 이는 포스트투어리즘적 역사문화공간으로서 활용될 수 있음을 시사한다. 또한 추가로 시행한 인터뷰 조사를 통해 역사적 애국경관이 심리를 자극하여 천안을 방문하고 싶도록 만드는 동기로 작용하고 있음을 확인하였고, 이는 호국충절이라는 천안의 지역 정체성을 보다 공고히 하는 계기가 되고 있다고 이해된다.

본 글은 일제강점기에 독립을 향한 열망과 헌신을 반영한 천안의 역사적 애국경관이 지니는 잠재력을 고찰함으로써 이들 애국경관과 가상공간이 지역의 정체성을 보다 명확히 세우고, 알리고, 활성화할 뿐만 아니라 포스트투어리즘적 역사문화공간으로서도 유용한 지역임을 알리고자 한다. 이는 향후에도 천안이 역사문화관광지로서 포스트투어리즘적 관광공간으로 활용될 수 있음을 시사한다. 좀 더 구체적으로는 천안의 애국경관과 가상체험 공간이 역사문화관광지를 알릴 수 있는 잠재력을 가진 곳으로서 관광 마케팅의 일환으로 적극 활용되어야 함을 제안한다. 뿐만 아니라 천안의 유관순 열사 사적지와 독립기념관의 역사경관은 과거에 대한 집착 혹은 역사적 사명인 공적 기억의 형태로서 고정되거나 단선적 차원으로 접근하는 것이 아니라, 가상 및 체험 공간을 통해 다양한 기억과 모습을 회복하는 과정으로서 좀 더 포스트투어리즘적으로 활용되어야 할 것이다. 향후에는 이를 더 강화하여 역사문화관광공간으로서의 천안이 일제강점기 독립운동과 독립운동가를 단순히 표현하고 재현하는 경관에 머무르지 않고, 포스트투어리즘적 공간으로서 문화적 실천과 의미화과정이 순환되도록 해야 할 것이다. 그럼으로써 상호 공감과 화해, 그리고 용서와 추모로 나아갈 수 있도록 성찰적인 공간으로 구상해야할 것이다.

참고문헌

서태양,《문화관광론》, 대왕사, 1999.

이광진,《한국관광문화정책론》, 백산출판사, 1995.

정은혜,《지리학자의 공간읽기: 인간과 역사를 담은 도시와 건축》, 푸른길, 2018.

정은혜 · 손유찬,《지리학자의 국토읽기》, 푸른길, 2018.

정은혜 · 오지은 · 황가영,《답사 소확행》, 푸른길, 2019.

강민희,〈장소성 형성을 위한 역사인물의 활용방안: 충남 천안의 충무공 김시민 관련 유적을 중심으로〉,《동아인문학》46, 2019, 41~65쪽.

김경수,〈조선시대 천안과 천안삼거리〉,《중앙사론》29, 2009, 39~82쪽.

김선범,〈도시의 경관과 형태〉, 권용우 편,《도시의 이해》, 박영사, 2009, 50~73쪽.

김춘식 · 김기창,〈아우내 역사유적의 문화마케팅 전략에 관한 연구〉,《유관순연구》4(4), 2005, 43~64쪽.

김형목,〈한말 천안지역 근대교육운동의 성격〉,《한국독립운동사연구》30, 2008, 83~118쪽.

김홍운 · 전영철,〈청소년 여가활동으로 교육관광에 관한 연구〉,《관광정책학연구》2, 1996, 119~136쪽.

남호엽,〈역사경관의 재현과 지역교육의 합리성 - 제주 지역 교과서 내용구성 방식의 변화를 사례로〉,《시민교육연구》34(2), 2002, 27~41쪽.

민말순,〈역사문화관광지로 거듭난 미국의 전쟁유적지〉,《경남발전연구원》83, 2006, 137~145쪽.

박경목,〈천안지역 독립운동 사적지 현황과 활용방안 - 창의적 체험학습 관광 활성화를 중심으로〉,《충청문화연구》9, 2012, 103~138쪽.

박영순,〈천안 독립기념관과 유관순 열사의 사적지〉,《국토》362, 2011, 183~183쪽.

박용국,〈초등학교 『사회 5-1』교과서의 역사경관 고찰〉,《역사교육논집》47, 2011, 399~431쪽

서미원,〈가봅시다! 천안, 유관순 열사 사적지를 찾아서〉,《새가정》, 2008, 71~73쪽.

심승희,〈역사경관과 지역 정체성에 관한 연구: 전주시 한옥보존지구와 역사유적을 사례로〉,《서울대학교 대학원 지리교육과 석사학위논문》, 1995.

오세창, 〈(都市巡禮) 忠節의 고장 天安〉, 《도시문제》 261(5), 1988, 99~105쪽.

이기형, 〈영상미디어와 역사의 재현 그리고 '기억의 정치학': 안중근 의사의 순국 100주년 기념 텔레비전 역사다큐멘터리들을 중심으로〉, 《방송문화연구》 22(1), 2010, 57~90쪽.

임동균 · 스기야마 카즈이치 · 김응남 · 김대영, 〈경관에 대한 인상평가와 경관개선 효과에 관한 연구 – 나가사키시 히가시야마테 전통적 건조물 보존지역을 대상으로〉, 《국토지리학회지》 50(2), 2016, 159~173쪽.

유영준, 〈문화상품으로서 경주 자전거투어〉, 《한국도시지리학회지》 11(3), 2008, 81~90쪽.

윤세환, 〈역사적 문화관광에 관한 소고〉, 《관광개발논총》 7, 1997, 447~458쪽.

이정만, 〈경관을 어떻게 읽을 것인가?〉, 박삼옥 편, 《지식정보사회의 지리학 탐색 (제2개정판)》, 한울아카데미, 2012, 333~365쪽.

이준태 · 윤병국, 〈한민족 시원과 형성이 역사유적 관광지로서의 가능성 탐색 연구〉, 《한국사진지리학회지》 26(4), 2016, 107~121쪽.

이화여자대학교 아시아여성학센터, 〈[충청남도 예산 및 천안, 아산지역] 2. 신여성의 발자취〉, 《이화여자대학교 아시아여성학센터 학술대회자료집》, 2006, 16~29쪽.

장규식 · 박상준, 〈일제하 천안지역의 사회운동과 유력자층 동향〉, 《중앙사론》 48, 2018, 5~35쪽.

전종한, 〈지리와 역사를 함께 요구하는 경관 연구〉, 역사지리 연구 모임 안팎너머 편, 《역사지리학 강의》, 사회평론, 2011, 17~38쪽.

정근식, 〈한국전쟁의 기억과 냉전, 또는 탈냉전: 전쟁사진과 기념관〉, 동북아역사재단 편, 《역사적 관점에서 본 동아시아의 아이덴티티와 다양성》, 동북아역사재단, 2010, 161~199쪽.

정은혜, 〈식민권력이 반영된 경관의 보존 가치에 대한 연구: 일제 하 형성된 전남 소록도와 인천 삼릉(三菱) 마을을 사례로〉, 《한국도시지리학회지》 19(1), 2016, 85~103쪽.

정은혜, 〈경관을 통해 살펴본 문화역사관광지로서의 블라디보스토크 고찰: 신한촌과 아르바트 거리를 중심으로〉, 《한국도시지리학회지》 22(2), 2019, 63~77쪽.

조아라, 〈문화관광지의 문화정치와 정체성의 사회적 구성: 일본 홋카이도 오타루의 재해석, 제도화, 재인식〉, 《대한지리학회지》 44(3), 2009, 240~259쪽.

최형석, 〈역사경관보전을 위한 건축물 높이 규제에 관한 연구〉,《서울대학교 대학
　　원 조경학과 박사학위논문》, 1999.

태지호, 〈독립기념관에 나타난 독립의 기억과 그 재현 방식에 관한 연구〉,《미디
　　어 · 젠더 & 문화》 25, 2013, 145~177쪽.

한정순, 〈하늘아래 가장 편안한 도시: 천안〉,《국토》 235, 2001, 70~74쪽.

한지은, 〈장항선의 출발지, 천안〉,《국토》 475, 2021, 64~71쪽.

황희정 · 윤현호, 〈관광객의 진정성 경험을 통한 관광지로의 장소 구성: 인천 송월
　　동 동화마을을 중심으로〉,《관광연구저널》 30(1), 2016, 65~82쪽.

《연합뉴스》 2007년 4월 19일자, 〈전두환 전 대통령 명의 독립기념관 건립비 철거〉.

《YTN》 2015년 9월 20일자, 〈독립기념관 홍난파비 옆에 적힌 〈홍난파의 친일행적〉.

공훈전자사료관, https://e-gonghun.mpva.go.kr/user/index.do.

독립기념관, http://www.i815.or.kr.

유관순열사기념관, http://www.cheonan.go.kr/yugwansun.do.

천안시청, https://www.cheonan.go.kr.

한국민족문화대백과사전, http://encykorea.aks.ac.kr.

Bennett, T., *The Birth of the Museum: History, Theory, Politics*, London: Routledge, 1995.

Dean, D., *Museum Exhibition Theory and Practice*, London and New York: Routledge, 1994.

Goodman, M. E., *The Individual and Culture, Homewood*, Illinois: Dorsey Press, 1967.

Hall, M. C. and Page, S. J., *The Geography of Tourism and Recreation*, London and New York: Routledge, 2002.

Zukin, S., *Landscapes of power: from Detroit to Disney World*, Berkeley: University of California Press, 1991.

Bell, C., "The real New Zealand: rural mythologies perpetuated and commodified," *The Social Science Journal* 34(2), 1997, pp. 145-158.

Britton, S. G., "Tourism, capital and place: towards a critical geography of tourism,"

Environment and Planning D: Society and Space 9(4), 1991, pp. 451-478.

Cosgrove, D., "Prospect, Perspective and the Evolution of the Landscape Idea," *Transactions of the Institute of British Geographers* (New Series) 10(1), 1985, pp. 45-62.

Garrod, B. and Fyall, A., "Managing heritage tourism," *Annals of Tourism Research* 27(3), 2000, pp. 682-708.

Milne, S., Grekin, J., and Woodley, S., "Tourism and the construction of place in Canada's eastern Artic," in Greg, R.(ed.), *Destinations: Cultural Landscapes of Tourism*, London and New York: Routledge, 1998, pp. 101-120.

Ogborn, M., "History, Memory and the Politics of Landscape and Space: Work in Historical Geography from autumn 1994 to autumn 1995," *Progress in Human Geography* 20(2), 1996, pp. 222-229.

Richards, G., "Production and consumption of European cultural tourism," *Annals of Tourism Research* 23(3), 1996, pp. 261-283.

Square, S. J., "Accounting for cultural meanings: the interface between geography and tourism studies re-examines," *Progress in Human Geography* 18(1), 1994, pp. 1-16.

제주, 평화로 가는 공간
: 다크투어리즘의 재해석

| 이세윤 · 곽연경 |

이 글은 《International Journal of Diaspora & Cultural Criticism》 제13권 1호(2023. 2)에 게재된 원고를 수정 및 보완하여 재수록한 것이다.

제주도의 지형, 역사 그리고 다크투어리즘

화산섬의 특성을 갖춘 제주도는 한라산 천연보호구역, 거문오름의 용암동굴, 성산일출봉 등 유네스코 세계자연유산(2007년 등재)을 보유하고 있다.[1] 제주도는 천혜의 자연환경 이면에 침략의 역사가 남긴 흔적들이 공존하는 곳이며, 이러한 특성으로 인해 동북아 평화 번영과 상생의 상징 역할을 맡게 되었다.[2] 따라서 이 글에서는 '평화의 섬' 공포, 제주의 역사, 지리적 특성을 함께 살펴보고자 한다.

제주의 역사는 고려 숙종 대인 1105년부터 살펴볼 필요가 있다.[3] 당시 제주는 일본·남송과 인접하고 있어 무역에 적합한 지리적 요충지였다.[4] 이후 일본 정복을 목표로 침략한 몽골군에게 점령당했으며, 일제강점기에는 일본 방어의 전략적 기지 역할을 했고, 해방 뒤에는 4·3 사건이 발생하였다.[5] 역사의 아픔과 수려한 경관이 공존하는 제주도는 많은 사람들이 찾는 장소로, 관광객들은 제주를 관광하는 동안 역사적 공간을 마주하게 된다. 이러한 경험을 통해 관광객은 관광지의 역사를 느낄 수 있으며, 관광지는 관광객에게 역사의 한 부분을

---

1 임종덕, 〈우리나라 지질유산의 보존과 가치 증진을 위한 사례연구〉,《문화재》46(2), 2013, 117쪽.
2 이성우, 〈세계평화의 섬, 제주의 미래와 평화산업〉,《JPI Research Series》1, 2009. 2쪽.
3 고창훈, 〈국민의 저항과 정부의 대응: 제주 1000년 사례의 맥락과 함의〉,《한국행정학회 학술발표논문집》, 1999, 595쪽.
4 문경호, 〈고려 강도(江都) 시기 강화도의 주요 포구와 물자 유통〉, 지방사와 지방문화》24(2), 2021, 209~210쪽.
5 황석규, 〈제주 Dark Tourism과 역사학습〉,《역사교육연구》14, 2011, 39쪽.

전달할 수 있다.[6] 전쟁박물관·전쟁기념관 등과 같은 곳은 되풀이되지 말아야 할 과거의 현장을 기억하고 자료를 보관하는 장소이자, 앞으로 우리가 나아가야 할 방향성인 평화의 의미를 경험할 수 있는 공간이다.[7] 제주도에도 여행하며 접할 수 있는 여러 공간에 관광객에게 의미를 전달할 수 있는 다크투어리즘 관광지가 있다. 제주시는 일제강점기 때 독립운동 장소, 일본이 태평양전쟁을 준비한 흔적 등을 관광자원으로 활용하여 다크투어리즘 주제를 바탕으로 관광할 수 있도록 하고 있다.[8] 이처럼 기존의 관광자원을 활용하여 역사의 교훈을 얻고 체험할 수 있도록 스토리텔링과 함께 관광의 새로운 형태를 제시하는 것은 역사 인식의 좋은 계기가 될 수 있다.[9]

이를 통해 제주는 과거의 아픈 역사를 바탕으로 한 다크투어리즘 역사교육 공간이자, 역사의 현장에서 과거를 돌아보고 앞으로 나아갈 방향을 얻을 수 있는 공간으로 재해석될 수 있다. 다크투어리즘 개념을 적용하기 위해서는 우선 기존의 역사적 사실과 현장이 드러나는 것이 필요하다.[10] 제주도는 관광객의 현장 방문, 역사 알리미 활

6　주예진·남윤재, 〈다크 투어리즘 방문동기에 미치는 방송프로그램 장르의 문화계발 효과〉, 《관광학연구》 42(10), 2018, 210쪽.

7　임명섭·이현송, 〈비극적 역사 현장의 재현 전시 분석을 통한 다크투어리즘 요소 고찰: 나가사키 원폭자료관 사례를 중심으로〉, 《글로벌문화콘텐츠학회 학술대회》 2017(2), 193쪽; 오선애, 〈박물관의 시뮬라시옹 표출의 재현전시에 관한 연구: 역사적 사건 및 트라우마 치유를 중심으로〉, 《디지털디자인학연구》 13(4), 2013, 440쪽.

8　《제주특별자치도관광협회》 2021년 3월 24일자, 〈리멤버 4·3 다크투어리즘 유치 지원 나서〉.

9　이세윤·곽연경, 〈목포 다크 투어리즘 연구〉, 《한국사진지리학회지》 28(2), 2018, 14쪽; 이준태·윤병국, 〈식민도시 역사유적지 관광자원 활용방안 연구─베트남 호치민의 도시경관을 중심으로〉, 《한국사진지리학회지》 27(1), 2017, 182쪽.

10　장혜원, 〈다크투어리즘 고유성에 관한 연구: Cohen의 장소적 고유성을 중심으로〉,

동, 교육을 통해 새로운 문화관광 형태의 다크투어리즘 장소가 될 수 있는 조건을 갖추고 있다.[11]

제주도의 다크투어리즘 활용 가능성과 현재 운영 상태를 고려하였을 때, 향후 다크투어리즘에서 한 걸음 더 나아가 피스투어리즘의 렌즈로 공간에 대한 재해석 및 방향성 제시가 필요한 시점이다. 피스투어리즘은 관광의 형태로 해당 지역에 평화의 메시지를 전달한다는 특징이 있다.[12] 천혜의 자연환경, 역사, 평화의 섬 공포 등 제주의 여러 환경을 고려하였을 때, 다양한 배경이 어우러진 특수한 관광공간으로 제주를 다시 살펴볼 필요가 있다. 본 연구는 제주도를 방문하는 관광객에게 자연경관과 어우러진 역사의 현장을 알리고 자연경관과 역사 교육 관광이 공존하는 관광지로서 제주가 선택될 수 있도록 기여함으로써, 제주가 역사 체험 장소이자 평화의 메시지를 전달하는 공간으로 거듭나는 데 도움을 주고자 한다. 이를 위해 제주도 다크투어리즘 현장인 일제강점기 시대의 흔적, 박물관 등을 2018년 4월부터 2022년 7월까지 총 7차례에 걸쳐 현지 답사를 하였다. 일본이 태평양전쟁을 준비하면서 제주도민을 강제동원하여 만든 해안진지 · 땅굴 · 군사 시설물을 방문하였으며, 제주 독립운동의 역사를 살펴볼 수 있는 평화박물관 · 항일박물관 · 해녀박물관 · 성산일출봉 등을 다녀왔다. 아픈 역사의 현장들이 다크투어리즘 역사교육을 넘어 평화의 메시지를

《제주관광학연구》 17, 2014, 84~85쪽.

11 강은정 · 고승익, 〈제주지역 다크투어리즘에 대한 고찰 – 일제 강점기를 중심으로〉, 《제주관광학연구》 15, 2012, 19쪽.

12 서보혁, 〈피스 투어리즘Peace Tourism과 금강산 관광사업〉, 《國際政治論叢》 58(2), 2018, 76쪽.

전달하는 공간이 될 수 있을지 살펴보고자 하였다. 제주도를 하나의 큰 공간으로 재해석하여 새로운 관점에서 관광자원 활용 가능성을 모색하고 평화관광으로 나아가도록 하는 데에서 연구의 의미를 찾을 수 있다.

제주 다크투어리즘 공간

제주도는 고려 숙종 10년부터 중앙정부의 통제를 받기 시작하여 이후 원 간섭기, 조선시대 그리고 일제강점기를 거쳤다.[13] 고려 숙종 이전에는 독립된 섬나라였고,[14] 지리적인 입지로 왜구의 침략이 잦았으며, 13세기 몽골군의 침입과 철수 과정에서 삼별초와 제주도민의 항쟁 흔적이 남아 있다. 현재 제주의 언어와 풍속, 지명 등에서 이러한 역사의 흔적을 찾아볼 수 있다.[15]

일제강점기 제주는 자작농이 대부분이었는데,[16] 일본이 1913년 토지조사사업을 실시하면서 제주도민의 토지를 강탈하고 제주도의 대부분 지역을 국유지하였다.[17] 화산섬의 특성상 경작하는 데 어려움이 있는 상황에서 어업 수탈이 극심해지고, 목축업도 교통수단이라는 명목 하에 국가에서 관리하면서 도민들은 경제적으로 어려움을 겪게

---

13 고창훈, 〈국민의 저항과 정부의 대응: 제주 1000년 사례의 맥락과 함의〉, 595쪽.
14 심옥주, 〈일제강점기 제주 독립운동의 지형과 독립유공자 현황 분석〉, 《한국독립운동사연구》 46, 2013, 329~330쪽.
15 이관열, 〈제주 4 · 3 사건 보도의 언론사적 의미〉, 《사회과학연구》 42, 2003, 61, 63쪽.
16 박찬식, 〈법정사 항일운동 논문: 법정사 항일운동의 역사적 성격〉, 《제주도연구》 22, 2002, 2쪽.
17 김인덕, 〈일제시대 제주 출신 재일 여성 활동가들의 투쟁〉, 《제주도사연구》 8, 1999, 41쪽.

되었다.[18] 이에 어업권을 보장받고자 해녀들을 중심으로 항일운동이 일어났고,[19] 제주의병운동·조천만세운동·법정사항일운동 등이 이어졌다. 이처럼 제주 항일운동은 생존과 관련된 지역 특수성이 투영된 모습으로 나타났다.[20] 본 연구에서는 제주도의 지정학적 위치, 환경, 섬의 특수성이 반영된 역사 현장을 중심으로 항일운동 유적, 일제강점기 군사시설, 박물관, 해안진지를 살펴보고자 한다.

알뜨르비행장과 그 외 비행장

제주 남서쪽 송악산 부근에는 일제강점기에 일본이 사용했던 알뜨르비행장 터가 남아 있다(〈그림 1〉). 일본이 제주 주민을 강제동원하

| 그림 1 | 알뜨르비행장

출처: 저자 촬영

---

18 이관열, 〈제주 4.3 사건 보도의 언론사적 의미〉, 61~62쪽

19 김은실, 〈제주해녀의 주체성과 제주해녀항일운동〉, 《국가와 정치》, 2010, 28쪽.

20 심옥주, 〈일제강점기 제주 독립운동의 지형과 독립유공자 현황 분석〉, 353쪽.

| 그림 2 | 알뜨르비행장 격납고 | 그림 3 | 알뜨르비행장 지하벙커

출처: 저자 촬영　　　　　　　　출처: 저자 촬영

여[21] 송악산 일대의 땅을 일구고 그곳에 비행기 이착륙이 가능한 활주로를 만든 것이다. 현재 19개의 격납고가 그대로 남아 있으며(〈그림 2〉), 격납고 안에는 전쟁에 사용되었던 비행기 한 대가 전시되어 있다. 알뜨르비행장은 미군의 일본 본토 상륙을 막는 전략적 요충지로 활용되었다. 중국 옆, 일본 위에 위치한 지리적 입지로 인해 제주도에는 일본 본토 수호를 위한 최전방 군사시설이 설치되었다.[22]

자살공격용 제로센을 숨겨 두었던 격납고를 비롯하여, 지하벙커(〈그

---

[21] 최은봉 · 이민주, 〈동아시아 기억의 정치와 탈냉전기 기억의 민주화: 제주, 오키나와, 난징의 기억은 경합하는가?"〉, 《담론 201》 20(3), 2017, 44쪽.

[22] 강은정 · 고승익, 〈제주지역 다크투어리즘에 대한 고찰 – 일제 강점기를 중심으로〉, 13~14쪽.

| 그림 4 | 제주국제공항

출처: 제주국제공항 홈페이지

림 3〉), 비행기 이착륙을 위한 관제탑 등이 현재 남아 있다. 알뜨르비행
장은 현존하는 일제강점기에 만들어진 비행장 중 큰 규모의 군사시설
이다.

　제주도에는 일제강점기에 만들어진 비행장이 알뜨르비행장 외에 3
곳이 더 있다. 현재 제주국제공항으로 사용하고 있는 정뜨르비행장,
준공 시기는 정확하지 않으나 조천읍 신촌리에 있는 제주 동비행장,[23]
마지막으로 조천읍 교래리 비행장이 있다. 제주국제공항(〈그림 4〉)은
1958년에 설치된 후 1968년에 국제공항으로 승격되었다.[24] 제주도의
비행장은 대부분 해안가에 위치하고 있으나 교래리 비행장은 내륙에
위치하고 있으며, 현재 대한항공 조종 훈련용인 정석비행장으로 사
용되고 있다.

23 　조성윤, 〈일제 말기 제주도 주둔 일본군과 전적지〉, 《군사》 62, 2007, 260쪽.
24 　1942년 1월 육군비행장 설치 이후 1946년 1월 서울-광주-제주 간 민간항공기 취항
　　을 시작으로 1958년 1월 제주비행장이 설치되었다(KAC 한국공항공사, 제주국제공
　　항 공항소개 참조).

송악산 진지동굴과 산악 진지동굴

송악산 일대 해안가에는 일제강점기에 일본이 만든 해안진지가 있다(〈그림 5〉). 알뜨르비행장 근처인 송악산 일대는 당시 일본군에게 군사적 측면에서 지리적으로 중요한 위치였다. 제주 서남쪽 지역이 미군에게 점령당하면 일본 침략의 전략적 요충지가 될 수 있었기 때문에 일본은 이 지역을 중요하게 여겼다.[25]

| 그림 5 | 송악산 해안진지동굴

출처: 저자 촬영

| 그림 6 | 송악산 산악진지동굴

출처: 저자 촬영

---

25 조성윤, 〈일제 말기 제주도 주둔 일본군과 전적지〉, 242쪽.

주로 송악산 해안 주변에 진지가 만들어졌으며, 송악산 산 중턱에 만든 진지도 있다. 송악산 제주 둘레길 코스 옆에 위치한 송악산 중턱의 외륜 동굴진지는 사람이 2~3명 정도 들어갈 수 있는 크기로 비교적 보존이 잘 되어 있다. 외륜 동굴진지는 가운데 중앙 동굴진지를 중심으로 13개가 위치하고 있다. 제주 올레길 코스 중 송악산을 걷다 보면 안내 표시판에 산악진지동굴(〈그림 6〉)에 대한 설명을 찾아볼 수 있다.

이교동 군사시설

서귀포시 대정읍 상모리에 위치한 등록문화재 제315호 이교동 일제 군사시설은 지상 벙커 구조의 콘크리트 건물로,[26] 사람들이 다니는 길 옆에서 확인할 수 있다(〈그림 7〉). 안으로 들어가는 출입구와 송수신기로 사용한 높은 탑 5개도 남아 있다. 마을 도로 옆에 설치되어

| 그림 7 | 이교동 일제군사시설

출처: 저자촬영

---

26 조성윤, 〈알뜨르 비행장: 일본 해군의 제주도 항공기지 건설 과정〉, 《탐라문화》 41, 2012, 261쪽.

있어 쉽게 접근 가능하다.

성산일출봉 해안진지

해안가 진지동굴은 송악산 해안진지 외에도 제주도 곳곳에서 찾을
수 있다. 진지동굴은 대부분 제주도민들의 강제노역 동원으로 만들
어졌다. 주민들은 삽과 곡괭이를 이용하여 해안가 절벽을 손수 깨서
동굴을 팠다. 해안진지동굴은 용도에 따라 특수정이나 잠수정, 어뢰
등을 보관하기 위해 만들어졌다. 대부분 인간 어뢰로 불리는 가이텐
형태로 보관하였는데, 성산일출봉 해안진지가 대표적이다(〈그림 8〉).
모터보트에 폭탄을 넣은 후 목표물로 향하는 또 다른 가이텐 형식의
보트 신요를 운용했던 45신요부대는 성산일출봉 일대에 진지를 만들
어 미군이 나타나면 바로 출동할 수 있도록 준비하였다.[27]

현재 이곳은 외부인이 들어갈 수 없게 출입을 통제하고 있다. 관광

| 그림 8 | 성산일출봉 해안진지

출처: 저자 촬영

---

[27] 조성윤 · 고성만, 〈태평양 전쟁 말기 요카렌(予科練)의 제주도 주둔과 위안소 – 성산
지역을 중심으로〉, 《탐라문화》 61, 2019, 110쪽.

객들의 출입이 잦은 성산일출봉 입구에서는 확인하기 어려우며, 바닷가로 내려와 안내 문구를 참조하여 육안으로 살펴볼 수 있다.

제주평화박물관

가마오름 일본군 땅굴진지 옆에 위치한 제주평화박물관은 일제 강점기 때 제주도민 강제징용 사실, 제주에서의 태평양전쟁 준비 상황 등을 역사적 자료를 바탕으로 설명하고 있다. 가마오름 동굴진지는 제주도에 있는 동굴진지 중 규모가 가장 크며, 알뜨르비행장·모슬포·송악산 등을 조망할 수 있는 입지 때문에 전쟁 시 공격과 방어를 할 수 있는 전략적 요충지로서 미군과의 전쟁을 대비하여 만들어졌다. 이곳에 위치한 제주평화박물관은 강제동원된 사람과 목격한 사람들의 증언을 담은 시청각 자료를 제공하고 있으며, 이 외에도 땅굴 발굴 당시 발견된 수통·포탄·군복 등을 전시하고 있다. 가마오름 땅굴진지 일부를 직접 체험할 수 있고(〈그림 9〉), 미 공군기 격추를 위해 만든 대공포진지 터를 확인할 수 있다(〈그림 10〉).

| 그림 9 | 가마오름 옆 땅굴 진지 내부

출처: 저자 촬영

| 그림 10 | 대공포진지

출처: 저자 촬영

제주해녀 항일운동기념탑

태평양전쟁이 길어질수록 일본의 갈취는 심해졌으며 특히 농수산물과 어업조업권에 대한 부당한 착취가 이어졌다. 일본이 제주 해녀들이 바다에서 캐 온 전복과 감태의 가격을 인위적으로 낮추자, 이에 대해 항의가 시작되었다.[28] 제주해녀 항일운동기념탑과 제주해녀박물관(〈그림 11〉, 〈그림 12〉)에서 이와 관련한 역사를 확인할 수 있다.

| 그림 11 | 제주해녀 항일운동 기념탑 | 그림 12 | 제주해녀박물관

출처: 저자 촬영

제주항일기념관

제주 북쪽 조천읍에 위치한 제주항일기념관은 항일독립운동의 역사를 종합적으로 전시해 놓은 기념관이다(〈그림 13〉). 조천읍은 조천

---

28   강만익, 〈제주지역 독립운동 사적지 활용방안〉, 《탐라문화》 57, 2018, 286쪽.

만세운동이 시작된 장소이다. 제주항일기념관은 제주도에서 발생한 항일운동 관련 자료를 전시하고 있으며 연대표와 의병운동, 법정사 항일운동, 민족운동, 조천3·1만세운동, 제주해녀항일운동, 제주도인의 해외 항일운동 등을 설명하고 있다. 항일기념관 근처에 위치한 창열사 위패 봉안실(〈그림 14〉)과 함께 애국선열추모탑(〈그림 15〉), 3·1

| 그림 13 | 제주항일기념관

| 그림 14 | 창열사(위패봉안실)

출처: 저자 촬영

| 그림 15 | 애국선열추모탑

| 그림 16 | 3·1운동기념탑

출처: 저자 촬영

독립운동기념탑(《그림 16》)이 야외에 전시되어 있다.

이처럼 역사적 사건이 발생한 장소, 이를 기념하는 기념관과 박물관 등을 방문하는 관광객들은 교육적인 체험을 할 수 있고 지적 욕구를 충족할 수 있다. 지금까지 현장 답사를 통해 제주 다크투어리즘 관광자원을 살펴보았다. 제주의 다크투어리즘 장소는 공간에 대한 인식과 설명을 통해 사람들에게 역사와 관련된 교육적 정보를 제공하고 있었다. 관광객이 해당 장소에 방문하여 체험을 통해 공간의 의미를 찾고 동시에 좀 더 확장된 메시지를 느낄 수 있다는 점은, 단순한 관광에서 벗어난 또 다른 관광의 형태로 이어질 수 있음을 의미한다.

본 연구에서 답사한 공간은 제주도민의 생활공간과 밀접하게 위치하고 있었다. 해당 관광지는 역사적인 장소임과 동시에 제주도민의 삶의 터전인 공간이다. 따라서 관광지를 개발할 때 지역 주민의 공간에 대한 인식이 먼저 이루어진 다음 관광지 개발에 대한 긍정적인 인식을 바탕으로 할 때 지속가능한 관광이 이루어질 수 있다.[29] 알뜨르비행장의 경우 격납고 바로 옆에 제주도민이 경작하는 논이 이어져 있었으며, 송악산 진지 역시 관광객의 산책길과 이어진 길목에 위치하고 있다. 알뜨르비행장 근처에 위치한 송전탑은 마을 사람들이 다니는 인도 바로 옆에 자리 잡아 해당 지역사회의 일부분으로 스며들고 있었다. 해녀박물관 역시 제주도민들이 바닷가 어귀로 향하는 길목에 위치하고 있으며, 근처에서 해녀들이 실제로 물질하는 모습을 볼 수 있었다. 제주도민의 삶 속에서 이루어지는 관광이라는 점에서, 주민들이 관

---

29 고선영, 〈코로나 19 전후 제주 지역사회의 관광에 대한 인식변화에 대한 연구〉,《한국지역지리학회지》27(2), 2021, 176쪽.

광객으로 인해 불편함을 느끼거나 일상생활이 침범당하지 않도록 새로운 형태의 관광을 구성해야 할 것이다. 제주도의 아픈 역사를 담고 있는 공간을 교육적인 면과 함께 지역 주민과 관광객이 모두 지향하는 평화의 공간으로 시선을 바꿔 살펴봐야 함을 의미한다.

다크투어리즘에서 피스투어리즘으로

제주도가 역사교육 관광공간이자 평화관광으로 나아갈 수 있는 공간임을 살펴보았다. 앞에서 언급한 바와 같이 지정학적 입지, 현존하는 아픈 기억의 장소, 박물관 등의 요소가 어우러져 제주에서 다크투어리즘의 한 형태인 역사교육 관광이 이루어지고 있다. 교육관광 educational tourism의 주된 목적은 배움을 바탕으로 한 경험이다. 교육관광은 우연한 경험을 통해 배우는 것이 아니라, 사전에 배움을 기획 및 의도하여 체험하는 관광이다.[30] 따라서 교육관광은 관광자가 관광지 경험을 통해 학습하는 교육성이 더 강조된 형태로 나타난다. 교육관광의 정의는 여러 가지가 있지만, 공통된 점은 관광지에서 지식을 습득할 수 있도록 사전 계획 및 구체적인 계획을 구성한다는 것이다.[31] 예를 들어 생태관광을 통해 관광객은 환경 관련 지식을 직접 배울 수 있는 기회를 갖게 되며, 역사유적 관광을 하면서 해당 지역의 역사와 문화를 알 수 있다. 따라서 관광지를 교육 목적으로 활용하기

---

30 Pitman, T., et al., "Adult learning in educational tourism," *Australian Journal of Adult Learning* 50(2), 2010, p. 220.

31 이재섭·김경원, 〈교육관광상품의 만족, 추천의도, 재구매 의도에 관한 연구 — 상품 유형을 중심으로〉, 《관광서비스연구》 9(1), 2009, 93쪽.

위해서는 관광지에 관해 학습할 수 있는 데이터를 제공하는 것이 필요하다.[32]

배우고 학습하기 위해 여행을 하는 교육관광은 관광이라는 포괄적 의미 안에서 살펴보았을 때 새로운 개념은 아니다.[33] 교육관광의 개념을 두 가지로 구분하여 살펴보면 첫 번째, 성인의 경우 관광을 주요 목적으로 하는 가운데 관광 체험 중 학습의 측면이 중요하게 부각되는 경우가 있다. 두 번째, 학생들의 수학여행처럼 학습 자체를 목표로 떠나는 관광education first이 있다. 역사적 사실을 기반으로 한 지역의 교육관광 자원 활용에 대한 연구를 살펴보면, 예컨대 경주 동해안 지역의 지리적 가치와 역사·문화유산의 가치를 향상하기 위해서는 그 지역만의 고유 자원인 역사적 사실 활용과 함께 특유의 해양학적 특성을 융합하는 작업의 필요성이 제기된다.[34] 역사문화관광지의 교육적 효과를 분석한 연구에서는 관광지가 관광객이 배움과 지식 체득을 경험할 수 있는 학습 장소 역할을 수행해야 한다고 제안한다.[35] 역사교육 관광은 유적지나 문화유산이 있는 장소에서 이루어지는 관광으로, 이러한 관광지는 교육적인 역할을 하며 유적지나 박물관 등의 장소에서 학습과 지적 욕구 충족이 가능하다는 것이다. 관광자원

32 김동준 · 전의숙, 〈재한 중국유학생의 교육관광요소가 관광자 만족과 행동의도에 미치는 영향 연구〉,《호텔경영학연구》22(2), 2013, 219쪽.

33 Ritchie, Brent W, Neil C., & Chris C,. *Managing Educational Tourism*. 1st ed. Vol. 10. Aspects of Tourism. New Delhi: Channel View Publications, 2003, pp. 13, 19.

34 김윤배 · 윤성진, 〈경주 동해안권의 해양과학자원과 문화자원 융합을 통한 문무대왕 재조명 및 경주지역 해양교육관광 활성화 방안〉,《수산해양교육연구》29(4), 2017, 1223쪽.

35 신지은,《역사문화관광지의 교육적 효과분석》, 경기대학교 석사학위논문, 52~53쪽.

의 교육성은 관광객이 관광지 방문 후 체험과 자아실현을 통해 관광 자원에 대한 정보를 얻는 과정이라고 볼 수 있다.[36] 이때 관광의 교육 성은 관광지를 선택하는 속성이자, 관광자의 학습 욕구에 영향을 끼 치는 요소이며, 관광객을 관광지로 방문하도록 하는 요인으로 작용 한다. 과거 영국 귀족층 자제들의 교육을 위해 시작된 그랜드 투어, 견문을 넓히려는 교육적 목적으로 이루어진 신라시대 화랑들의 여 행, 그리고 현재 이루어지는 체험학습 등이 이에 해당한다. 관광지에 서 이루어지는 교육적 효과는 관광지를 방문하는 관광객에게 영향을 끼칠 뿐 아니라, 미래에 나아가야 할 방향을 생각해 볼 수 있는 기회 를 제공할 수 있다.

1990년 제주도에서 한·소정상회담이 개최된 이후 민간 차원에서 북으로 감귤 보내기 운동이 시작되었고, 2000년에는 한국전쟁 이후 처음으로 성사된 남북 국방장관회담이 제주도에서 열렸다. 동북아시 아의 평화 분위기 조성을 위한 노력이 제주도에서 시작되었고, 그 외 평화를 상징하는 여러 활동과 더불어 제주의 역사를 반영하여 2005 년 국가 차원에서 제주도를 '평화의 섬'으로 지정하게 되었다.[37] 이처 럼 국가가 주도적으로 국제협약이나 제도를 통해 평화를 실천하는 것도 필요하지만, 국가주도적 방향성 제시와 함께 좀 더 작은 단위의 시민사회와 개인의 일상 안에서 평화를 실현하는 것이 중요하다고

---

36 정민채,《역사문화유적지의 교육성·브랜드가치·선택속성이 관광만족 및 행동의도 에 미치는 영향》,경희대학교 박사학위논문, 2009, 18~23쪽.
37 변종헌, 〈세계평화의 섬 제주의 미래 비전: 평화문화 확산의 관점에서〉,《평화학연 구》18(3), 2017, 28~29쪽.

할 수 있다.[38] 평화의 섬 지정 이후 제주도민과 제주도를 방문하는 관광객들이 평화의 메시지를 체감하는 정도도 확인할 필요가 있다. 참고로 제주도민과 관광객은 각각 서로 다른 목적으로 제주 4·3평화공원을 방문하는 것으로 나타났다.[39] 제주도민은 해당 공간에 대해 유대성과 매력성을 고려하였으며, 관광객은 교육성과 역사성을 고려하였다.

관광 개발에 대한 제주도민의 인식 변화를 살펴보면 COVID-19 팬데믹 이후 제주의 전반적인 관광 개발에 대한 인식은 더 긍정적으로 변화하였으나, 자신의 거주 지역의 관광 개발에 대한 인식은 부정적으로 변한 것으로 나타났다.[40] 이는 COVID-19 이후 해외여행에서 국내여행으로 관광지 선택을 변경한 국내 여행객의 입도 폭증이 제주도민들에게 미칠 수 있는 영향을 고려한 후에 관광 개발이 이루어져야 함을 뜻한다. 관광 개발은 지역 주민의 삶을 윤택하게 하고 지역 활성화에 기여할 것을 목적으로 한다.[41] 관광지를 개발할 때 지역의 경제적 발전도 중요하지만, 이와 동시에 지역 주민의 삶의 질 향상도 함께 고려해야 한다.[42] 지역 주민의 삶의 터전에서 이루어지는 관광은, 이윤과 이익의 목적보다 궁극적으로 역사 관광지의 의미, 제

38 변종헌, 〈세계평화의 섬 제주의 미래 비전: 평화문화 확산의 관점에서〉, 37~38쪽.

39 장혜원·김태훈·정철, 〈다크투어리즘 참가자의 방문동기 - 제주 4·3 평화공원 방문 지역주민과 관광객의 비교〉, 《관광학연구》 35(6), 2011, 94쪽.

40 고선영, 〈코로나 19 전후 제주 지역사회의 관광에 대한 인식변화에 대한 연구〉, 176쪽.

41 박주영, 〈관광개발 편익 - 비용지각이 개발갈등과 개발수용 태도에 미치는 영향: 이해관계가 있는 지역주민을 대상으로〉, 《관광연구》 37(3), 2022, 63~65쪽.

42 Allen, L. R., et al., "Rural residents' attitudes toward recreation and tourism development," *Journal of travel research* 31(4), 1993, pp. 27-33.

주도민의 삶의 의미와 함께 이 공간이 갖는 인류 보편적 가치에 의미를 두고 평화의 메시지가 전달될 수 있는 형태로 나아가야 한다.[43] 사건이 발생했던 장소의 해석을 바탕으로 한 경험과 체험은 장소의 의미를 구성하며, 이렇게 형성된 장소성은 해당 지역의 가치를 드러내고 그것이 이미지화됨을 뜻한다.[44] 관광 수익 창출 및 관광 콘텐츠 개발을 목적으로 하기보다, 제주도민과 관광객 두 집단 모두 해당 공간에서 이질감 없이 공감할 수 있는 의미를 제공하도록 제주 다크투어리즘 공간의 의미와 상징에 대한 재해석이 필요하다. 역사관광 측면에서의 다크투어리즘에서 한 걸음 더 나아가, 앞으로 나아갈 방향성을 제시할 수 있는 평화관광의 의미 전달이 필요하다. 해당 장소의 의미와 가치의 조화는 새로운 관광 형태로 나아갈 수 있는 콘텐츠로 기능할 수 있으며, 사람들이 해당 장소를 어떻게 기억하고 어떤 가치를 부여하는가에 따라 그 장소에 대한 긍정적·부정적 반응이 좌우된다.[45] 제주도의 지정학적 입지, 침략과 수탈의 역사, 동북아 국제정세 속에서 평화적 기류를 조성하기 위해 시작한 활동과 앞으로의 방향성, 지역사회와 관광객의 공존, 수려한 자연경관 등을 종합적으로 고려하였을 때 평화의 메시지를 제시하는 관광의 형태로 나아가야 할 것이다.

스마트폰 보급과 정보 공유 애플리케이션이 확대되면서 SNS를 이

---

43 조광익, 〈지역 관광 진흥을 위한 발상의 전환:'가치 관광'(value tourism)을 위하여〉,
　　《한국관광정책》 57, 2014, 44쪽.
44 남윤섭, 〈문학공간의 장소성을 활용한 관광콘텐츠 개발에 관한 탐색적 연구 – 제주지
　　역 '바람타는 섬'을 중심으로〉,《한국사진지리학회지》, 29(3), 2019, 17~18쪽.
45 조광익, 〈지역 관광 진흥을 위한 발상의 전환:'가치 관광'(value tourism)을 위하여〉, 44쪽.

용한 관광 콘텐츠 공유는 관광 콘텐츠의 다양성과 트렌드를 빠르게 검색할 수 있는 기반이 되었다.[46] 이는 실시간 관광을 가능하게 할 뿐만 아니라 관광의 이미지를 빠르게 확산시키는 도구로 사용되고 있다. 장소에 대한 새로운 접근이 용이하고 장소의 상징성에 대한 이미지 전환과 메시지 전달이 빠르게 이루어질 수 있는 환경적 변화는 관광 형태에 의미를 부여하고 가치를 전달하는 형태로 관광객에게 즐거움을 줄 수 있다. 성숙한 관광객의 자세와 관광지의 지속가능한 부흥을 위해 관광에 대한 발상의 전환이 필요한 시점이다.[47] 관광 개발의 방향성은 해당 관광지의 역사적 사실에만 의존한 개발에서 벗어나, 역사적 사실을 바탕으로 그 안에 잠재된 인류 보편적 가치와 의미를 찾고 역사적 흔적을 기억하는 것에도 중점을 둘 필요가 있다.[48]

피스투어리즘의 렌즈로 바라본
제주 다크투어리즘의 재해석

　본 연구는 제주도가 자연경관을 감상하는 관광지 이상의 의미를 갖고 있음을 현장 답사를 통해 고찰해 보았다. 제주도의 다크투어리즘 관광자원을 평화관광의 관점으로 전환하여 바라봄으로써 역사적 공간을 관광객에게 다양한 메시지를 전달하는 공간으로 재해석하였다.

46　고선영·정근오, 〈지역관광 빅데이터 정책성과와 과제 – 제주특별자치도를 사례로〉, 《한국산학기술학회 논문지》, 22(3), 2021, 580쪽.
47　조광익, 〈지역 관광 진흥을 위한 발상의 전환: '가치 관광'(value tourism)을 위하여〉, 48쪽.
48　이일열, 〈유네스코 세계 문화유산의 지역 관광자원화에 대한 시론적 연구: 프랑스의 사례〉, 《관광연구》 23(3), 2008, 465쪽.

제주도라는 관광명소 공간을 역사교육 관광의 장소로 인식하고, 이를 바탕으로 평화관광의 가능성을 살펴보았다. 제주도는 우리나라 남단에 위치하고 있으며 남쪽으로 일본, 서쪽으로 중국과 접하고 있다. 이러한 지리적 특성은 과거에는 외세의 침략에 많이 노출될 수 있는 요인으로 작용하였으나, 현재는 외부에서 접근하기 쉬운 특성으로 발현되고 있다.

제주는 수려한 자연경관과 더불어 아픈 역사를 간직한 문화시설 및 문화유산을 통해 역사교육의 현장으로 거듭날 수 있다. 제주도의 일제강점기 유적지들은 대부분 세계문화유산을 비롯하여 제주 시민이 생활하고 있는 공간에 위치하고 있어 여행하면서 쉽게 접근할 수 있다. 쉽게 접근할 수 있다는 것은 그만큼 일제강점기 때 일본이 제주도에 만든 군사시설들이 주민들의 생활환경에 큰 영향을 끼쳤음을 뜻한다. 평범한 제주도민들이 자신의 의사와는 상관없이 국제정치의 수단으로 이용되었고, 농사와 어업에 종사하며 일상을 보내던 이들이 큰 고초를 겪고 희생되었다.[49] 잘 설립된 기념관과 현재까지 보존된 일제강점기 건물 및 군사시설을 통해, 이러한 비극이 우리 역사의 일부분이며 우리가 경험한 아픈 역사임을 인식할 수 있다.[50]

제주도는 아픈 수탈의 역사와 아름다운 자연환경이 어우러져 있는 공간이다. 비극적인 역사가 다시는 되풀이되지 않고 제주가 아름다운 경관과 더불어 역사교육과 평화의 장소가 될 수 있도록 노력해야

49　허준호, 〈태평양전쟁과 제주도 – 미군의 제주도 주둔 일본군 무장해제 과정을 중심으로〉, 《사회와 역사(구 한국사회사학회논문집)》72, 2006, 66쪽.

50　이세윤·곽연경, 〈목포 다크 투어리즘 연구〉, 27쪽.

할 것이다. 이를 위해 다크투어리즘이 역사교육 관광의 역할을 수행하려면 다양한 프로그램 개발이 필요하며, 정책적 뒷받침이 요구된다. 관광 코스 개발도 중요하지만 해당 장소에서 전달하고자 하는 의미에 중점을 두고 개발이 이루어져야 한다. 아름다운 자연경관의 이면에 있는 아픈 역사적 사실을 후속 세대에 전달하고, 우리가 나아가야 할 방향성을 제시하는 것이 역사의 임무임을 기억해야 한다. 이를 위해 인기 관광 명소로서의 이미지와 함께 역사교육 관광과 피스투어리즘 관광지로서 이미지를 구축하는 작업이 필요하다. 제주도를 하나의 공간으로 바라보고 다크투어리즘에서 진정한 의미의 피스투어리즘으로 나아가기 위해서는, 제주도를 방문하는 관광객과 제주도민의 인식 제고를 위한 교육이 함께 이루어져야 할 것이다.

현재 제주도에서는 지방정부가 주도하여 구성한 다크투어리즘 관광 코스가 운영되고 있다. 제주도 각지에 위치한 다크투어리즘 목적지별로 관광 코스를 개발하고 이를 알리는 브로셔 및 안내문을 곳곳에 배치해 두었다. 관광지 사전 정보의 유용성과 지도 표지의 정확성이 관광지 만족도에 영향을 미친다는 점을 고려할 때,[51] 제주 다크투어리즘 장소를 방문하기 전 관광지에 대한 사전 정보를 SNS를 통해 접할 수 있도록 제공한다면 홍보 효과를 거둘 수 있을 것이다. 제주도가 의미 있는 장소로 자리매김할 수 있도록 역사교육 관광지로 조성하고 있음을 알 수 있는데, 이러한 관광은 휴식이나 취미 활동을 목적으로 하는 관광과 달리 다소 무거운 주제이거나 역사적 사실과

---

51 송영민·이영진, 〈관광안내체계평가를 통한 일본 개별관광객 만족도 영향요인 분석〉, 《일본근대학연구》 31, 2011, 283쪽.

관련된 특성으로 인해 진지하고 엄숙한 분위기를 띨 수 있다.[52] 일제 강점기를 대변하는 여러 건물과 장소가 남아 있는 제주는 이윤을 목적으로 하는 관광보다는 역사교육 관광 목적에 더 적합하다고 할 수 있다. 현존하는 관광자원을 활용하여 관광객들에게 역사적 사실과 교훈을 제공하기 위해서는 해당 공간을 설명하는 안내판과 표지판 등 이정표 작업이 필요하다. 외부 방문객이 장소만 검색하고 방문했는데 안내판 및 표지판이 제대로 구비되어 있지 않다면, 방문 목적을 달성하지 못하고 장소를 지나칠 수도 있기 때문이다. 차도 및 인도에 배치하는 이정표의 수와 관리도 중요하다. 강대국들의 전쟁 사이에서 희생당한 사람들을 추모하는 장소, 강제노역으로 만들어진 동굴들, 이들의 역사를 알리기 위해 설립된 박물관 등 문화재 시설 관리도 필요하다. 역사교육 관광을 추진하려면 전쟁 유산을 보존하고 많은 시설을 관리·유지해야 하는데 여러 가지 이유로 재정 지원을 받지 못하는 경우도 있다. 그런 경우 시설 활용이 어려운 것이 현실이다. 인사 사고 방지 등 안전의 이유로 동굴·터널 등의 입구를 폐쇄한 곳도 있다.

역사교육 관광의 특성상 전문 인력 양성 및 교육, 홍보도 필요하다. 전문가의 설명 및 전시 관람은 주로 박물관 및 전시회에서 이루어지며, 이외의 장소에서는 전문가의 설명을 들으면서 역사문화 탐험을 하기 힘든 경우가 대부분이다. 박물관 및 전시관 입구에서 안내자 설명 서비스를 제공하고 이를 홍보하는 작업이 요구된다. 장소적인 특

---

52   김태영, 〈호국·민주주의 정신과 경남의 다크투어리즘〉, 《경남정책 Brief》, 2013, 5쪽.

성 때문에 안내자를 곳곳에 배치하기 힘들다면 안내 애플리케이션을 제공하거나 장소를 설명하는 사이트를 구축하는 등 이용자가 필요할 때 정보를 검색하여 목적을 달성하고 이해할 수 있는 시스템을 마련할 필요가 있다. 최근 항공사 발권을 비롯하여 일반 상점에서도 비대면 서비스를 선호하는 현대인의 특성에 맞추어 개발된 무인 구매 시스템 도입이 확산되고 있다. 이러한 시스템은 개인이 원하는 시간에 직접 서비스를 이용하고 결과물을 바로 확인할 수 있다는 장점이 있다. 관광지에서도 개개인이 접속을 통해 원하는 정보를 얻고 감상할 수 있는 시스템을 개발한다면 긍정적인 효과를 거둘 수 있을 것이다. 불특정 다수의 관광객이 접속하여 사용할 수 있다는 점에서 인력관리의 어려움, 장소의 제약을 극복할 수 있다. 이를 통해 역사교육 관광이 잘 이루어질 수 있는 환경을 조성하고, 관광자원에 대한 설명 및 정보 제공과 더불어 이러한 관광자원이 우리 세대에게 주는 평화의 메시지까지 전달할 수 있다. 과거 아픈 역사가 분열된 사회를 재정비하고 평화로 나아가는 데 힘을 보탤 수 있으며,[53] 이는 제주도가 지향하는 공존과 평화의 섬이라는 브랜드 가치를 높이는 것과 더불어 평화를 지향하는 문화 창출로 이어질 수 있다.[54]

제주도에 남아 있는 역사적 배경이 깃든 관광자원을 지리적 특성

53 권영승, 〈분쟁 이후 관광산업의 재건과 평화구축: 르완다 '화산 국립공원'사례연구〉, 《한국아프리카학회지》 64, 2021, 7쪽; Zhang, J. J., "Rethinking 'heritage' in post-conflict tourism," *Annals of Tourism Research* 66, 2017, p. 194; Sonmez, S. F., & Apostolopoulos, Y., "Conflict resolution through tourism cooperation? The case of the partitioned island-state of Cyprus," *Journal of travel & tourism marketing* 9(3), 2000, p. 40.
54 변종헌, 〈세계평화의 섬 제주의 미래 비전: 평화문화 확산의 관점에서〉, 44쪽.

을 바탕으로 구성하여 교육관광 상품을 개발한다면, 청소년들뿐만 아니라 성인에게도 평화 공존으로 나아가는 길을 제시하고 새로운 가치를 창출할 수 있는 경험을 제시할 수 있다. 과거의 슬픈 역사적 사실에만 초점을 맞추어 장소를 바라볼 것이 아니라, 이를 토대로 역사를 올바르게 인식하고 지향해야 할 목표를 함께 살펴볼 수 있는 장소로서 다크투어리즘을 자리매김할 수 있다. 제주도에서 둘러본 유적과 박물관들은 우리의 삶과 동떨어진 곳이 아니라 생활환경 안에서 충분히 접할 수 있는 곳에 위치하고 있었다. 평상시 생활하면서 접할 수 있는 우리 삶의 일부를 차지하고 있는 이 장소들은 아픈 역사의 공간을 우리가 지켜 나가야 할 평화의 공간으로 제시하고 있다. 다크투어리즘이 과거의 상처에서 벗어나 역사를 바로 알고 우리가 이뤄야 할 평화의 메시지를 전달하는 공간으로 거듭날 수 있도록 재해석이 필요한 시점이다. 지속가능한 관광의 형태로 나아가는 과정에서 우리가 구축해야 할 관광의 본질적 의미가 무엇인지 다시 한 번 숙고할 필요가 있다. 향후 역사적·교육적 측면에서 관광의 역할, 평화 구축 과정에서 관광의 역할, 나아가 지역사회에서 이루어지는 지속가능한 관광 측면에서 후속 연구를 제언해 본다.

참고문헌

강만익, 〈제주지역 독립운동 사적지 활용방〉, 《탐라문화》 57, 2018, 273~306쪽.

강은정 · 고승익, 〈제주지역 다크투어리즘에 대한 고찰 – 일제 강점기를 중심으로〉, 《제주관광학연구》 15, 2012, 5~21쪽.

고선영, 〈코로나 19 전후 제주 지역사회의 관광에 대한 인식변화에 대한 연구〉, 《한국지역지리학회지》 27(2), 2021, 164~178쪽.

고선영 · 정근오, 〈지역관광 빅데이터 정책성과와 과제 – 제주특별자치도를 사례로〉, 《한국산학기술학회 논문지》 22(3), 2021, 579~586쪽.

고창훈, 〈국민의 저항과 정부의 대응: 제주 1000년 사례의 맥락과 함의〉, 《한국행정학회 학술발표논문집》, 1999, 595~610쪽.

권영승, 〈분쟁 이후 관광산업의 재건과 평화구축: 르완다 '화산 국립공원' 사례연구〉, 《한국아프리카학회지》 64, 2021, 3~26쪽.

김동준 · 전의숙, 〈재한 중국유학생의 교육관광요소가 관광자 만족과 행동의도에 미치는 영향 연구〉, 《호텔경영학연구》 22(2), 2013, 209~223쪽.

김윤배 · 윤성진, 〈경주 동해안권의 해양과학자원과 문화자원 융합을 통한 문무대왕 재조명 및 경주지역 해양교육관광 활성화 방안〉, 《수산해양교육연구》 29(4), 2017, 1214~1224쪽.

김인덕, 〈일제시대 제주 출신 재일 여성 활동가들의 투쟁〉, 《제주도사연구》 8, 1999, 39~55쪽.

김은실, 〈제주해녀의 주체성과 제주해녀항일운동〉, 《국가와 정치》, 2010, 27~69.

김태영, 〈호국 · 민주주의 정신과 경남의 다크투어리즘〉, 《경남정책 Brief》, 2013, 1~8쪽.

남윤섭, 〈문학공간의 장소성을 활용한 관광콘텐츠 개발에 관한 탐색적 연구 – 제주지역 '바람타는 섬'을 중심으로〉, 《한국사진지리학회지》 29(3), 2019, 15~30쪽.

문경호, 〈고려 강도(江都) 시기 강화도의 주요 포구와 물자 유통〉, 《지방사와 지방문화》 24(2), 2021, 183~214쪽.

박정근, 〈제주국제공항 여객터미널 건축계획을 위한 기초연구 – 항공수요에 따른 공항시설 포화시점 분석을 중심으로〉, 《대한건축학회연합논문집》 16(5), 2014, 27~36쪽.

박주영, 〈관광개발 편익 – 비용지각이 개발갈등과 개발수용 태도에 미치는 영향: 이해관계가 있는 지역주민을 대상으로〉, 《관광연구》 37(3), 2022, 45~69쪽.

박찬식, 〈법정사 항일운동 논문: 법정사 항일운동의 역사적 성격〉, 《제주도연구》 22, 2002, 1~16쪽.

변종헌, 〈세계평화의 섬 제주의 미래 비전: 평화문화 확산의 관점에서〉, 《평화학연구》 18(3), 2017, 27~47쪽.

송영민·이영진, 〈관광안내체계평가를 통한 일본 개별관광객 만족도 영향요인 분석〉, 《일본근대학연구》 31, 2011, 269~288쪽.

신지은, 《역사문화관광지의 교육적 효과분석》, 경기대학교 석사학위논문, 2005.

심옥주, 〈일제강점기 제주 독립운동의 지형과 독립유공자 현황 분석〉, 《한국독립운동사연구》 46, 2013, 327~362쪽.

오선애, 〈박물관의 시뮬라시옹 표출의 재현전시에 관한 연구: 역사적 사건 및 트라우마의 치유를 중심으로〉, 《디지털디자인학연구》 13(4), 2013, 437~444쪽.

이관열, 〈제주 4·3 사건 보도의 언론사적 의미〉, 《사회과학연구》 42, 2003, 60~74쪽.

이성우, 〈세계평화의 섬, 제주의 미래와 평화산업〉, 《평화산업과 제주의 미래》, 2009, 1~16쪽.

이성우, 〈세계평화의 섬, 제주의 미래와 평화산업〉, 《JPI Research Series》, 2009, 1~16쪽.

이세윤·곽연경, 〈목포 다크 투어리즘 연구〉, 《한국사진지리학회지》 28(2), 2018, 13~29쪽.

이일열, 〈유네스코 세계 문화유산의 지역 관광자원화에 대한 시론적 연구: 프랑스의 사례〉, 《관광연구》 23(3), 2008, 447~469쪽.

이재섭·김경원, 〈교육관광상품의 만족, 추천의도, 재구매 의도에 관한 연구 – 상품 유형을 중심으로〉, 《관광서비스연구》 9(1), 2009, 93~111쪽.

이준태·윤병국, 〈식민도시 역사유적의 관광자원 활용 방안 연구 – 베트남 호치민의 도시경관을 중심으로〉, 《한국사진지리학회지》 27(1), 2017, 167~185쪽.

임명섭·이현송, 〈비극적 역사 현장의 재현 전시 분석을 통한 다크투어리즘 요소 고찰: 나가사키 원폭자료관 사례를 중심으로〉, 《글로벌문화콘텐츠학회 학술대회》 2017(1), 2017, 193~196쪽.

서보혁, 〈피스 투어리즘(Peace Tourism)과 금강산 관광사업〉, 《國際政治論叢》 58(2), 2018, 73~107쪽.

임종덕, 〈우리나라 지질유산의 보존과 가치 증진을 위한 사례연구〉,《문화재》 46(2) 2013, 114~135쪽.

장혜원, 〈다크투어리즘의 고유성에 관한 연구 : Cohen의 장소적 고유성을 중심으로〉,《제주관광학연구》17, 2014, 66~89쪽.

장혜원 · 김태훈 · 정철, 〈다크투어리즘 참가자의 방문동기 - 제주 4 · 3 평화공원 방문 지역주민과 관광객의 비교〉,《관광학연구》35(6), 2011, 79~97쪽.

정민채,《역사문화유적지의 교육성 · 브랜드가치 · 선택속성이 관광만족 및 행동 의도에 미치는 영향》, 경희대학교 박사학위논문, 2009.

조광익, 〈지역 관광 진흥을 위한 발상의 전환:'가치 관광'(value tourism)을 위하여〉,《한국관광정책》57, 2014, 42~49쪽.

조성윤, 〈일제 말기 제주도 주둔 일본군과 전적지〉,《군사》62, 2007, 241~271쪽.

조성윤, 〈알뜨르 비행장; 일본 해군의 제주도 항공기지 건설 과정〉,《탐라문화》41, 2012, 395~438쪽.

조성윤 · 고성만, 〈태평양 전쟁 말기 요카렌(予科練)의 제주도 주둔과 위안소 - 성산 지역을 중심으로〉,《탐라문화》61, 2019, 95~122쪽.

주예진 · 남윤재, 〈다크 투어리즘 방문동기에 미치는 방송 프로그램 장르의 문화 계발 효과〉,《관광학연구》42(10), 2018, 191~214쪽.

최은봉 · 이민주, 〈동아시아 기억의 정치와 탈냉전기 기억의 민주화: 제주, 오키나와, 난징의 기억은 경합하는가?〉,《담론 201》20(3), 2017, 37~77쪽.

황석규, 〈제주 Dark Tourism 과 역사학습〉,《역사교육연구》14, 2011, 37~70쪽.

허호준, 〈태평양전쟁과 제주도-미군의 제주도 주둔 일본군 무장해제 과정을 중심으로〉,《사회와 역사(구 한국사회사학회논문집)》72, 2006, 37~72쪽.

Allen, L. R., Hafer, H. R., Long, P. T., & Perdue, R. R., "Rural residents' attitudes toward recreation and tourism development," *Journal of travel research* 31(4), 1993, pp. 27-33.

Pitman, T., Broomhall, S., McEwan, J., & Majocha, E., "Adult Learning in Educational Tourism," *Australian Journal of Adult Learning* 50(2), 2010, pp. 219-238.

Ritchie, Brent W., Neil Carr and Chris Cooper, Managing educational tourism

(Vol. 10). *Channel View Publications*, 2003.

Sonmez, S. F., & Apostolopoulos, Y., "Conflict resolution through tourism cooperation? The case of the partitioned island-state of Cyprus," *Journal of travel & tourism marketing* 9(3), 2000, pp. 35-48.

Zhang, J. J., "Rethinking 'heritage' in post-conflict tourism," *Annals of Tourism Research* 66, 2017, pp. 194-196.

《제주특별자치도관광협회》 2021년 3월 24일자, 〈리멤버 4 · 3 다크투어리즘 유치 지원 나서〉.

한국공항공사, www.airport.co.kr. (접속일 2023. 2. 12.).

2부

포스트투어리즘의 전개와 발전
: 다양한 시각과 함의

베트남 결혼이주여성의 VFR 경험이 갖는
포스트투어리즘적 함의

| 김주락 · 최서희 |

이 글은 《International Journal of Diaspora & Cultural Criticism》 제13권 1호(2023. 2)
에 게재된 원고를 수정 및 보완하여 재수록한 것이다.

베트남 결혼이주여성과 VFR

국제이주가 활발해지면서 국내에 거주하는 외국인 수가 증가하고 있다. 노동·유학·결혼이주 등 다양한 목적으로 다양한 국가에서 이주해 오면서 그 구성 또한 다양해지고 있다[1]. 국내 외국인 거주자는 2000년 약 49.1만 명에서 2021년 약 200만 명으로 20년 동안 4배 이상 증가했다. 코로나19 대유행 이전에는 이 수치가 더 높아 2019년에는 우리나라 전체 인구의 4.87퍼센트에 해당하는 약 250만 명에 이르렀다[2]. 이 중 베트남인의 빠른 증가는 주목할 만하다. 국내 거주 베트남인은 2016년 약 14.9만 명에서 2020년 약 21.1만 명으로 증가하여, 전체 외국인 거주자의 약 10퍼센트를 차지했다[3].

결혼을 통해 국내로 이주하는 외국인도 증가하면서, 결혼이민자는 한국 사회에서 가장 큰 이민자 집단 중 하나가 됐다. 2021년 기준, 국내에 거주하는 결혼이민자는 약 169만 명이고 대부분이 여성이다[4]. 결혼이주여성이란 외국에서 태어났지만 결혼해 남편의 본국으로 이주한 여성을 의미한다[5]. 국내 결혼이주여성 중 베트남인은 약 3만 8천 명으로 가장 많다[6]. 최근 한국과 베트남의 경제·사회·문화적 교류가 활발해지면서 베트남 결혼이주여성의 역할에 관심이 모이고 있

---

1   대한민국 법무부, 2021 출입국자및체류외국인통계, 2022.

2   대한민국 법무부, 2021 출입국자및체류외국인통계, 2022.

3   대한민국 법무부, 2021 출입국자및체류외국인통계, 2022.

4   대한민국 법무부, 2021 출입국자및체류외국인통계, 2022.

5   Chu, M., Park, M. and Kim, J., "First Childbirth Experience of International Marriage Migrant Women in South Korea," *Women and Birth* 30(4), 2017, pp. e198-e206.

6   대한민국 법무부, 2021 출입국자및체류외국인통계, 2022.

다. 이들은 한국과 베트남 사회 모두에 깊이 연결되어 있다는 점에서 두 사회를 매개하는 중요한 사회적 행위자이기 때문이다.[7] 특히 관광에서 베트남 출신 결혼이주여성에 주목할 필요가 있다. 이들은 관광에 참여하는 행위자가 다양해지는 사회적 변화와 관광에서 호스트-게스트의 이분법이 흐려지고 있음을 보여 주는 대표적인 사례로 시사하는 바가 크기 때문이다. 따라서 베트남 출신 결혼이주여성이 호스트로서 그리고 게스트로서 수행하는 복합적 역할의 독특한 특성을 살펴볼 필요가 있다.

이 글은 친구 · 친척 방문VFR: Visiting Friends and Relatives 관광의 맥락에서 결혼이주여성의 경험을 탐구해, 이들의 지각 및 행동 패턴의 독특함을 포착하려는 시도이다. 일반적으로 친구 · 친척을 호스팅하거나 방문하는 이동성을 의미하는 VFR 관광은 해외 유학, 해외 취업, 이민 등 일시적 혹은 영구적인 초국적 이주가 보편화하면서 증가하고 있다.[8] 그러나 한국과 베트남에서 벌어지는 베트남 결혼이주여성의 VFR 경험에 관한 연구는 여전히 제한적이다. 이는 학계에서 발견되는 사례가 부족하기 때문일 뿐만 아니라,[9] 사회 · 경제적 제약으로 인해 베트남 결혼이주여성이 본국을 방문하거나, 이들의 베트남 가

---

7   Choi, S. and Jang, H., "How Can Marriage Immigrants Contribute to the Sustainability of the Host Country? Implications from the Leisure and Travel Patterns of Vietnamese Women in South Korea," *Sustainability* 13(3), 2021, article 1039.

8   Griffin, T. and Dimanche, F., "Urban Tourism: The Growing Role of VFR and Immigration ," *Journal of Tourism Futures* 3(2), 2017, pp. 103-113.

9   Moon, B., Yang, S. and Lee, T., "Married Immigrant Women's VFR Tourism as the Way to Ethnic Minority Group Acculturation," *Journal of Tourism and Cultural Change* 17(4), 2019, pp. 544-561.

족이 한국을 방문하는 일이 드물다는 선입견이 일반화되었기 때문이다. 그러나 한국에 방문할 수 있는 경제적·사회문화적 자본을 갖춘 베트남인이 증가하고, 결혼이주여성 가족의 체류와 비자 정책 등에 대한 제도적 지원으로 한국과 베트남 양국에서 결혼이주여성과 관련한 VFR 관광이 이전보다 활발하게 일어나고 있다. 또한 베트남은 가족의 중요성을 강조하는 유교문화의 영향으로 가족 중심의 VFR 관광이 활발히 이루어질 것으로 예상되기도 한다.

한국과 베트남 양쪽에 가족 및 친구가 있는 베트남 결혼이주여성은 양국 VFR 관광에서 호스트와 게스트가 될 가능성이 크다. 이러한 변화에 따라 호스트이자 게스트로서 결혼이주여성의 역할과 경험에 대한 이해의 필요성이 커지고 있다. 또한 코로나19와 같은 같은 위기 상황이 완화되고 포스트코로나 관광이 본격적으로 이뤄지고 있는 현시점에 이들의 역할이 특히 기대된다는 점에서 이 논의는 시의적절하다.

이 글은 VFR 과정에서 제약 및 촉진요인constraints and facilitators을 고려해 결혼이주여성의 호스팅 및 본국 방문 패턴을 탐구했다. 여가 제약 및 촉진요인은 여가 제약을 이해하기 위해 주로 계층적으로 개인 내적intrapersonal, 개인 간interpersonal, 구조적structural 수준으로 분류했다.[10] 이 전통적인 분석 틀은 제약 및 촉진요인의 혼합,[11] 관광 맥락[12]에서

---

[10] Crawford, D., Jackson, E. and Godbey, G., "A Hierarchical Model of Leisure Constraints," *Leisure Sciences* 13(4), 1991, pp. 309-320; Raymore, L., "Facilitators to Leisure," *Journal of Leisure Research* 34(1), 2002, pp. 37-51.

[11] Wan, L. Y. P. and Choi, S., "The Interface between Leisure Constraints and Facilitators of Marriage Migrant Women," *Leisure Studies*, 2022, pp. 1-16.

[12] Hudson, S. and Gilbert, D., "Tourism Constraints: The Neglected Dimension in Consumer Behaviour Research," *Journal of Travel & Tourism Marketing* 8(4), 2017, pp. 69-78.

의 이해를 위해 수정되고 확장됐다. 또한 이민자의 여가를 이해하기 위해 개인individual, 개인 간, 맥락 및 시스템 수준context and system level 으로 분류하는 생태학적 렌즈와 같은 수정된 관점이 등장하기도 했다.[13] 베트남 결혼이주여성의 특성을 VFR 맥락에서 종합하고, 양국에서 VFR 관광을 경험하는 이들의 인식과 경험을 모빌리티의 제약 및 촉진요인을 중심에 두고 이해함으로써, 베트남 결혼이주여성의 VFR 경험이 포스트투어리즘post-tourism에 제공하는 시사점을 탐색한다.

이를 위해 베트남 출신 결혼이주여성 20명과 심층 인터뷰를 진행해 한국과 베트남에서 VFR 관광 경험(호스팅 및 방문)을 조사했다. 한국어와 베트남어를 구사할 수 있는 연구조교가 2020년 7월부터 11월 사이, 코로나19 상황을 고려해 인터뷰 대상자의 요청에 따라 대면 혹은 비대면 인터뷰를 진행했다. 편안한 상황에서 인터뷰에 임할 수 있도록 시간과 장소, 언어(베트남어 혹은 한국어)를 인터뷰 대상자의 선호에 맞췄다.

인터뷰 대상자는 먼저 다문화지원센터와 연구자의 인적 네트워크를 통해 모집했고, 이후에는 눈덩이 표집snowball sampling을 통해 대상자를 추가로 모집했다. 반구조화된 인터뷰가 진행됐으며, 기 설정한 가이드를 바탕으로 연구자와 인터뷰 대상자의 상호작용에 따라 유연하게 후속 질문을 던졌다. 이에 따라 면접 시간은 최소 60분에서 최대 100분까지 다양했다. 인터뷰 전, 인터뷰 대상자에게 연구의 목적, 인터뷰의 익명성, 연구 참여에 따른 잠재적 위험과 이점을 설명했고,

---

13 Stodolska, M., Shinew, K. and Camarillo, L., "Constraints on Recreation among People of Color: Toward a New Constraints Model," *Leisure Sciences* 42(5-6), 2020, pp. 533-551.

연구 참여 동의를 구한 뒤 인터뷰를 진행했다. 필요에 따라 인터뷰 종료 후에도 이들에게 다시 연락해 내용을 명확하게 확인하거나 추가 정보를 얻었다.

베트남어로 진행한 인터뷰는 모두 한국어로 번역한 후 분석을 진행했다. 전사 및 번역된 인터뷰 녹취록은 두 저자가 주의 깊게 검토했다. 이후 MS Word 문서에 메모를 추가하며 연구 목적과 관련된 데이터를 코딩했다. 코드는 선행 연구에서 여가와 관광의 제약요인 또는 촉진요인과 관련된 키워드를 기반으로 식별하고 그룹화했다. 연구자들은 문헌 연구 결과와 인터뷰 결과를 종합하여 VFR 관광의 포스트투어리즘적 요소를 규명하였다.

VFR 관광은 무엇이고, 그 특징은 어떠한가?

VFR 관광은 전체 관광 시장에서 상당한 부분을 차지하며, 고유한 특성이 있어 주목할 필요가 있다. 특히 초국적 이주가 증가하면서 VFR 관광은 레저, 비즈니스 등과 함께 관광의 주된 동기 중 하나가 되었다.[14] 무엇보다도 VFR의 매우 활발한 호스트로서[15] 이민자의 개인 네트워크는 VFR 관광의 잠재적인 수요이며, 국제적으로 이동하는 사람의 증가는 VFR 관광의 중요성을 상기한다.

VFR 관광은 시장 규모는 물론이고 경제적·사회문화적 영향이 과

14　Griffin, T., "Visiting Friends and Relatives Tourism and Implications for Community Capital," *Journal of Policy Research in Tourism, Leisure and Events* 5(3), 2013, pp. 233-251.

15　Griffin, T. and Guttentag, D., "Identifying Active Resident Hosts of VFR visitors," *International Journal of Tourism Research* 22(5), 2020, pp. 627-636.

소평가되어 왔고, 이에 따라 오랫동안 문헌에서 제대로 다뤄지지 못했다. 예를 들어, 대부분의 VFR 관광객은 호스트의 집에서 머물며 식사를 하는 것으로 여겨졌기 때문에,[16] 이들은 돈을 적게 쓰고, 따라서 다른 관광객보다 목적지에 미치는 경제적 영향이 적은 것으로 간주됐다. 그러나 최근 들어 VFR 관광의 다양한 효과를 다룬 연구들이 등장하면서, VFR 관광에 대한 학계의 관심이 높아지고 있다.

먼저, VFR 관광의 경제적 효과가 과소평가되었다는 연구 결과가 제시되고 있다. 연구에 따르면 VFR 관광객은 다른 유형의 관광객보다 목적지에 더 오래 머물고, 더 자주 방문하기 때문에 결과적으로 더 많은 돈을 소비한다.[17] 경제적 측면과 아울러 VFR 관광의 사회문화적 영향 역시 폭넓게 논의되기 시작했다.[18] 사회문화적 영향은 이주와 VFR 관광의 연관성을 이해하는 측면에서 적극적으로 논의되었다. 예를 들어 그리핀Tom Griffin과 디망쉬Frédéric Dimanche[19]는 이민자들이 VFR 호스팅을 통해 이주국 및 거주 지역에 대한 애착·소속감·자부심을 키울 수 있다고 강조하며, 이러한 과정을 통해 VFR 호스팅이 이주민의 안정적인 정착에 긍정적인 역할을 한다고 주장했다.

16　McKercher, B., "Host Involvement in VFR Travel," *Annals of Tourism Research* 23(3), 1996, pp. 701-703.

17　Backer, E., "VFR Travel: It Is Underestimated," *Tourism Management* 33(1), 2012, pp. 74-79; Ghaderi, Z., "Visiting Friends and Relatives (VFR) Travel: The Case of Iran," in Backer, E. and King, B. (eds.), *VFR Travel Research*, Bristol, United Kingdom: Channel View Publications, 2015, pp. 109-120.

18　Griffin, T., "Visiting Friends and Relatives Tourism and Implications for Community Capital," *Journal of Policy Research in Tourism, Leisure and Events* 5(3), 2013, pp. 233-251.

19　Griffin, T. and Dimanche, F., "Urban Tourism: The Growing Role of VFR and Immigration," *Journal of Tourism Futures* 3(2), 2017, pp. 103-113.

그 밖에 친구 방문VF과 친척 방문VR은 여행 빈도와 목적지에서의 경험이 다르고, 따라서 VFR의 경제적 · 사회문화적 영향에도 서로 다른 의미를 지닌다는 연구 결과가 제시됐다. 가족관계인 호스트를 만나는 VR 관광객은 VF 관광객보다 목적지를 재방문할 의향이 더 크다. 이는 VR 관광객이 VF 관광객보다 호스트를 더 자주, 반복적으로 방문하고 더 오래 머무르는 경향이 있음을 의미한다.[20]

포스트투어리즘에서 VFR 관광의 의미

포스트투어리즘에서 VFR 관광의 의미를 밝히는 연구는 좀처럼 이뤄지지 못했다. 포스트투어리즘은 전통적인 대중관광객mass tourists과 자신을 차별화하려는 포스트관광객post-tourists의 욕구를 반영하며,[21] VFR 관광은 여러 측면에서 포스트투어리즘적 성격을 지닌다.

먼저, VFR 관광은 호스트의 일상적인 경험이 호스팅에 중요한 역할을 한다는 점에서 포스트투어리즘과 관련된다.[22] VFR 관광 호스팅의 시공간적 패턴은 호스트의 일상과 밀접하게 연결돼 있다. 호스트는 현지 장소와 문화에 대한 이해 수준이 높으므로 이들과 인적 네트워크로 연결된 게스트의 경우 다른 관광객들과는 차별화된 현지 경험

20 Seaton, T. and Tie, C., "Are Relatives Friends? Disaggregating VFR Travel 1994–2014," in Backer, E. and King, B. (eds.), *VFR Travel Research*, Bristol, United Kingdom: Channel View Publications, 2015, pp. 28-45.

21 Jansson, A., "Rethinking Post-Tourism in the Age of Social Media," *Annals of Tourism Research* 69, 2018, pp. 101-110.

22 Shani, A. and Uriely, N., "VFR Tourism: The Host Experience," *Annals of Tourism Research* 39(1), 2012, pp. 421-440.

에 더 좋은 조건을 갖추고 있다. 즉, 전통적인 대중관광객들은 관광객을 위해 조성된 공간, 특히 관광 명소를 방문하는 데 집중하는 반면, VFR 게스트는 이보다 이색적이고 다양한 경험을 할 수 있다. VFR 호스트는 게스트를 자신에게 익숙한 장소로 데려갈 수 있고, 게스트는 현지인들이 장소를 사용하는 방식을 더 가깝게 경험할 수 있기 때문이다.[23] 이러한 특징 때문에 VFR 게스트는 다른 관광객과 달리 기존에 관광지로서 널리 알려지지 않은 곳을 방문할 가능성 또한 높다.[24]

　VFR 관광객은 스스로를 관광객으로 여기지 않는 경향을 보이고, 호스트와 시간을 보내고 공간을 공유하면서 '집에at home' 있는 것 같다고 생각하곤 한다.[25] 다른 관광객에 비해 여유롭게 동네를 둘러보고, 다른 관광객이 좀처럼 가지 않을 평범한 지역을 방문하기도 한다. 따라서 VFR 관광은 기존 관광 개발의 폐해로 지적되는 동질성과 피상성을 피하면서, 비-관광 지역에 새로운 관광 명소를 창출할 수 있는 잠재력을 가지고 있다.[26] 이러한 특성은 포스트투어리즘의 관점에서 VFR 관광 패턴을 이해할 수 있게 한다.

23　Choi, S. and Fu, X., "Hosting Friends and Family as a Sojourner in a Tourism Destination," *Tourism Management* 67, 2018, pp. 47-58.

24　McKercher, B., "Host Involvement in VFR Travel," *Annals of Tourism Research* 23(3), 1996, pp. 701-703.

25　Larsen, J., Urry, J. and Axhausen, K., "Networks and Tourism: Mobile Social Life," *Annals of Tourism Research* 34(1), 2007, pp. 244-262.

26　Yousuf, M. and Backer, E., "Hosting Friends versus Hosting Relatives: Is Blood Thicker than Water?," *International Journal of Tourism Research* 19(4), 2017, pp. 435-446; Griffin, T. and Dimanche, F., "Urban Tourism: The Growing Role of VFR and Immigration," *Journal of Tourism Futures* 3(2), 2017, pp. 103-113 ; Caffyn, A., "Advocating and Implementing Slow Tourism," *Tourism Recreation Research* 37(1), 2012, pp. 77-80.

다음으로, VFR 관광의 다양한 행위자들은 VFR 관광객이 다양한 수준에서 현지인의 일상과 관광 경험을 복합적으로 경험할 수 있도록 한다. 포스트투어리즘 관련 연구는 지속가능한 형태의 관광뿐 아니라 특수목적관광SIT: special interest tourism과 같은 다양한 유형의 관광을 강조해 왔고,[27] 다양한 행위자의 존재를 이야기해 왔다. 이런 측면에서 VFR 관광은 포스트투어리즘과 닿아 있다.[28] VFR 관광의 다양한 행위자에는 지역 주민,[29] 이민자,[30] 귀국 이민자,[31] 일시 체류자,[32] 유학생[33] 등이 포함된다. VFR 관광에서 호스트와 게스트의 흐릿한 경계, 뒤섞인 역할은 포스트투어리즘에 시사점을 던진다.

27　Jansson, A., "Rethinking Post-Tourism in the Age of Social Media," *Annals of Tourism Research* 69, 2018, pp. 101-110.

28　Backer, E. and Ritchie, B., "VFR Travel: A Viable Market for Tourism Crisis and Disaster Recovery?," *International Journal of Tourism Research* 19(4), 2017, pp. 400-411; Choi, S. and Fu, X., "Hosting Friends and Family as a Sojourner in a Tourism Destination," *Tourism Management* 67, 2018, pp. 47-58; Griffin, T., "A Paradigmatic Discussion for the Study of Immigrant Hosts," *Current Issues in Tourism* 17(6), 2014, pp. 487-498; Kashiwagi, S., Nagai, H. and Furutani, T., "VFR Travel Generated by International Students: The Case of Japanese Students in Australia," *Tourism: An International Interdisciplinary Journal* 66(2), 2018, pp. 89-103.

29　Backer, E., "VFR Travel: An Examination of the Expenditures of VFR Travellers and Their Hosts," *Current Issues in Tourism* 10(4), 2007, pp. 366-377.

30　Griffin, T., "A Paradigmatic Discussion for the Study of Immigrant Hosts," *Current Issues in Tourism* 17(6), 2014, pp. 487-498.

31　Arguin, P., "A Definition That Includes First and Second Generation Immigrants Returning to Their Countries of Origin to Visit Friends and Relatives Still Makes Sense to Me," *Journal of Travel Medicine* 17(3), 2010, pp. 147-149.

32　Choi, S. and Fu, X., "Hosting Friends and Family as a Sojourner in a Tourism Destination," *Tourism Management* 67, 2018, pp. 47-58.

33　Kashiwagi, S., Nagai, H. and Furutani, T., "VFR Travel Generated by International Students: The Case of Japanese Students in Australia," *Tourism: An International Interdisciplinary Journal* 66(2), 2018, pp. 89-103.

마지막으로 호스트와 게스트의 역할이 고정되어 있지 않다는 점에서 포스트투어리즘의 성격을 보인다. 전통적으로 관광산업은 관광의 참여자를 주로 산업적 행위자·목적지 관리자를 뜻하는 호스트host, 관광객을 의미하는 게스트guest로 나누어 생각해 왔다. 그러나 관광산업이나 정부 관계자가 아닌 주민 호스트가 관광객의 태도와 행동에 영향을 미칠 수 있다는 인식이 대두되고 있다. 이들의 호스팅 패턴은 전통적인 호스트와 차별적이고, 독특한 모습을 드러낸다.[34] 호스트가 친구·친척을 호스팅하는 것은 그들과 함께 일종의 여행을 하는 것이기 때문에, 호스트 역시 호스팅 과정에서 자신이 관광객이 된 느낌을 가질 수 있다.[35] 이 글에서는 이러한 개념을 발전시키고, 베트남 결혼이주여성의 VFR 관광에서 포스트투어리즘적 요소를 탐구하고자 한다.

VFR 관광의 제약 및 촉진요인

본 장에서는 VFR 관광에 영향을 미치는 제약 및 촉진요인을 바탕으로 VFR 관광의 패턴을 이해하고자 한다. 크로퍼드Duane W. Crawford 등[36]에 따르면 VFR 관광 제약 및 촉진요인은 개인 내적, 개인 간, 구

---

34 Backer, E., "VFR Travel: An Examination of the Expenditures of VFR Travellers and Their Hosts," *Current Issues in Tourism* 10(4), 2007, pp. 366-377; Choi, S. and Fu, X., "Hosting Friends and Family as a Sojourner in a Tourism Destination," *Tourism Management* 67, 2018, pp. 47-58; Griffin, T., "Immigrant Hosts and Intra-Regional Travel," *Tourism Geographies* 19(1), 2017, pp. 44-62.

35 Choi, S. and Fu, X., "Hosting Friends and Family as a Sojourner in a Tourism Destination," *Tourism Management* 67, 2018, pp. 47-58.

36 Crawford, D., Jackson, E. and Godbey, G., "A Hierarchical Model of Leisure Constraints," *Leisure Sciences* 13(4), 1991, pp. 309-320.

조적 수준에서 발견할 수 있다. 개인 내적 수준은 개인의 선호도를 형성하는 개인의 심리적 상태 및 속성과 관련된다. 개인 간 수준은 대인관계의 결과이다. 구조적 수준에는 가족 생활주기, 재정 상황, 근무 일정, 기회의 가용성 및 특정 활동에 대한 사회적 인식이 포함된다.[37] 이 계층적 모델을 통해 제약 조건 협상 프로세스를 이해할 수 있다. 이 세 수준은 하위 수준 제약 조건과 협상한 후에만 다음 수준으로 이동하는 것이 가능하다는 점에서 중요한 계층 구조를 갖는다. 3단계 모델은 개인, 개인 간, 맥락 및 시스템 수준을 고려한 생태학적 렌즈를 도입한 스토돌스카Monika Stodolska 등[38]과 같은 다른 연구에서 수정되며 발전해 왔다. 반면, 제약요인과 달리 촉진요인에 관한 이론적 연구는 활발하게 이뤄지지 않았다.

관광의 제약 및 촉진요인에 관한 기존 연구들은 특정 유형(VFR 관광)과 지역적 맥락(한국과 베트남)이 관광을 형성하는 방법에 대한 논의를 적극적으로 다루지 않았다. 본 장에서는 VFR 맥락에 구체적으로 적용 가능한 관광의 제약 및 촉진요인을 파악해, 베트남 결혼이주여성의 VFR 경험을 형성하는 메커니즘을 좀 더 체계적으로 제시하고자 한다. 이어서 비자 정책, 게스트의 의무와 업무로 인한 VFR 관광의 제약에 관한 연구 결과를 설명하고, 이들에게 가족이 VFR에 어떻게 영향을 주는지, 호스트의 지식은 어떻게 작용하는지를 논의할 것이다. 마지막으로 베트남 결혼이주여성이 호스트와 게스트의 혼합

37 Crawford, D., Jackson, E. and Godbey, G., "A Hierarchical Model of Leisure Constraints," *Leisure Sciences* 13(4), 1991, pp. 309-320.

38 Stodolska, M., Shinew, K. and Camarillo, L., "Constraints on Recreation among People of Color: Toward a New Constraints Model," *Leisure Sciences* 42(5-6), 2020, pp. 533-551.

된 역할을 수행한다는 점과 포스트투어리즘적 성격이 어떻게 맞닿아 있는지 제시할 것이다.

비자 정책은 VFR 관광에 어떻게 영향을 주는가?

베트남인이 관광 목적으로 한국에 올 경우, 관광비자(C-3-9)를 발급받아야 하며, 이를 위해 한국에 불법 체류하지 않을 것임을 증명하는 복잡한 서류 절차를 밟아야 한다. 비자를 신청하는 사람은 현 고용계약서, 은행 잔고증명서 그리고 여행 관련 서류를 제출해야 한다. 인터뷰 대상자들은 베트남에 거주하는 친구들이 까다로운 비자 발급 문제로 한국에 있는 자신을 방문하기 어렵다고 토로했다.

반면 결혼이주여성의 부모 등 베트남 가족은 한국에서 장기간 동거할 수 있는 비자(방문동거비자, F-1-5)를 비교적 수월하게 발급받을 수 있다. 인터뷰가 진행될 당시 부모와 다른 여성 친척을 무제한으로 초대하는 것도 가능했다. 인터뷰 대상자의 상당수는 부모가 해당 비자로 한국에 머문 적이 있거나, 현재 머물고 있다고 설명했다. 나아가 출산 이후에는 형제나 다른 친척들이 찾아오는 경우도 있었다. 결혼이주여성의 친척은 한국에 거주하는 결혼이주여성을 방문할 때 장기체류가 가능하다.

이로 인해 흔히 볼 수 있는 VFR 관광 패턴은 결혼이주여성의 어머니가 한국에 오래 머무를수록 결혼이주여성의 여가 시간이 더 많다는 것이다. 결혼이주여성의 어머니는 딸의 자녀를 돌보기 위해 딸의 가족과 동거하는 경우가 많다. 이들이 여행을 떠나는 경우, 일정을 자유롭게 계획하는 것이 가능하다. 인터뷰 대상자들은 이러한 일정상의 자유로움을 단체 패키지 관광과 비교해 설명하곤 했다. 한 베트남 결혼이주여성은 비자 제한으로 "(방한 베트남 관광객은) 거의 패키지 관광객"이라며, 단체 패키지 관광의 경직된 일정과 비교해 자신의 일정이 더 유연하다는 점을 강조했다.

"패키지 관광에 참여하는 경우 가이드가 안내하는 방법에 따라 장소를 이동해야 해요. 사진을 더 찍고 싶어도 시간이 부족해서 어쩔 수 없어요. 반면 부모님과 함께 여행할 때 관광지에 좀 더 오래 머물고 싶으면 시간을 더 쓸 수 있어요."

반대로, 인터뷰 대상자와 한국인 가족이 베트남을 방문할 때 비자가 제약요인이 되는 경우는 거의 없다. 귀화하지 않은 인터뷰 대상자들은 베트남 국민으로 다시 본국에 입국하는 데 문제가 없고, 단기 여행 목적의 한국인은 비자 없이 베트남에 입국할 수 있기 때문이다. 따라서 결혼이주여성이나 한국인 가족의 개인적 상황이 이들의 베트남 방문을 결정하는 데 중요한 요인이 된다. 베트남인이 한국을 방문할 때 비자가 가장 먼저, 가장 큰 걸림돌이 되는 것과는 대조적이다.

그럼에도 불구하고 베트남의 한국인에 대한 무비자 정책은 인터뷰 대상자들이 한국 가족과 함께 베트남을 방문하는 패턴에 영향을 미쳤다. 한국인이 베트남에 비자 없이 체류할 수 있는 기간이 15일로 제한되기 때문이다. 많은 인터뷰 대상자들은 베트남에서 보낼 수 있는 시간이 제한돼 있으며, 이로 인해 베트남 방문 일정이 빡빡하다는 점을 아쉬워했다.

주변 사람들의 업무와 의무는
VFR 경험을 어떻게 제약하는가?

한국에 오래 머무르는 경향이 있는 베트남 결혼이주여성의 가족 (대부분 부모)은 국내에서 주로 아이를 돌보거나 부업으로 시간제 아르바이트 근무를 한다. 따라서 이들의 이동은 주로 국내 여행이나 직장을 오가는 이동으로 제한됐다. 다만 여기엔 개인차가 있다. 어떤 사람은 한국에 체류하는 동안 여행에 상대적으로 충분한 시간을 사용하는 반면, 다른 사람들은 여가를 즐길 시간과 자원이 충분하지 않았다. 베트남인 가족이 장기간 한국에 체류하지만, 이들이 국내에서 수행하는 역할로 인해 결혼이주여성이 이들과 여행한 기억이 거의 없는 경우도 있었다. 일부 인터뷰 대상자들은 한국을 방문한 자신의 어머니가 아이 돌봄이나 부업 등 많은 일에 얽매여 여행할 기회가 부족하다고 토로했다. 아래 인터뷰 대상자는 아이를 돌봐야 했던 어머니와 여행할 기회가 부족했다는 점을 다음과 같이 설명했다.

"2014년 둘째가 태어났을 때 어머니가 한국에 와 3개월 동안 저를 도와주셨어요. 어머니가 방문한 목적은 여행이 아니었어요. 출산한 저를 돕기 위해 방문했기 때문에 우리가 한 유일한 여행은 한강에 가는 것이었어요."

이렇게 한국을 방문한 베트남인 가족은 장기간 체류하지만, 한국에서 수행하는 의무 혹은 업무로 인해 여행할 수 있는 시간이 제한적인 경향을 보였다. 반면에 한국인 가족의 경우 한국에서의 직업(일)

때문에 베트남에 오래 체류하지 않는 경우가 많았다. 즉, 많은 베트남 결혼이주여성과 그들의 한국인 가족은 일이 바쁘거나 휴가가 한정돼 있어 베트남을 짧게 방문할 수밖에 없었다고 이야기하였다. 한 인터뷰 대상자는 "(베트남 방문은) 5박 6일이라 짧고 빡빡했다. (베트남을 방문하는 동안) 쉴 틈이 없었다"라고 말했다. 그는 고향 친구들과 짧은 만남에 대한 심정을 다음과 같이 표현했다.

> "시간이 한정돼 있어서 친구들과 커피 한 잔도 하지 못했다는 점이 아쉬워요. 저는 시골에 살고 있어서 친구들이 퇴근 후 자전거를 타고 찾아왔어요. … 차 마시며 이야기 나눌 시간이 30분밖에 없었어요."

가족 구성원의 영향

한국에 거주하는 베트남 결혼이주여성에게 양국 가족은 VFR 관광을 촉진하는 동시에 제약하기도 하는 것으로 드러났다. 먼저 한국에 거주하는 베트남 결혼이주여성들은 일반적으로 베트남 가족의 개인적인 상황으로 인한 여행 제약을 고려하는 경향을 보였다. 연구 대상자 대다수에게 베트남인 부모는 한국을 방문하는 주요 방문자이다. 부모의 방문 자체는 결혼이주여성이 VFR 호스팅 경험을 하게 되는 가장 중요한 요인이지만, 부모의 건강과 나이가 제약요인으로 작용하는 경우가 많았다. 몇몇 인터뷰 대상자는 부모의 신체적 조건으로 인해 이동성에 제약이 있다고 언급했다.

노령인 부모의 건강 상태에 대한 고려는 여행 목적지와 패턴을 결정한다. 예를 들어 한 결혼이주여성은 "장시간 차를 타면 부모님이

멀미하신다"라며, 연로한 가족과 주로 가까운 곳으로 여행을 떠났다.
또 다른 인터뷰 대상자는 "그래서 가까운 곳을 선호한다"라고 말했
다. 계절적 조건 역시 제약요인으로 작용했다. 일부 인터뷰 대상자는
부모님이 추운 날씨에 익숙하지 않기 때문에, 겨울에는 가까운 곳만
방문하거나 아예 돌아다닐 수 없다는 점을 강조했다.

또한 인터뷰에 응한 베트남 결혼이주여성들은 방문자의 한국어 능
력과 한국 문화에 대한 지식 부족에 대해 부정적인 감정을 표현하기
도 했다. 자신들이 지하철이나 버스를 타는 등 사소한 것까지 다 챙
겨 줘야 한다는 책임감 때문에 부담감을 느끼기 때문이다. 예를 들어,
한 인터뷰 대상자는 "부모님이 한국어도 모르고 (교통)카드 사용법도
모르기 때문에" 부모님과 함께 외출하는 것이 싫다고 노골적으로 표
현했다. 그는 "나는 부모님을 위해 모든 것을 해야 한다. 아기 셋(부모
님과 아이)을 데리고 나가는 것 같다"라고 표현했다. 인터뷰 대상자의
이러한 부정적인 감정은 한국을 방문한 친구 및 친척과 먼 곳으로의
이동을 제한했다.

남편 쪽 가족 역시 여행의 제약요인이자 촉진요인이 된다. 인터뷰
대상자의 출산 후 아이를 돌보기 위해 베트남의 친정어머니가 한국
에 오는 경우가 많다. 그러나 한 인터뷰 대상자는 "시어머니와 함께
거주하다 보니 어머니가 한국에 계시는 게 여전히 불편했다"라고 말
하는 등, 시댁 식구와의 동거는 친정 식구들과의 여행을 어렵게 만드
는 요인이 되기도 한다.

그러나 남편의 도움으로 호스팅이 수월해지는 경우도 더러 있었
다. 남편이 운전자를 자처하는 경우, 게스트의 이동성은 크게 높아진
다. 남편의 도움은 결혼이주여성이 자신을 찾은 친구, 친척에게 상대

적으로 풍부한 호스팅 경험을 제공할 수 있게 한다. 나아가 이는 결혼이주여성이 평소 가 보길 원했거나 아직 가 본 적이 없는 곳에 가는 기회를 제공하기도 했다. 이는 결혼이주여성들이 자신을 찾아온 방문자를 호스팅하는 동시에 한국에서 관광객, 즉 게스트 역할을 한다는 사실을 보여 준다.

게스트 및 한국-베트남 양국에 대한 호스트의 지식이 미치는 영향

인터뷰 대상자들은 게스트와 한국에 대한 자신의 지식이 한국에서 더 나은 호스팅 경험을 하는 데 도움이 되었다고 말했다. 한국의 명소에 대한 지식이 있는 인터뷰 대상자들은 방문자(특히 가족보다는 친구)의 선호를 파악한 뒤, 그에 따라 어디로 갈 것인지를 정하는 모습을 보였다. 인터뷰 대상자들은 친구나 친척이 한국에 방문할 때, 그들이 무엇을 선호하는지에 대한 지식을 축적했다. 예를 들어, 인터뷰 대상자 중 한 명은 자신의 누적된 호스팅 경험을 바탕으로 친구 방문 VF과 친척 방문VR을 구별하는 경향을 보였다. 그는 둘의 차이점을 다음과 같이 설명했다.

"친구는 (가족과) 달라요. 친구들이 한국을 찾는 가장 큰 이유는 K팝이에요. 그래서 친구들은 코엑스에 있는 SM타운을 방문합니다. 반면 우리 가족은 남이섬, 남산타워, 재래시장 등에 가요. 제 친구들은 재래시장을 좋아하지 않고, K팝 문화를 경험할 수 있는 홍대나 명동으로 가요."

마찬가지로 또 다른 인터뷰 대상자는 한국을 방문한 친구들을 그들이 관심 있어 하는 곳으로 데려갔다. 친구들이 "한국에는 유명한 것이 너무 많다. 한국 화장품도 유명하다"라는 사실을 이미 알고 있었기 때문에, 남편과 함께 친구들을 그러한 곳들로 데려갔다.

또한, 일정이 빡빡하게 짜인 단체관광으로 한국에 와 개인적으로 시간을 내기 어려운 친구들에게 결혼이주여성은 한국에 대한 정보를 제공하는 역할을 한다. 인터뷰 대상자 중 한 명은 친구들이 현지인의 정보를 원하기 때문에 자신이 그런 지역 정보를 제공한다고 설명한다: "(친구들이 한국을 여행하는 동안) 만날 수 없을지도 몰라요. 친구들이 한국에 오면 저에게 한국에 대한 정보를 알려 달라고 해요."

베트남 여행 패턴 역시 결혼이주여성의 지역에 대한 지식과 감정, 그리고 게스트(한국인 가족)의 선호가 결합해 형성되는 모습을 보인다. 한국인 가족과 베트남을 방문할 때, 방문지에 대한 결혼이주여성의 친숙함은 여행을 수월하게 만든다. 베트남 방문지에 대한 지식과 선호도는 남편에 따라 차이가 있었고, 남편의 선호는 부분적으로 베트남 방문 패턴을 형성했다.

한 인터뷰 대상자와 그의 가족은 베트남 여행을 계획하며 무이네 Mui Ne에 방문하기로 했다. 이는 무이네에 대한 그의 지식과 남편의 추천으로 결정된 것이었다. 인터뷰 대상자는 숙소와 교통편을 예약하고 버스표를 미리 구입했다. 그는 무이네가 호찌민시에서 멀지 않고, 바다가 예쁘다는 것을 알고 있었다. 특히 남편이 무이네를 선호한다는 점이 이곳을 목적지로 선택하는 데 큰 영향을 미쳤다는 점을 강조하며 다음과 같이 말했다: "남편이 무이네에서 촬영한 한국 TV 프로그램을 봤어요. (무이네가) 마음에 든다고 하더라고요."

베트남 방문 시 호스트와 게스트로서 베트남 결혼이주여성의 혼합된 역할

베트남 결혼이주여성들은 베트남 방문 시 베트남 친구, 친척의 게스트가 되지만 동시에 한국인 가족의 호스트가 된다. 이 두 가지 혼합된 역할은 여행의 촉진요인이자 제약요인으로 작용하고, 때로 충돌하는 모습을 보인다.

친구나 친척의 존재는 그 지역에 방문하는 특별한 이유가 된다. 한 인터뷰 대상자는 "친구가 거기(띠엔장Tien Giang) 살기 때문에 갔어요. 나는 친구 집에 머물렀어요"라고 말했다. 인터뷰 대상자들은 또한 베트남인 친구와 친척들로부터 지역 정보를 제공받거나 갈 만한 곳을 추천받았다. 예를 들어 한 인터뷰 대상자는 친구의 추천으로 가족의 목적지를 푸꾸옥Phu Quoc에서 나짱Nha Trang으로 바꿨다.

반면에 일부 사람들은 베트남 여행 중 친척들과 시간을 보내야 하는 의무로 인해 여행에 제약이 생기고, 특히 시간이 부족하다고 표현했다. 한 인터뷰 대상자는 한국인 가족들과 베트남에 방문했을 때, 여행 일정이 베트남 친척을 만나는 것으로 묶여 있었다고 설명한다. 이는 다른 한국인의 베트남 여행 패턴과는 대조적인 모습이다. 베트남 여행 시 만나야 할 친구나 친척이 없는 한국인 관광객은 이에 따른 제약이 없지만, 결혼이주여성은 베트남에 간다면 친척 방문을 고려해야 한다. 일부는 "온 가족이 반갑게 맞아 주고 맛있는 것도 많이 준다"라며 긍정적인 반응을 보였지만, 다른 많은 인터뷰 대상자들은 베트남의 서로 다른 지역에 떨어져 사는 친척을 방문하는 데 시간이 많이 소요돼 여행할 수 있는 시간이 줄어들고, 따라서 친척 방문을 베트남 여행의 제약으로 생각했다. 한 인터뷰 대상자는 한국인 가족과 베트남을 방문했을 때를 회상하며, "이모 댁에 방문했고, 다른 친척들도 만났어요. 우리는 친척 방문 일정에 얽매여 자유롭지 못했습니다"라고 말했다. 친척을 방문해야 한다는 의무감이 한국인 가족을 호스팅하거나, 관광객으로서 다른 활동을 하는 데 제약이 된다는 점은 호스트와 게스트라는 이중적 정체성을 지닌 결혼이주여성의 특수성을 보여 준다.

나가며: 베트남 결혼이주여성 VFR 경험 이해의 의미와 중요성

이 글에서는 VFR 관광 활성화에 있어 베트남 결혼이주여성의 잠재력을 확인하고, 특히 이들이 호스트와 게스트의 특성을 모두 보여 주는 관광의 다양화된 행위자라는 점을 포착했다. 인터뷰 결과는 베트남 결혼이주여성의 VFR 호스팅 및 방문 패턴을 형성하는 요인이 복잡하게 뒤섞여 있음을 보여 준다. 연구 결과는 또한 한국과 베트남의 특성이 VFR 경험을 형성하는 데 어떻게 영향을 미치는지 드러낸다.

베트남 결혼이주여성의 한국에 대한 지식, 그리고 친구 및 가족의 여행 선호 및 조건에 대한 고려는 방문자의 한국 여행을 더욱 풍성하게 만들었다. 베트남인 가족과 한국인 가족의 상황 역시 베트남 결혼이주여성의 VFR 관광 경험이 형성되는 데 큰 영향을 미쳤다. 일반적으로 베트남인의 한국 방문은 단체관광이 가능한 비자로 제한되지만, 베트남 결혼이주여성의 가족, 특히 부모가 받을 수 있는 비자는 이들이 한국에서 장기 체류하는 것을 쉽게 했다. 이는 베트남인의 VFR 관광에 있어 정부의 비자 정책이 가장 중요한 요소 중 하나임을 시사한다.

베트남 친구·친척의 한국 방문이 비자라는 제도적 상황의 영향을 크게 받는 데 비해, 베트남 결혼이주여성과 한국인 가족의 베트남 여행은 개인의 선택이 가장 중요하다. 그러나 이들의 베트남 여행 패턴은 15일로 제한된 무비자 정책, 한국의 근로 문화 및 여건과 같은 구조적 요인의 영향을 크게 받는다. 나아가 이들의 베트남 방문 패턴은 베트남 가족에 대한 의무의 영향을 받는다.

이 글에서 논의된 바는 행위자, 경험, 공간 측면에서 VFR 관광의 포스트투어리즘적 특성을 드러낸다는 점에서 의의가 있다. 첫째, 베트남 결혼이주여성과 그들의 친구·친척이 한국과 베트남 양국을 방문하는 경우가 드물다는 통념과 달리, 이러한 VFR이 발생할 때 다양화된 패턴이 있다는 사실을 보였다. 베트남 친구·친척이 한국을 방문하는 경우 VF와 VR 패턴이 뚜렷하게 구분되는 경향이 있는데, 이는 기존 연구의 결과와 궤를 같이한다. 또한, 지역적 맥락에서 한국을 방문하는 베트남인의 비자 제한 및 의무(아이 돌봄, 부업 등)는 방문 기간뿐만 아니라 결혼이주여성과의 정보 공유, 만남, 함께하는 여행의 특성을 형성하는 것으로 나타났다. 특히 친구를 호스팅할 때 결혼이주여성은 단체관광의 빡빡한 일정에 매여 있는 친구의 짧은 자유 시간에 그들을 만나거나, 친구의 취향에 따라 방문 장소를 결정하는 경향이 있었다. 방문동거비자를 소지한 가족들은 한국에 오래 머무르는 경향이 있으므로 단체관광객과 달리 느긋한 여행이 가능했다. 그럼에도 불구하고 그들이 실제로 여행을 함께할 수 있는 시간은 제한적이었다. 이러한 다양한 리듬의 특성은 일과 돌봄, 여가가 결합된 공간에서 벌어지는 업무와 여가, 패키지관광과 한국에 거주하는 호스트(결혼이주여성)와의 만남이 혼재된다는 점에서 포스트투어리즘의 성격을 반영한다.

다음으로, 베트남 결혼이주여성은 베트남에서 친구·친척의 게스트지만 한국인 가족의 호스트로서 함께 베트남을 방문하기 때문에, 베트남에서 호스트 혹은 게스트로서 역할이 명확하게 구분되지 않는다는 점은 주목할 만하다. 즉, 이들의 VFR 관광 패턴은 양국에서 호스트와 게스트로서 역할이 복잡하게 혼재돼 있음을 보여 준다. 포스트투어리즘의 특징은 ① 호스트와 게스트의 경계가 모호해지고 있다는 점, ② 베트남 결혼이주여성들이 참여 주체에 대한 이해, 특히 어머니·아내·며느리로서 직면하는 개인 간 제약요인에 기반해 독특한 호스트 및 게스트 역할을 했다는 점에서 나타났다.

본 연구는 그간 연구가 활발하게 진행되지 못한 베트남 결혼이주여성의 VFR 경험 패턴을 조사했다. 이를 통해 이 패턴을 형성하는 핵심 요소와 행위자의 혼재된 역할을 밝혔다. 이 연구는 지역적 맥락, 호스트-게스트의 이중적 역할뿐만 아니라 제약 및 촉진요인에 주목해 VFR 관광 측면에서 베트남 결혼이주여성을 이해하는 데 도움을 주며, 이를 통해 VFR·결혼이민자·베트남과 한국의 지역적 맥락에서 포스트투어리즘을 이해하는 데 이바지한다.

그러나 포스트투어리즘이라는 개념은 아직 태동 단계에 있다. 포스트투어리즘은 여전히 연구가 더 필요한 개념으로, 이에 대한 이론적 고찰은 앞으로도 계속될 필요가 있다. 코로나19의 영향과 특히 그것이 포스트투어리즘을 형성하는 방식에 관한 후속 연구를 통해 포스트코로나 시기 VFR 관광 및 포스트투어리즘에 대한 더 많은 통찰을 얻을 수 있을 것이다.

참고문헌

대한민국 법무부, 2021 출입국자및체류외국인통계, 2022.

Arguin, P., "A Definition That Includes First and Second Generation Immigrants Returning to Their Countries of Origin to Visit Friends and Relatives Still Makes Sense to Me," *Journal of Travel Medicine* 17(3), 2010, pp. 147-149.

Backer, E. and Ritchie, B., "VFR Travel: A Viable Market for Tourism Crisis and Disaster Recovery?," *International Journal of Tourism Research* 19(4), 2017, pp. 400-411.

Backer, E., "VFR Travel: An Examination of the Expenditures of VFR Travellers and Their Hosts," *Current Issues in Tourism* 10(4), 2007, pp. 366-377.

Backer, E., "VFR Travel: It Is Underestimated," *Tourism Management* 33(1), 2012, pp. 74-79.

Caffyn, A., "Advocating and Implementing Slow Tourism," *Tourism Recreation Research* 37(1), 2012, pp. 77-80.

Choi, S. and Jang, H., "How Can Marriage Immigrants Contribute to the Sustainability of the Host Country? Implications from the Leisure and Travel Patterns of Vietnamese Women in South Korea," *Sustainability* 13(3), 2021, article 1039.

Choi, S. and Fu, X., "Hosting Friends and Family as a Sojourner in a Tourism Destination," *Tourism Management* 67, 2018, pp. 47-58.

Chu, M., Park, M. and Kim, J., "First Childbirth Experience of International Marriage Migrant Women in South Korea," *Women and Birth* 30(4), 2017, pp. e198-e206.

Crawford, D., Jackson, E. and Godbey, G., "A Hierarchical Model of Leisure Constraints," *Leisure Sciences* 13(4), 1991, pp 309-320.

Ghaderi, Z., "Visiting Friends and Relatives (VFR) Travel: The Case of Iran," in Backer, E. and King, B. (eds.), *VFR Travel Research*, Bristol, United Kingdom:

Channel View Publications, 2015, pp. 109-120.

Griffin, T. and Dimanche, F., "Urban Tourism: The Growing Role of VFR and Immigration," *Journal of Tourism Futures* 3(2), 2017, pp. 103-113.

Griffin, T. and Guttentag, D., "Identifying Active Resident Hosts of VFR visitors," *International Journal of Tourism Research* 22(5), 2020, pp. 627-636.

Griffin, T., "A Paradigmatic Discussion for the Study of Immigrant Hosts," *Current Issues in Tourism* 17(6), 2014, pp. 487-498.

Griffin, T., "Immigrant Hosts and Intra-Regional Travel," *Tourism Geographies* 19(1), 2017, pp. 44-62.

Griffin, T., "Visiting Friends and Relatives Tourism and Implications for Community Capital," *Journal of Policy Research in Tourism, Leisure and Events* 5(3), 2013, pp. 233-251.

Hudson, S. and Gilbert, D., "Tourism Constraints: The Neglected Dimension in Consumer Behaviour Research," *Journal of Travel & Tourism Marketing* 8(4), 2017, pp. 69-78.

Jansson, A., "Rethinking Post-Tourism in the Age of Social Media," *Annals of Tourism Research* 69, 2018, pp. 101-110.

Kashiwagi, S., Nagai, H. and Furutani, T., "VFR Travel Generated by International Students: The Case of Japanese Students in Australia," *Tourism: An International Interdisciplinary Journal* 66(2), 2018, pp. 89-103.

Larsen, J., Urry, J. and Axhausen, K., "Networks and Tourism: Mobile Social Life," *Annals of Tourism Research* 34(1), 2007, pp. 244-262.

McKercher, B., "Host Involvement in VFR Travel," *Annals of Tourism Research* 23(3), 1996, pp. 701-703.

Moon, B., Yang, S. and Lee, T., "Married Immigrant Women's VFR Tourism as the Way to Ethnic Minority Group Acculturation," *Journal of Tourism and Cultural Change* 17(4), 2019, pp. 544-561.

Raymore, L., "Facilitators to Leisure," *Journal of Leisure Research* 34(1), 2002, pp. 37-51.

Seaton, T. and Tie, C., "Are Relatives Friends? Disaggregating VFR Travel 1994-

2014," in Backer, E. and King, B. (eds.), *VFR Travel Research*, Bristol, United Kingdom: Channel View Publications, 2015, pp. 28-45

Shani, A. and Uriely, N., "VFR Tourism: The Host Experience," *Annals of Tourism Research* 39(1), 2012, pp. 421-440.

Stodolska, M., Shinew, K. and Camarillo, L., "Constraints on Recreation among People of Color: Toward a New Constraints Model," *Leisure Sciences* 42(5-6), 2020, pp. 533-551.

Wan, Y. and Choi, S., "The Interface between Leisure Constraints and Facilitators of Marriage Migrant Women," *Leisure Studies*, 2022, pp. 1-16.

Yousuf, M. and Backer, E., "Hosting Friends versus Hosting Relatives: Is Blood Thicker than Water?," *International Journal of Tourism Research* 19(4), 2017, pp. 435-446

감사의 글
연구를 위한 인터뷰 진행에 도움을 준 장해리 연구원(당시 경희대학교 지리학과 석사과정)에게 감사의 인사를 전합니다.

포스트투어리즘과
미디어 유발 여행의 관계

| 장윤정 |

서론

포스트투어리즘이 회자될 때마다 '포스트'는 각기 주요한 기준점을 제시한다. 그동안 '포스트'투어리즘은 합성된 단어에 따라 포스트모더니즘 투어리즘, 포스트산업 투어리즘, 포스트콜로니얼 투어리즘, 포스트코비드19 투어리즘 등으로 재구성되었다.[1] 포스트투어리즘은 시대 흐름에 따른 주체의 다각화, 이에 따른 관광에서 여행으로의 변화, 각기 다른 경험이 여행자들에게 주는 새로운 성찰과 개별 내적 정체성에 대한 물음 등을 반영한다. 이 글에서는 코비드19 팬데믹 이후 물꼬를 트고 있는 새로운 한 장의 이야기에 주목하고자 한다. 2019년 이후에는 한곳에 거주하는 시간이 늘어나면서 더 넓은 범위의 포스트투어리즘이 요구되고 있다.

코비드19 팬데믹을 겪으면서 여행이 가상공간으로까지 확장된 상황에서, 포스트투어리즘에 대한 현답을 미디어에 묻고자 한다. 지난 3년 반 동안 실내에서 지내는 시간이 늘어나면서 미디어를 접하는 시간도 늘었다.[2] 또한 코비드19가 창궐한 기간 동안 K-드라마의 인지도 상승, OTT의 영향력 확대로 가 보고 싶은 한국 여행 장소가 바뀌고 있다. K-드라마는 '서구권 인기몰이'라는 특징을 갖는다는 점에서, 기존 동남아에서 인기를 모았던 한류 드라마와 다르다. 해외 매체들은 K-드라마가 FOMOfear of missing out(놓치는 것에 대한 공포) 현상

---

1 Seraphin, H., "Korstanje, M., & Gowreesunkar, V., Diaspora and ambidextrous, management of tourism in post-colonial, post-conflict and post-disaster destinations," *Journal of Tourism and Cultural Change* 18, 2020, pp. 113-132.

2 한눈에 보는 한국의 미디어 2021, http://hannun.or.kr (검색일: 2021. 04. 05.)

을 낳고 있다고 평한다.[3] 이는 '빠짐없이 놓치지 않고 보게 만든다'고 할 만큼 K-드라마에 대한 관심이 높아졌다는 것이다.

이러한 K-드라마의 인기가 드라마를 만든 한국에 대한 관심으로 이어져 한국 여행으로까지 연결되고 있다. 이전에는 '영화' 단일 매체에 국한된 경향이 강했으나, 우연찮게도 코비드19 팬데믹 시기에 영화와 드라마의 경계가 허물어졌다. 영화 감독들이 OTT로 넘어와 드라마 제작에 참여하면서, 매체 다변화를 통해 새로운 긴 서사적 이야기의 구현을 시도했다.[4] 이러한 K-드라마의 인지도 변화와 콘텐츠 시장의 다양화는 코비드19 팬데믹 기간 동안 간접경험으로 세상을 접하는 대체제가 되었고, 일상에서 낯선 곳들에 대한 호기심을 확장시켜 주었다.

포스트투어리즘의 가장 큰 특징 중 하나는 개별 여행자의 행보에 대한 관심이다.[5] 포스트투어리즘은 지역개발 중심의 생산자 위주 관광자원 논의에서, 관광을 향유하고 즐기는 소비자 위주의 관광객 논의로 발전되었다.[6] 이러한 패러다임의 변화는 개인이 개별 미디어를 이용해 시야를 확장해 온 것과도 관련이 있다. 이 글에서는 코비드19 팬데믹 기간에 제한되었던 국가 간 이동, 지역 간 공간 이동이 미디

3 《시사인》 2021년 12월 15일자, 〈다 같은 한국산인데, 왜 K드라마는 먹히고 한류드라마는 잠잠하지?〉.

4 《매일경제신문》 2021년 10월 27일자, 〈[K-드라마 열풍] ③ OTT 급성장에 경계 무너진 영화 · 드라마〉.

5 Wang, J., Guo, Z., Cai, J., Liu, H., & Luo, Q., "Post-tourism in the usual environment: From the perspective of unusual mood," *Tourism Management* 89, 2022, pp. 1-11.

6 Sousa B., *Movie tourism and attracting new tourists in the Post-pandemic period: a niche marketing perspective*, Springer, 2021.

어 활용을 통한 간접경험으로 확장된 것에 주목한다.

　2023년 엔데믹 시대를 맞이하여 미디어 가상여행을 넘어 국가 간 이동을 감행하는 미디어 유발 여행이 증가하고 있다. 이 글은 이론 연구를 통해 포스트투어리즘의 특징을 살펴보고, 미디어 유발 여행의 연결 고리를 살펴 인바운드 여행(외국 관광객 입국 여행)과 미디어 유발 여행의 관계를 밝히고자 한다. 이를 통해 포스트투어리즘의 특징인 개별성·고유성이 갖는 이전과 다른 특성을 밝혀 미디어 유발 여행이 필요하게 된 과정과 그 메커니즘을 분석한다. 엔데믹 시대에 미디어 유발 여행의 성장이 이전의 필름 투어리즘film tourism과 구별된다는 점을 확인하는 것은, 그러한 변화가 함의하는 넓은 범주의 포스트투어리즘의 새로운 특성을 밝히는 데 도움을 줄 것이다.

이론 연구

포스트투어리즘

　포스트투어리즘은 사회적 범주에서 기존 투어리즘과 차이를 보인다. 이는 개별 주체의 주관적 상상과 독특한 경험 외에도, 도시 생활의 일상 또한 주제로 다루게 해 주었다. 일상에서 독특한 환경을 접하는 여행 경험이 대안체가 된 것인데, 예컨대 새로운 트렌드의 하나인 도시 걷기와 같은 대안적 문화를 들 수 있다. 이는 여행에 대한 포스트투어리즘의 다각화된 시각이 받아들여지게 되었음을 뜻한다. 일상으로의 접근은 포스트투어리즘의 경계가 평소 접하지 못한 구별된 경험으로까지 확장됨을 의미한다. 곧 포스트투어리즘의 경계 확장은 평소 가 보지 못한 도시 속을 걷는 것만으로도 내가 살고 있는 도시에서 특별한 여행을 경험하게 해 준다. 이러한 포스트투어리즘의 특징을 살펴보면 다음과 같다.

첫째, 주체의 이동에 따른 상태 변화가 여행에 영향을 준다. 이를 살펴보려면 우선 일상적인 것과 특별한 환경에 대한 구분이 필요하다. 사람들은 그곳에서 예상하지 못했던 환경을 접하게 될 경우, 어디에도 속하지 않는 경계에 놓인 상태liminality를 경험하게 된다. 투어리즘은 이와 같은 "특별한 환경에서의 경험과 생활방식"을 의미하는 것으로, 환경과 인간 활동의 공간을 모두 다룬다.[7] 일상에서 달라진 동선으로 경험하는 색다른 하루도 여행 경험이 될 수 있는 것이다.

포스트투어리즘에서는 주체와 주체가 경험한 공간, 이를 위한 특별한 환경이 중요시된다. 주체가 길을 걸으며 특정 공간을 지나갈 때, 걷기 전 동기 부여, 걸으면서 느끼는 감정의 변화, 경계인으로서 느끼는 도시민의 삶의 진정성, 알 수 없는 호기심 등이 주체의 독립성에 영향을 준다. 그러한 과정 중 어디에 방점을 찍느냐에 따라 포스트투어리즘의 종류가 나뉘고, 종류에 따라 어떤 부분의 단계를 중요시 여기는지 살펴볼 수 있다. 이 글에서 다루는 미디어 유발 여행의 경우 여행하기 전 콘텐츠를 접한 경험, 어떤 콘텐츠를 접했는가, 최종 목적지에서 재현되는가 등에 따라 그 성격이 결정된다.

한편에서는 타자가 주체에 영향을 미친다. 소셜 미디어나 미디어 평론 등은 특정 미디어 콘텐츠를 접하는 계기가 되거나, 콘텐츠에서 파생된 목적지에 관심을 갖게 만드는 요인으로 작용한다. 타인의 글이나

---

7   Wang, J., Guo, Z., Cai, J., Liu, H., & Luo, Q., "Post-tourism in the usual environment: From the perspective of unusual mood," pp. 1-11.

작품이 목적지로 향하는 경로가 되어, 특별한 환경으로 이어지는 결정적 통로를 제시하기도 한다. '타자'와의 접촉과 경험을 반영하는 포스트모던한 경험의 예시로 "디즈니랜드·쇼핑몰·테마파크에서 간추려 선택된 의미를 경험하는 것, 세계박람회에서 자본주의 재구조화로 집약된 문화적 전시를 경험하는 것"[8]을 들 수 있다. 2차적 선경험으로 책·신문·인터넷 등을 포함한 영상 콘텐츠에도 타자의 인식이 반영된다. 미디어 콘텐츠는 타자에서 비롯된 대표적인 문화적 생산양식으로, 여행의 물꼬를 트는 호기심을 만들어 낸다는 점에 주목한다.

포스트투어리즘은 매체의 다양화 속에서 소셜 미디어의 역할에 주목해 볼 수 있다. 과거 낯선 곳에 대한 관심이 책에서 인터넷으로 확장되었다면, 소셜 미디어의 시대에는 포스트투어리즘 주체의 개별적 특성이 우선시된다. 관광객이 아닌 여행자로서, 단체관광의 일원으로 함께 다녀왔을지라도 각기 다른 여행자로서 경험하고 느낀 자기반영성이 이전과 다른 경험을 체득할 수 있게 만든다. 소셜 미디어에서의 소통과 교류를 통해 각기 다른 정체성을 형성하게 한다.

둘째, 취향이 비슷한 주체들이 여행 집단을 만들고, 여행을 주도하는 주체의 인식 또한 다양해졌다. '디아스포라'는 특정 커뮤니티에 속한 사람 중 타국에 거주하거나 이주하는 집단을 일컫는데, 이를 여행객에게도 적용할 수 있다. 디아스포라는 그 특성에 따라 희생자 디아스포라·무역 디아스포라·제국 디아스포라·노동자 디아스포라 등,[9]

---

8 Munt, I., "The 'Other' post-modern tourism: culture, travel and mew middle classes", *Theory, Culture & Society* 11(3), 1994, pp. 101–123, 재인용.

9 Minto-Coy, I. & Elo, M., "Towards an entrepreneurial ecosystem: For attracting diaspora investments in Jamaica", *Business Review*, 2017, pp. 28-30.

태어난 나라가 아닌 움직이는 집단에 관심을 두며 이동 집단을 한정하는 범주에 따라 새로 쓰인다. 국가 간 왕래를 하는 여행 집단인 '인바운드 여행객'도 디아스포라로 규정할 수 있다. 한편 비슷한 취향을 갖는 집단 계층으로 형성된 새로운 중산층에도 주목할 필요가 있다.[10] 여피yuppie와 같은 새로운 중산층 집단은 포스트모던 도시에서 자주 다루어져 왔다. 그들의 문화적 생활양식, 가치, 지역적 이데올로기, 유용한 문화적 패러다임은 그 집단이 사회적으로 성숙해 있음을 보여 준다. 유의미한 변화는 이러한 중산층이 포스트모던의 생산자이자 소비자로서 의사 결정의 헤게모니를 가지게 되었다는 점이다. 즉, 이 집단은 여행을 향유함으로써 서로 여행 목적, 감성, 취향 등을 공유한다.

셋째, 포스트모던 혹은 포스트투어리스트들은 휴가 시즌과 목적지가 구체적이라는 점에서 기존 관광객과 구별된다.[11] 포스트투어리즘은 이러한 구체적인 접근을 통해 '상상화된 커뮤니티'로서 국가 정체성 공유를 넘어 새로운 집단 정체성을 형성하는 과정에 주목한다. 집합적 정체성이 구축되는 과정은 유동적이고 상황적이기에 논쟁의 여지가 남아 있기 마련이다. 내부와 외부 청중을 위한 국가 정체성 구성, 역사를 바탕으로 한 국가 정체성 정립 등 집합적 정체성을 확립하는 과정은 타자로부터의 정체성 인식을 수반하여 역사적 의미를 지닌 장소site를 둘러싼 담론적 해석을 포함한다. 포스트투어리즘의

---

10 Munt, I., "The 'Other' post-modern tourism: culture, travel and mew middle classes," p. 106.

11 Light, D., "'Facing the future': tourism and identity-building in post-socialist Romania," *Political geography* 20, 2001, pp. 1053-1074, 재인용.

시선은 타자의 인식에 담긴 의미, '누가 우리를 의미하는지', '우리가 어떻게 타인을 우리로 받아들이고 있는지' 등을 주요하게 다룬다. 본문에서는 '디아스포라로 규정한 관광객이 무엇을 경험하고 어떻게 받아들이는지', '미디어 담론을 통해 형성된 정체성이 어떤 영향을 주는지'를 살펴보고자 한다.

최근 포스트투어리즘 연구는 주체의 변화에 입각하여 여행자들을 분석한다. 〈그림 1〉에서 보듯이 투어리즘 시나리오에서 예측 가능한 경험을 통해 '변화된 가치'·'높아진 인식'·'살아 숨쉬는 그 순간'·'내부의 자유' 등의 변화를 경험한 자아, 곧 여행 주체에 초점을 맞춘다. 이는 각자 일상생활에서 자기-물음과의 결합을 의미하는 것으로, 여행 과정에서 변화하는 의식에 주목한다. 여행자 개별성에 초점을 두

| 그림 1 | 투어리즘 시나리오

변화된 순간들과 경험

깊은 인간 관계성
깊은 환경 관계성
자기-물음으로의
결합

통합

변화된 의식의
속성

① 두려움과 경이로움
② 고조된 경험
③ 강한 감성
④ 강렬한 감각의 경험
⑤ 혼란시키는 딜레마나 도전
⑥ 흐름
⑦ 자기성찰
⑧ 천천히, 단순히, 진정성 있는 경험

① 변화된 가치
② 더 좋아진 것에 초점을 둠
③ 자아의 초월
④ 높아진 인식
⑤ 더 높은 권력을 가진 관계
⑥ 살아 머무는 순간
⑦ 통일된 의식
⑧ 내부 평화와 즐거움
⑨ 내부의 자유

출처: P.J. Sheldon, 2020

는 포스트투어리즘의 시선은, 관광지·여행지 중심의 하드웨어 연구에서 여행으로 인한 관광객·여행자들의 소프트웨어 연구로의 변화로 볼 수도 있다. 이에 대한 분석은 인터뷰나 미디어 담론 분석 등을 통해 이루어진다. 여행자 각각의 패턴이 중요시되면서 여행 전에 정한 구체적인 목적지와 여행 계획, 그리고 행로나 여정이 포스트투어리즘을 이해하는 단초가 될 수 있다. 이를 바탕으로 여행객들의 여행목적, 선정된 경유지, 목적지 체류 기간 등 각각의 개별적 특징이 대중관광 시대와 구별되는 특성을 이해하게 해 준다.

미디어 유발 여행

무비 투어리즘Movie tourism·필름 투어리즘Film tourism·시네마틱 투어리즘Cinematic tourism 등 영화 촬영지 관광 관련 연구가 주를 이루었던 미디어 유발 여행 연구는, 텔레비전·미디어·드라마 영역 콘텐츠와 관련된 문화경관, 지역 정체성, 사회적 갈등 등을 주요 주제로 다루었다.[12] 영화를 주제로 한 관광 연구 또한 촬영지의 감수성을 느끼는 데 초점을 맞춘 노스탤지어, 촬영지의 지역 정체성 등 이미지 생산 과정을 중심으로 한 영역에서 관광객의 추이 변화 연구로 확장되었다. 이는 국가 간 관광지에서 관광객의 만족도, 행동 패턴, 경험 구조를 비롯하여 미디어 시티에 거주하는 도시민의 삶의 변화 등 소비자 영역까지 포함한다.[13] 미디어 유발 여행은 소비 영역에 대한 접근

---

12   Burgess, J., "Landscapes in the living-room: television and landscape research," *Landscape Research* 12-3, 1987, pp. 1-7; Jewell, B. & McKinnon, S., "Movie Tourism-A new form of cultural landscape?," *Journal of travel & Tourism marketing* 24(2-3), 2008, pp. 153-162.

13   Frank, H., "Making TV watchers into tourists," *Portland* 11-12, 1988, pp. 1-8; Iwashita,

에서 한 걸음 더 나아가, 미디어를 접한 관람객이나 소셜 미디어를
통해 소식을 접한 사용자들이 팸투어Familiarization Tour[14] 등과 같이 성
지를 돌 듯 목적지 이미지를 가지고 출발하는 것으로부터 확장된다.[15]
관련 연구 중 한류 관광 사례를 다룬 것도 있다.[16]

  미디어 유발 여행의 대상 촬영지는 대개 커뮤니티가 활성화된 곳
이 선택된다. 정치적·경제적으로 덜 붐비는 비교적 작은 마을을 선
택하며, 작은 규모일지라도 사적 생활이 보장되고 지역 경제가 활성
화되어 일자리 창출이 가능한 곳을 대상지로 꼽는다.[17] 이러한 특성
을 잘 보여 주는 예가 영화 〈엘리자베스타운Elizabethtown〉(2005)이다.
'엘리자베스타운'은 실제 켄터키주에 속한 커뮤니티이다. 해당 장소
에서는 오직 두 장면만 촬영했고 켄터키주 베르사유에서 대부분이
촬영되었지만, 여성 이름을 딴 이곳의 지명이 영화 제목으로 정해졌
다. 이곳에는 구글 검색만으로도 쉽게 찾을 수 있는 촬영지 정보를

   C., "Roles of films and television dramas in International tourism: the case of Japanese
   tourists to the UK," *Journal of Travel & Tourism Marketing* 24(2-3), 2008, pp. 139-151;
   Kim, S., Lee, H., Chon, K., "Segmentation of different types if Hallyu tourists using a
   multinomial model and its marketing implications," *Journal of Hospitality & Tourists
   research* 34-3, 2010, pp. 341-363.

14 항공사나 관광청, 지방자치단체나 기업에서 자신들의 서비스 상품이나 관광지, 신기
   술 등을 홍보하기 위해 미디어나 인플루언서, 업계 종사자, 유관 인사 등을 초청해
   진행하는 답사여행을 말한다(〈네이버 지식백과〉).

15 Yen, C. & Croy, W., "Film tourism: celebrity involvement, celebrity worship and
   destination image," *Current Isuues in Tourism* 19-10, 2016, pp. 1027-1044.

16 Drianda, R., Kesuma, M., Lestari, N., "The future of Post-covid-19 Urban Tourism
   Understanding the Experiences of Indonesian Consumers of Hallyu with South Korean
   Virtual Tourism," *International Journal of Technology* 12-5, 2021, pp. 989-999.

17 Macionis, N., & Sparks, B., "Film-induced Tourism: An incidental experience," *Tourism
   Review International* 13-2, 2009, pp. 93-101.

가지고 많은 사람들이 모여들었다.

기존의 미디어 유발 여행은 미디어 촬영지에 초점을 두었다(〈그림 2〉 참조). 실제적/이상적 이미지의 차이는 장소의 진정성에 관한 질문으로, 실제 촬영지와 여행자가 미디어를 통해 수신한 이상적 이미지와의 유의미한 차이를 의미한다. 여행에서 수신된 이미지는 관람객에 따라 각각 차이가 있으므로 이를 줄이는 과정이 필요하며, 그 사이에 시기적/체계적 이미지를 측정하거나 실제적 이미지와 이상적 이미지를 비교하는 작업이 요구된다. 미디어 유발 여행에서는 이 차이를 구별하고 촬영지 중심의 방문 전략을 세우는 것이 중요하다.

촬영지 방문 여행에서 여행지에 관한 정보도 여행자에 따라 차이가 있다(〈그림 3〉 참조). 우연히 영화에서 묘사된 지역을 방문한 여행객, 로케이션 촬영지의 노스탤지어를 향유하고자 찾은 여행객, 영화 속 장소와 비슷한 날씨일 때 방문한 여행객, 행사가 있을 때 찾아 영화 속 장소

| 그림 2 | 목적지 이미지를 찾는 과정

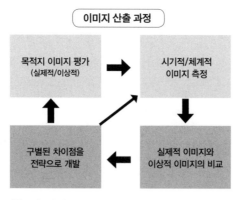

출처: Barich and Kotler, 1991

| 그림 3 | 로케이션 촬영지 흡인 요인

영화에 흥미가 증가

우연히 일어나는 영화 여행객	→	일반적인 영화 여행객	→	특정한 영화 여행객
영화에서 묘사된 곳		영화 로케이션 촬영지		영화 속 장소
사회적 관계 신기함novelty		신기함 교육 노스탤지어		자기-현실화, 순례 자아정체성, 판타지 로망스, 노스탤지어

출처: N. Macionis, 2004

를 경험하는 여행자 등 같은 장소에 대한 경험 스펙트럼이 다양하다. 여행자는 그곳에서 자기-현실화를 경험하고, 이미 영화나 다른 미디어를 통해 접한 판타지·로망스 등의 감정을 현실로 다시 받아들인다.

국내 미디어 유발 여행은 1999년 '한류'로부터 시작되어, 최근 한류 개념이 'K-콘텐츠'로 발전하면서 그 경향이 변화하고 있다. K-드라마는 이제 보편적인 어휘가 되었다. 2021년 《옥스퍼드 영어사전》에 수록된 "K-" 관련 어휘를 보면, "K-"를 "한류K-wave에서 축약된 말"로 정의하고 20세기 말 K-팝(1999)을 시작으로 K-드라마(2002)·K-뷰티·K-컬처·K-푸드·K-스타일처럼 한국 및 한국의 인기 문화와 관련된 명사로 규정하였다.[18] 코비드19 팬데믹 기간 동안 OTT의 강세와 소셜 미디어를 통한 콘텐츠 소비 확산으로 K-드라마의 시청 가능 채널이 확장되면서 한류 연구도 K-콘텐츠로 확장되었다. 이제 국

---

18 《한겨레신문》 2021년 11월 11일자, 〈외국인 학자가 본 '케이 팝·드라마' 성공비결〉.

내 미디어 유발 여행에 중점을 두고 그 변화된 특성을 포스트투어리즘과 연관지어 살펴보자.

코비드19 팬데믹을 거치며 이동하지 않고 K-스토리의 다양한 콘텐츠를 접하면서 세계의 많은 사람들이 낯선 곳 한국을 동경하게 되었다. 우리나라에 여행 온 외국인 여행객을 넓은 범주에서 개별적인 디아스포라 집단으로 살펴보자. 예로 일본 단체 관광객을 초대한 대구·경북 특화 한류상품을 들 수 있다. 2022년 10월 80여 명의 관광객이 관광공사, 대구광역시, 대구 문화예술진흥원에서 개발한 2박3일 여행상품을 통해 K-팝, K-드라마 등 한류 콘텐츠를 즐겼다. 체류 기간에 디아스포라 여행객들은 콘서트를 관람하거나 드라마 로케이션 촬영지를 방문했다.[19] 넓은 범위에서 이러한 미디어 유발 여행객들은 콘텐츠를 통해 각기 다른 선경험을 했다는 점에서 포스트투어리즘 단체 관광객 집단으로 규정할 수 있다. 또한, 각 주체들의 이동 동선을 고려하여 조성한 '촬영지 둘레길'은 네이버 등의 인터넷 사이트에 데이터베이스화되어 있어 누구나 쉽게 검색할 수 있다. 촬영의 용이성을 감안하여 선정된 촬영지들이 둘레길과 이어지도록 조성되어 있어, 여행자들은 그 경로를 따라 편하게 모험을 즐길 수 있다.

코비드19 팬데믹으로 관광 수요가 줄어들면서 여행 소재도 변화하였다.[20] 2021년까지는 관광 수요가 줄어들면서 관광객 수요 감소에 대처해야 했는데, 거주하고 있는 곳에서 경험하는 가상여행이 이

---

19 《국민일보》 2022년 10월 5일자, 〈대구·경북 특화 한류상품에 일본 단체관광객〉.
20 Butcher, J., "Debating tourism degrowth post COVID-19," *Annals of Tourism Research* 89, 2021, pp. 1-2.

를 대신했다.[21] 가상공간에서 이루어진 한류 경험이 한국 대중문화에 대한 이해를 높이면서, 코비드19 펜데믹 기간과 그 이후에 가상여행이 대안 관광으로 떠오르게 되었다.[22] 15명의 인터뷰 대상자를 중심으로 한 연구에 따르면, 이들은 구체적인 지형지물에 대한 이해와 노스텔지어 감성을 요구하고 노스텔지어를 추구하는 복고형 여행을 통해 과거 자기와의 조우를 경험한다는 것, 그리고 이미지로도 여행 경험을 만족시킬 수 있음을 확인하였다.

여행자이자 시청자 집단에 대한 분석과 연구도 이어지고 있는데, 이러한 여행 패턴 분석은 현지 여행지 분석에서 나아가 관광객이 될 콘텐츠 소비자 집단에 대한 이해를 필요로 한다. 2020년에서 2022년까지 짧고도 긴 여행 교류 단절 기간이 지나고 촬영지나 미디어 도시, 거주지 생활양식을 분석하던 패턴에서 관광객의 콘텐츠 성향을 분석하고 여행지에 대한 시청자의 요구를 해석하는 작업이 이루어졌다. 젊은 시청자를 대상으로 미디어를 통한 가상의 상호작용parasocial interaction을 분석한 미디어 유발 여행 연구는 잠재적 여행자에 대한 연구를 의미한다.[23]

또한, 팬데믹 시기 이후 안성맞춤 마케팅niche marketing으로 영화 투

21 Drianda, R., Kesuma, M., Lestari, N., "The future of Post-covid-19 Urban Tourism Understanding the Experiences of Indonesian Consumers of Hallyu with South Korean Virtual Tourism," pp. 989-999.

22 2021년 11월 24일부터 스튜디오드래곤은 한국관광공사, LG유플러스와 공동으로 '드라마 관광지'를 가상VR 현실로 제공하였다. 드라마 〈빈센조〉, 〈갯마을 차차차〉, 〈어서와 조이〉 등 글로벌 인기 드라마 속 관광지를 출연 배우와 관광하는 형태이다. 《헤럴드 경제》 2021년 11월 17일자, 〈'빈센조', '갯마을' 등 드라마 속 관광지, VR로 가상 체험한다〉.

23 Bi, Y., Yin, J., Kim, I., "Fostering a young audience's media travel intentions: The role

어리즘 관광객이 등장할 수 있다는 데 주목한 연구도 있다.[24] 이 또한 새롭게 부상할 것으로 예상되는 관광객의 흐름에 예의주시하고 있음을 보여 준다. 코비드19 기간 영화 투어리즘이 관광 분야에서 크게 증가하면서, 이 타깃 여행자들은 비즈니스 리더·정책가·학자들에게 많은 시사점을 주고 있다. 영화에서 전달되는 이미지들은 영화를 보기 전이든, 영화 경험으로 인한 결과이든 간에 여행을 가고 싶게 한다. 영화 투어리즘 초반에는 최종 목적지가 촬영지나 테마파크로 종결되었다. 영화를 통해 만들어진 장소 신화는 콘텐츠를 통한 변화와 이를 소통하는 과정을 거치며 변화 이상의 의미를 갖게 된다. 영화 투어리즘 영역은 영화를 직접 접할 수 있는 각종 영화제는 물론, 시리즈물 영화의 경우 원작 도서와 관련된 각종 촬영지, 이를 경험한 텔레비전이나 영화관 등 매체에 대한 연구까지 다양하다.

영화 투어리즘의 소재인 영화의 촬영지에 대한 완결성, 개성, 진정성 등이 여행 목적에 내적 동기화를 만들어 주는데, 그 예로 해시태그로 포르투갈의 이미지를 알리며 영화 촬영지에서 진정성 있는 경험을 예고한 포르투갈 캠페인 광고를 들 수 있다. 이러한 미디어 재현적 경험은 포르투갈 인바운드 여행객을 타깃으로 하여 큰 성과를 거두었다. 코로나 이후 포르투갈의 안정성, 진정성, 개성, 지속적인 주제를 독려하며 목적지로의 이동을 강조하는 "움직일 때가 되었다" 와 같은 캠페인 광고가 효과를 거두었다.

of parasocial interactions," *Journal of Hospitality and Tourism Management* 47, 2021, pp. 398–407.

24 Sousa B., *Movie tourism and attracting new tourists in the Post-pandemic period: a niche marketing perspective*, Springer, 2021.

국내 미디어 유발 여행의 성장

국내 인바운드 여행은 2022년에 급격한 성장을 보였다. 코비드19가 창궐하던 2020~2021년 인바운드 여행객 숫자가 감소하였다가 2022년 국가 간 교류가 용이해지면서 급격히 증가하는 추세이다. 엄격한 기준으로 국경을 통제해 오다 백신을 접종한 이들의 이동이 허용되면서 국외 여행이 가능해진 영향이 크다. 인바운드 여행객의 증가를 미디어 유발과 직접 연결시킬 수는 없지만, K-드라마, K-팝의 영향으로 코비드19 이전보다 흡인 요인이 더 커졌음을 알 수 있다.[25]

인바운드 여행은 2019년 1,750만 명으로 역대 최다(세계 27위)를 기록한 후 팬데믹 기간인 2020년 251만 명, 2021년 96만 명으로 떨어졌다. 눈여겨볼 것은 2021년 넷플릭스 시리즈 〈오징어 게임〉(2021)이 인기를 끌자 여행 예약 사이트 카약Kayak에서 한국행 비행기 검색 결과가 전체의 50퍼센트를 차지했다는 사실이다.[26] 그리고 2022년 들어 8월까지 인바운드 여행객은 138만 명으로, 6 · 7 · 8월 전년도 같은 기간의 약 3배를 기록했다(〈그림 4〉 참조)[27] K-드라마와 K-팝의 활기로 새로운 시대를 기대하고 있는 가운데, 미디어 유발 여행의 특성을 밝

---

25 숙박 예약 사이트 아고다의 CEO 모겐스턴은 방한했을 때 "한류가 최근 세계적으로 붐을 이루고 있어…2019년보다 더 많은 수의 관광객이 한국을 찾을 것"이라고 했다. 예시로 아고다에서 2022년 5월부터 8월까지 세계 인기 여행지 순위에서 예약 2위 제주도, 5위 서울, 12위 부산이 차지했다고 언급했다. 《연합뉴스》 2022년 8월 22일자, 〈아고다 CEO "최저가 제공은 우리 DNA…韓인바운드 성장가능성 높아"〉.

26 《City A.M.》 2021년 10월 19일자, 〈Green light for South Korea as squid Game fans flock to the country〉

27 《중앙일보》 2022년 10월 14일자, 〈다가온 엔데믹 시대, 관광 경쟁력 시험대 올랐다〉.

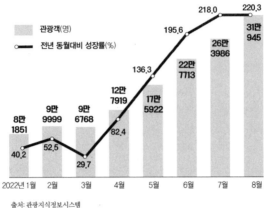

| 그림 4 | 2022년 방한 외국인 관광객 추이

출처: 관광지식정보시스템

혀 인바운드 여행에 도움이 되는 유인 요인을 찾을 수 있을 것이다.

예컨대 드라마 〈동백꽃 필 무렵〉(2019)은 코비드19 유행 직전에 방영된 이후 넷플릭스를 통해 서비스되면서 지속적인 인기를 누렸다. 주 촬영지인 포항 구룡포는 목조건물로 이루어진 일제강점기 일본인 가옥 밀집지가 자리 잡고 있어 향수를 불러일으키는 곳이다. 일제강점기의 경관이 오히려 노스탤지어 감수성을 자극하는 요인이 되고, 타향민도 옹산(구룡포) 마을에서 고향의 안락함을 느낀다는 것은 아이러니하다. 이를 바탕으로 포항에서는 코비드19 방역 지침이 완화된 2022년부터 외국인을 타깃으로 한 팸투어, 일본인들을 국내로 초대한 투어상품, 대구에서 열린 K-팝 콘서트와 이어진 포항 관광 등 다양한 이벤트가 열린 바 있다.[28]

---

28 《국민일보》 2022년 10월 5일자, 〈대구·경북 특화 한류상품에 일본 단체관광객〉; 《축제뉴스》 2022년 5월 6일자, 〈경북도, 인바운드 여행자─지역관광업계간 상생의 장 마련〉.

인바운드 미디어 유발 여행을 이미지 여행, 소통 여행, 콘텐츠 여행, 식도락에서 비롯된 재방문 여행 등으로 분석했던 한류 관련 연구는 최근 K-콘텐츠로 그 범위가 확장되고 있다. '이미지 여행'은 목적지 이미지인 정확한 핫스폿을 방문하는 형태로, 구체적으로 로케이션 촬영지나 현재까지 보존되어 있는 사극 촬영지인 '용인 대장금 파크' 등을 찾아 가상여행을 현실화하는 방식으로 이루어진다. '소통 여행'은 한국인들과의 교류와 소통을 원하는 것으로, 여행을 오기 전 거주 국가에서 이미 그 목적을 분명히 하고 출발한다는 특징이 있다. '콘텐츠 여행'은 미디어에서 경험한 대로 체험과 모방을 재현하고자 한다. '식도락 여행'은 맛 탐험을 목적으로 하는 여행으로 한국 음식, K-푸드에 대한 선호를 바탕으로 하고 재방문을 원한다는 특징을 갖는다.

이미지 여행

2022년 한국을 찾는 여행객들의 구성이 바뀌고 있다. 다수를 차지했던 중국인 관광객(유커)의 자리를 일본·타이완 관광객을 비롯한 미주·유럽·동남아 관광객들이 채우고 있다. 이들은 대부분 자유여행을 선호해 스스로 찾아왔기에 여행객, 여행자라 불릴 만하다. 유커를 대신한 해외 MZ세대들이 이전 여행자와 다른 점을 다룬 2022년 10월 1일 〈KBS 뉴스〉에 따르면, 그들은 먼저 직접 관광할 곳을 검색하여 선택한다. 인스타 검색이나 검색 엔진 등을 이용해 얻은 정보를 바탕으로 자신의 취향에 따라 여행을 구성한다. 그들이 선택한 이미지는 대부분 K-콘텐츠와 관련되어 있어 K-컬처 콘텐츠 체험 프로그램, K-전시회 등과 같이 일시적이고 계절 의존적인 이벤트에도 잘 맞는다. 자신들이 이미지로 K-문화를 접했던 장소, 곧 집·거주지·생활공간·

이동 공간(비행기 · 지하철 · 버스 등) 등을 넘어 현지에서 직접 경험해 보고자 하는 것이다.[29] 체험 프로그램이나 전시회에서의 경험은 여행자들이 선택한 것이다. 그 시간들은 여기에도 저기에도 속하지 않은 문턱의liminal 경험[30]으로 이전과는 '다름'을 추구하게 해 준다.

소통 여행

넷플릭스를 통해 K-드라마를 본 여성들이 로맨스를 찾아 알려지지 않았던 한국을 방문하는 것을 일명 '넷플릭스 효과'[31]라고 한다.[32] 이들은 한 번뿐 아니라 다양하고 반복된 미디어 경험을 하며 다시 방문할 의향도 갖고 있다. 현지인과의 교류를 원하는 것은 코비드19 이후 달라진 미디어 유발 여행의 변화이다. 체험 여행에서 그치지 않고 이상적인 형태의 여행을 찾아 사전에 미디어를 경험하고 방문하는 것이다. 긴 시리즈 드라마 시청도 마다하지 않고, 자신이 선호하는 연예인의 캐릭터를 국내 일반인에게까지 투영하여 비슷한 유형의 이상적인 사람이 있을 것이라 기대한다. 혼자 방문한 여행자일지라도 같은 영화나 드라마를 본 이야기가 통하는 친구와의 만남, 현지인과의 교류 경험은 돌아가서도 누릴 수 있는 특별한 일상을 만들어 준다.

---

29 Sousa B., *Movie tourism and attracting new tourists in the Post-pandemic period: a niche marketing perspective*, Springer, 2021.

30 Beech, N., "Liminality and the practices of identity reconstruction," *Human Relations* 64(2), 2011, pp. 385-302.

31 '넷플릭스 효과'는 넷플릭스가 대중적인 미디어 매체가 되면서 넷플릭스를 통해 무명 배우인 사람이 하루아침에 유명인이 되는 것을 뜻한다(〈네이버 지식백과〉).

32 《테크다이제스트》 2022년 9월 1일자, 〈넷플릭스 강화한 K-드라마 붐…사랑찾아 한국오는 해외 여성들〉.

콘텐츠 여행

역사를 쓰는 과정은 재건으로 이어지기도 하고 복고로 회귀하기도 한다. 인바운드 국내 여행지에 대한 설명은 대부분 자국민 우선주의일 경우가 많다. 우리나라의 경우 K-컬처의 반복된 회귀 경향으로 인해 자국민에게 편향된 뉴스들이 많아 어쩔 수 없이 제한된 자료가 정보로 제공된다. 앞서 언급했듯, 코비드19 팬데믹 기간 동안 한류는 K-콘텐츠로 옷을 갈아입었고, 동남아에 국한된 한류가 미주·유럽으로 영역이 확장되었다. 이는 문화예술 분야에서 과거 회귀가 반복되는 가운데 진보된 발전이 함께 수반된다는 점을 보여 준다. 또한 상당한 양의 K-콘텐츠를 구분하여 본다는 것은 포스트콜로니즘 연장선에서 구별되는 문화 현상으로 독특한 문화가 자리 잡고 있음을 드러낸다.

태국과 인도의 일간지에 '한국이 최고의 여행지인 이유'를 다룬 기사가 수록된 것 또한 K-콘텐츠의 영향이다(〈그림 5〉). 기사에서는 'K-드라마와 K-팝을 재현할 기회', '전통 한옥마을부터 K-팝 촬영지

| 그림 5 | 콘텐츠 여행 사례

◆ K-Drama를 현실로, '비주얼 체험'
"한국은 K-Drama와 K-POP을 재현할 체험 기회를 제공하며 잊지 못할 독특한 관광 경험을 남긴다."
- 태국, Travel Daily Media, '22.04.12.

"한국은 전통 한옥 마을부터 K-POP의 뮤직비디오 촬영지까지 과거와 현대 문화를 아우르는 세련된 여행을 할 수 있다."
- 인도, IWMBUZZ, '22.04.15.

까지 과거와 현대문화를 아우르는 세련된 여행' 등을 이유로 제시하였다. 동남아시아는 물론 발리우드를 가진 인도에서까지 한국이 미디어 유발 여행지의 매력을 확장했다는 것은 고무적인 일이다. 드라마 체험, 다른 계절 향유 등의 이유를 앞세운 발전된 콘텐츠 여행이 하루에도 수편의 드라마가 방송되고 다양한 음악 프로그램들이 쏟아지는 이들 나라에서 이루어지고 있기 때문이다. 아직 방송되지 않은 수천 편의 대본과 K-웹툰이 콘텐츠화를 계획 중이고, 관련 산업의 미국 상장도 준비하고 있어 기대가 크다.

식도락으로 인한 재방문 여행

식도락을 목적으로 한 재방문 여행도 이어지고 있다. 전주시에서 실시한 관광객 대상 여행 행태 만족도 조사에서 외국인의 경우 80~90퍼센트가 재방문 의사를 밝혔고, 그 이유로 볼거리와 음식을 꼽았다.[33] 부산시에서 실시한 방문 관광객 실태 조사에서도 외국인의 재방문 의사가 98.8퍼센트(64.1퍼센트)로 높게 나타났다. 그 이유로는 맛집 탐방에 대한 만족도, 식사비에 대한 만족도가 높게 나타났다.[34] 먹는 프로그램에 대한 선호도가 높았던 것도 연관성이 있을 것이다.

먹거리에 대한 관심은 한식에만 국한되지 않는다. 외국인이 국내 음식점을 접하는 '채널'이 다양화된 것도 영향이 크다. 구글·인스타그램·트립어드바이저 등의 여행 플랫폼에서 '한국 맛집'을 검색하

---

33 《파이낸셜 뉴스》 2022년 7월 16일자, 〈먹거리 볼거리 Good…전주 관광객 83% 재방문 의향〉.
34 《헤럴드 경제》 2022년 4월 10일자, 〈외국인 부산 재방문 의향 64.1%→98.8% 급등〉.

고 방문하는데, 여기에는 다양한 국가의 음식이 포함되어 있다. 2017년부터 발행된《미쉐린 가이드 서울》도 제몫을 톡톡히 하고 있다. 인스타그램 검색 결과만 봐도 과거와 달라진 양상을 쉽게 알 수 있다. 인스타그램에 'seoulrestaurant'이라는 키워드가 태그된 게시물은 2022년 12월 기준 약 6만 개인데, 조회수 상위권 게시물 중에 '한국 음식'이라고 할 만한 매장은 찾기 어렵다.[35] 이처럼 다국적 음식점으로 선택의 폭이 넓어진 것이 오히려 도움이 된다. 한국 사람들이 외국을 방문했을 때 한국 음식점을 찾는 것처럼, 익숙한 음식을 얼마나 세련되게 재현했는가가 새로운 관심사로 떠올랐고, 이는 그만큼 인바운드 여행객이 늘어났음을 반증한다.

예컨대 케이블 채널 MBC every의 예능 프로그램 〈어서와~ 한국은 처음이지?〉에서 먹방(먹는 소재 방송) 장면이 많이 포함되었고, 이런 프로그램의 요약본이 해외 지역에서 방송(아리랑TV, KBS WORLD, tvK(TV KOREA) 등)되고 있다. 코비드19 기간 해외 수출이 부진하자 한국콘텐츠진흥원이 앞장서 해외배급 지원에 나섰고, 코비드19 이전 한류 영역에서 확장된

|그림 6| 러시아에 홍보된 예능 〈윤식당〉 포스터

---

35 《매일경제신문》 2022년 12월 2일자, 〈한옥 스테이서 잠자고 현지 맛집 줄 서고… '휴·미·락' 다방면에서 외인 소비 폭발〉.

중남미·아프리카 등의 지역까지 프로그램 수출이 이루어졌다. 이를 통해 〈윤식당2〉(2018)와 같은 먹방 프로그램을 비롯하여 방문 프로그램, 숙박 프로그램 등이 해외에서 방영되면서 현지에 방문하고 싶은 욕구를 불러일으켰다.[36]

나가며

지금까지 포스트투어리즘에 기반한 미디어 유발 여행의 성장에 대해 살펴보았다. 코비드19 팬데믹을 거치며 포스트투어리즘의 의미가 확장되고 미디어 유발 여행 또한 이를 시점으로 변화했을 것으로 예상하였다. 관광지 중심에서 관광객·소비자로 연구의 포커스가 옮겨가던 포스트투어리즘의 미디어 유발 여행 관련 연구는 수신자, 미디어를 경험한 여행자 연구로 그 경향이 옮겨 갔다. 잠재적 여행자들은 주체가 되어 미디어 재현을 접하면 거주 도시에서도 이동하는 공간에서도 목적지를 설정하고 이를 경험했다.

코비드19로 이동이 용이하지 않던 기간에 한국의 영화·드라마·음악·웹툰 등 다양한 콘텐츠가 인터넷과 OTT를 통해 널리 확장되었다. 영화 제작자들은 OTT를 통해 긴 호흡의 드라마를 만들기 시작했고 K-팝 아티스트와 기획자들은 예능 프로그램을 통해 다양한 콘텐츠를 만들었다. 《옥스포드 영어사전》에도 등재될 만큼 이 시기 한류를 넘어선 K-콘텐츠가 다양한 이름을 인정받았다. K-팝을 시작으로

---

36 《강산뉴스》 2021년 5월 27일자, 〈한국콘텐츠진흥원, 방송콘텐츠 해외배급 지원으로 신한류 확산〉.

K-드라마, K-웹툰이 동아시아를 넘어 동남아시아·미주·유럽·남미·아프리카 등으로 확장되었다. 〈어서와~ 한국은 처음이지?〉(274회, 2022년 12월 15일)에서 스웨덴 출신 여행자가 창덕궁을 걷다가 드라마 〈킹덤〉(2019)에 나온 장소 같다고 말하는 장면이 나온다. 드라마 촬영지임을 한눈에 알아본 것인데, 이는 과거 낯설었던 한국의 풍경이 드라마를 통해 외국인들에게 익숙해져 가고 있음을 짐작케 한다.

이전의 포스트투어리즘과 크게 구별되는 점은 주체가 중요시되었다는 점이다. 여행자 주체의 인식 변화는 이전과 구별되는 다름을 경험하게 한다. 미디어 유발 여행은 미디어를 통해 선경험을 한 뒤 거주지에 머무르면서 가상여행을 실행하고 여행지 계획을 세워 보는 과정을 겪는 여행 준비자, 국내 인바운드 미디어 유발 여행자를 포함한다. 이들이 코비드19를 겪으면서 크게 증가하였고, 순수한 미디어 유발 여행객들만 집계한 결과는 없지만 코비드19 이후 방문 여행자들을 분석한 결과에서 K-콘텐츠에 대한 높은 관심을 확인하였다. 그들이 ① 이미지 여행, ② 소통 여행, ③ 콘텐츠 여행, ④ 식도락으로 인한 재방문 여행을 수행하는 등 미디어 유발 여행의 특성과 관계가 있음을 살펴보았다.

최근의 포스트투어리즘 연구는 여행자 주체에 관심을 가지며, 미디어 유발 여행의 경우 미디어 경험자·수신자 분석이 주를 이룬다. 이전 미디어 유발 여행 연구가 관광지로서 주요 촬영지 여건, 촬영지가 갖는 특성 등 송신자(연출자) 중심의 하드웨어적 접근에 초점을 맞추었다면, 최근에는 미디어의 내용을 전달 받는 수신자·여행자 중심의 소프트웨어적 접근으로 분석 내용이 구체화되었다. 코비드19로 원활하지 않았던 국가 간 이동이 미디어 경험으로 대체되면서, 이후 수요자를 새롭게 수급하기 위해 여행 수요자를 분석하는 과정에서 구체적인 팸투어가 이벤트로 재개되었다. 한류에서 K-콘텐츠 향유자로 거듭난 국외 여행자들을 흡입하는 K-팝 콘서트와의 연계, K-컬처 체험 프로그램 등이 기획된다. 더 나아가 인공지능 기술이 미디어 서비스의 필수 요건이 되었고, 가상현실 같은 실감형 상호작용 기술은 수동적인 감상을 넘어 몰입형·체험형 미디어로의 진화[37]하여 가상공간을 경험하게 한다.[38] 주체가 변화를 경험하는 거주지에서의 미디어 경험 또한 미디어 유발 여행에 속한다.

본 연구는 인바운드 여행자들을 대상으로 그들의 특성이 미디어에서 비롯되었음을 밝혔다. 또한 기술 발달로 가상공간까지 확장하여 포스트투어리즘의 영향에 따른 미디어 유발 여행의 출현을 포함시켰다. 이러한 주체의 변화 경험은 포스트투어리즘의 특성이자 코비드19 이후 미디어 유발 여행에서 나타나는 특성이다. 이 글은 아직 포스트투어리즘의 명확한 경계가 밝혀지지 않았음에도 불구하고 포스트가 함의하는 바가 다양하다는 점에 착안하여, 포스트코비드19를 준비하면서 미디어 유발 여행의 특성을 밝히고자 노력하였다. 다만, 포스트투어리즘 분석에서 거주지에서의 미디어 경험을 바탕으로 한

---

37 《영남일보》 2022년 12월 16일자, 〈미래의 미디어 생활〉.

38 촬영지 정보도 가상공간을 통해 현재진행형이 되어 간다. 연출하기 힘든 촬영 현장을 실제 상황처럼 가상현실VR을 통해 구현해 내게 되었다. 하남에 위치한 스튜디오는 촬영 제작 방식 그대로를 VP에 웹 기반 버추얼 스카우팅 등 서비스를 제공하고 있다. 촬영지나 세트를 가상세계에서 미리 시가화한 '버추얼 스키우팅'은 브이 스테이지만의 차별화한 기술이다. 현재는 스튜디오 기반에 국한되지만 향후 플랫폼의 형태로 장소에 국한되지 않고 서비스를 제공하여 집이나 다른 나라에서도 손쉽게 촬영 당시 상황을 촬영 전 미리 재현해 낼 수 있게 된다. 《ZDNET KOREA》 2022년 11월 30일자, 〈"까다로운 영화 제작 현장, '브이 스테이지'서 만난다"〉.

가상공간 형성의 구체적인 사례를 찾지 못해 포르투갈의 예시로 대신하며, 이에 대한 분석이 부족했음을 밝힌다. 추가 연구에서는 미디어 수용자 분석을 통해 도시에서 주체의 인식 변화와 미디어 공간 경험을 연결하는 여행자의 존재를 드러낼 수 있을 것으로 기대한다.

참고문헌

Barich, H. & Kotler, P., "A framework for marketing Image management," *Sloan Management Review* 32(2), 1991, pp. 94-104.

Beech, N., "Liminality and the practices of identity reconstruction," *Human Relations* 64(2), 2011, pp. 385-302.

Bi, Y., Yin, J., Kim, I., "Fostering a young audience's media travel intentions: The role of parasocial interactions," *Journal of Hospitality and Tourism Management* 47, 2021, pp. 398-407.

Burgess, J., "Landscapes in the living-room: television and landscape research," *Landscape Research* 12(3), 1987, pp. 1-7.

Butcher, J., "Debating tourism degrowth post COVID-19," *Annals of Tourism Research* 89, 2021, pp. 1-2.

Drianda, R., Kesuma, M., Lestari, N., "The future of Post-covid-19 Urban Tourism Understanding the Experiences of Indonesian Consumers of Hallyu with South Korean Virtual Tourism," *International Journal of Technology* 12(5), 2021, pp. 989-999.

Frank, H., "Making TV watchers into tourists," *Portland* 11(12), 1988, pp. 1-8.

Iwashita, C., "Roles of films and television dramas in International tourism: the case of Japanese tourists to the UK," *Journal of Travel & Tourism Marketing* 24(2-3), 2008, pp. 139-151.

Jansson, A., "Rethinking post-tourism in the age of social media," *Annals of Tourism Research* 69, 2018, pp. 101-110.

Jewell, B. & McKinnon, S., "Movie Tourism-A new form of cultural landscape?," *Journal of travel & Tourism marketing* 24(2-3), 2008, pp. 153-162.

Kim, S., Lee, H., Chon, K., "Segmentation of different types if Hallyu tourists using a multinomial model and its marketing implications," *Journal of Hospitality & Tourists research* 34(3), 2010, pp. 341-363.

Klausenm, M., "Making Place in the Media City," *Culture Unbound* 4, 2012, pp. 559-577.

Lee, S., Scott, D., & Kim, H., "Celebrity fan involvement and destination perceptions," *Annals of Tourism Research* 35(32), 2008, pp. 800-832.

Lee, T., & Yoo, J., "A study on flow experience structures: Enhancement of Death, prospects for the Korean wave," *Journal of Travel & Tourism Marketing* 28, 2011, pp. 423-431.

Lie, J., "What is the K in K-pop? South Korean popular music, the culture industry, and national identity," *Korea Observer* 43, 2012, pp. 339-363.

Light, D., "'Facing the future': tourism and identity-building in post-socialist Romania," *Political geography* 20, 2001, pp. 1053-1074.

Macionis, N., & Sparks, B., "Film-induced Tourism: An incidental experience," *Tourism Review International* 13(2), 2009, pp. 93-101.

Minto-Coy, I. & Elo, M., "Towards an entrepreneurial ecosystem: For attracting diaspora investments in Jamaica," *Business Review*, 2017, pp. 28-30.

Munt, I., "The 'Other' post-modern tourism: culture, travel and mew middle classes," *Theory, Culture & Society* 11(3), 1994, pp. 101-123.

Seraphin, H., Korstanje, M., & Gowreesunkar, V., "Diaspora and ambidextrous, management of tourism in post-colonial, post-conflict and post-disaster destinations," *Journal of Tourism and Cultural Change* 18, 2020, pp. 113-132.

Sousa B., *Movie tourism and attracting new tourists in the Post-pandemic period: a niche marketing perspective*, Springer, 2021.

Wang, J., Guo, Z., Cai, J., Liu, H., & Luo, Q., "Post-tourism in the usual environment: From the perspective of unusual mood," *Tourism Management* 89, 2022, pp. 1-11.

Yen, C. & Croy, W., "Film tourism: celebrity involvement, celebrity worship and destination image," *Current Isuues in Tourism* 19(10), 2016, pp. 1027-1044.

Zhang, L., "A study on costumers' behavior and phenomenon under unusal environment," *Tourism Tribune* 10, 2008, pp. 12-16.

《강산뉴스》 2021년 5월 27일자, 〈한국콘텐츠진흥원, 방송콘텐츠 해외배급 지원으로 신한류 확산〉.

《국민일보》 2022년 10월 5일자, 〈대구 · 경북 특화 한류상품에 일본 단체관광객〉.

《매일경제신문》 2022년 12월 2일자. 〈한옥 스테이서 잠자고 현지 맛집 줄 서고… '휴 · 미 · 락' 다방면에서 외인 소비 폭발〉.

《시사인》 2021년 12월 15일자, 〈다 같은 한국산인데, 왜 K드라마는 먹히고 한류드라마는 잠잠하지?〉.

《연합뉴스》 2022년 8월 22일자, 〈아고다 CEO "최저가 제공은 우리 DNA…韓인바운드 성장가능성 높아"〉.

《영남일보》 2022년 12월 16일자, 〈미래의 미디어 생활〉.

《대한민국정책브리핑》 2022년 4월 25일자, 〈한국이 최고의 여행지인 이유〉.

《축제뉴스》 2022년 5월 6일자, 〈경북도, 인바운드 여행자 – 지역관광업계간 상생의 장 마련〉.

《테크다이제스트》 2022년 9월 1일자, 〈넷플릭스 강화한 K-드라마 붐…사랑찾아 한국오는 해외 여성들〉.

《파이낸셜 뉴스》 2022년 7월 16일자, 〈먹거리 볼거리 Good…전주 관광객 83% 재방문 의향〉.

《한겨레신문》 2021년 11월 11일자, 〈외국인 학자가 본 '케이 팝 · 드라마' 성공비결〉.

《헤럴드 경제》 2021년 11월 17일자, 〈'빈센조', '갯마을' 등 드라마 속 관광지, VR로 가상 체험한다〉.

《헤럴드 경제》 2022년 4월 10일자, 〈외국인 부산 재방문 의향 64.1%→98.8% 급등〉.

《City A.M.》 2021년 10월 19일자, 〈Green light for South Korea as squid Game fans flock to the country〉.

《KBS NEWS》 2022년 10월 1일자, 〈"명동이 젊어진다"…中유커 빈자리, 해외 MZ 세대로 채워〉.

《ZDNET KOREA》 2022년 11월 30일자, 〈까다로운 영화 제작 현장, '브이 스테이지'서 만난다〉.

'기생관광'
: 발전국가와 젠더, 포스트식민 조우

| 이하영 · 이나영 |

이 글은 《페미니즘연구》 제15권 2호(2015. 10)에 게재된 원고를 수정 및 보완하여 재수록한 것이다.

관광과 젠더, 포스트식민주의

21세기에 '이동mobility'은 사회적 삶과 문화 정체성 형성의 주요 요소로 여겨진다. 그중에서도 '관광'은 이동의 핵심적 구성 요소이자[1] 현대인들에게 필수적인 생활의례로 이해된다.[2] 세계관광기구WTO: World Tourism Organization에서 발간한 《Tourism Vision 2020》에 따르면, 2010년 현재 전 세계 국제 관광객의 수는 1억 명에 달하고, 2020년에는 1억 6천만 명에 이를 것이라고 한다.[3] 그렇다면 '어디로' 갈 것인지와 관련된 선택은 개인의 자유의지에 달린 것인가? 관광은 이러저러한 방식으로 다른 곳에 존재하는 차이·장소·문화·사람들의 재현과 집합적 정의에 암묵적으로 영향을 받기 때문에,[4] 관광지 선택은 온전히 개인적인 것이라 보기 어렵다. 관광은 다양한 활동 공간과 분위기, 접대 같은 서비스, 문화, 특정한 지리적 형태의 결합이며, 관광지 사회의 특수한 젠더·인종·세대·교육 등 구체적인 사회적 특징들로 가득 차 있다.[5] 그러므로 관광은 "특정 사회의 지배적 가치와 사회관계를 재생산하는 구체적인 사회적 실천행위"[6]로 이해되어야 한다.

---

1 Williams, S., *Tourism Geography: A New Synthesis*(second edition). New York: Routledge, 2009, p. 3.
2 인태정,《관광의 사회학》, 한울아카데미, 2007, 8쪽.
3 보다 상세한 내용은 다음을 참고할 것. http://www.unwto.org/facts/eng/vision.htm.
4 닝왕,《관광과 근대성: 사회학적 분석》, 이진형·최석호 옮김, 일신사, 2004, 213쪽.
5 Kinnaird, V. and D. Hall, *Tourism: A Gender Analysis*, Chichester: John Wiley& Sons Ltd., 1994, p. 13.
6 닝왕,《관광과 근대성: 사회학적 분석》, 2004.

한편 관광은 경제 발전과 세계 통합의 동력으로 기능하기도 한다.[7] 이른바 제3세계 국가들에서 관광은 근대화·경제 발전·번영의 촉매제 역할을 하는 한편, 제1세계 국가들에서는 포스트–산업 경제를 부흥시키기 위한 통로가 되기 때문이다.[8] UN에서도 관광을 제3세계 국가들이 빈곤에서 벗어날 수 있는 최고의 산업으로 제안하고 있다.[9] 그렇기에 관광은 주로 세계에서 가장 빠르게 성장하는 산업 또는 세계에서 가장 거대한 산업이라고 말해지지만, 세계에서 가장 성별로 분리된 산업 또는 세계에서 가장 전형적인 성역할에 기반한 산업이라는 사실은 거의 언급되지 않는다.[10]

페미니스트 연구자들은 그간 많은 관광 연구가 몰성적gender-blind이었음을 지적하고, 젠더 관점에서 관광을 다르게 해석해야 한다고 주장해 왔다. 대표적으로 인로S. Enloe는 관광이 사적인 행위로 여겨져 국제정치와 관련한 공적 논쟁의 무대에 오르지 않았음을 지적하고, 모험·즐거움·외설 등과 같은 남성적 사고와 군사주의 문화에 영향을 받는 관광문화를 젠더 관점에서 분석해 왔다.[11] 애치슨C. Aitchison 등은 관광 경관의 구축·재현·소비에 있어 이국적인 것과 에로틱함을 구성하는 데 젠더가 핵심적인 역할을 하고 있음을 밝힌 바 있으

7   신시아 인로, 《바나나, 해변 그리고 군사기지: 여성주의 국제정치 들여다보기》, 권인숙 옮김, 청년사, 2011.

8   Williams, S., *Tourism Geography: A New Synthesis*(second edition), p. 3.

9   자세한 내용은 다음을 참조할 것. http://www2.unwto.org/content/why-tourism.

10   Aitchison, C., N. E MacLeod and S. J. Shaw, *Leisure and Tourism Landscapes: Social and Cultural Geographies,* London and New York: Routledge, 2000, p. 126.

11   신시아 인로, 《바나나, 해변 그리고 군사기지: 여성주의 국제정치 들여다보기》, 2011.

며,[12] 프리처드A. Pritchard 등은 관광 광고와 연관된 신화 및 판타지가 젠더와 섹슈얼리티, 젠더 관계라는 공유된 개념에 의존해 왔음을 드러낸 바 있다.[13] 스웨인M. B. Swain은 관광객을 보내는 사회와 맞아들이는 관광지는 인종 또는 종족성ethnicity · 식민지 과거 · 사회적 위치에 의해 구별되며, 특히 관광지는 여성화된 이미지로 팔리고 있다고 지적하였다.[14] 이때 소비의 주체인 관광객의 지배적 시선은 관광지의 여성화된 타자성과 조우하며 성별화된다.

더 나아가 페미니스트들은 성별화되고 성애화된 관광의 대표적 사례로 섹스관광에 주목해 왔다.[15] 통상 섹스관광이란 상업적 성관계commercial sex가 일차적 목적이 되는 여행 형태를 일컫는다.[16] 키비초W. Kibicho는 아프리카라는 관광지를 매력적으로 만드는 '5s'로 태양sun · 바다sea · 모래sand · 사파리safari · 섹스sex를 꼽고, 관광과 섹스의 결합은 그리 놀랄 만한 일이 아니라고 지적한 바 있다. 또 관광이 성적 활동의 또 다른 구성을 제공한다고 하면서 성적 거래와 관광의 긴밀한 관계를 규명하고자 하였다.[17] 동남아시아 관광을 연구한 홀C. M. Hall은 대중 관광이 여성의 성적 착취로 이어짐을 발견하고, 관광지와 관광

---

12 Aitchison et al., *Leisure and Tourism Landscapes: Social and Cultural Geographies*, p. 126.

13 Pritchard, A. and N. J Morgan, "Privileging The Male Gaze: Gendered Tourism Landscapes," *Annals of Tourism Research* 27(4), 2000, p. 117.

14 Swain, "Gender in Tourism," *Annals of Tourism Research* 22(2), 1995, p. 249.

15 Sinclair, "Issues and Theories of Gender and Work in Tourism," Sinclair, M. T.(eds.), *Gender, Work and Tourism*, London and New York.: Routledge, 1997.

16 박정미, 〈발전과 섹스: 한국정부의 성매매관광정책, 1955-1988〉, 《한국사회학》 48(1), 2014.

17 Kibicho, *Sex Tourism in Africa: Kenya's Booming Industry*, London: Ashgate Publishing Ltd., 2009, p. 1.

객 간 관계에 내재한 불평등이 젠더 관계의 구성·재구성과 불가분의 관계를 가지기 때문에 대중 관광은 섹스관광에 연루될 수밖에 없다고 주장했다.[18] 특히 아시아 지역은 제2차 세계대전 이후 미군들의 휴양을 위해 관광지로 개발되었고 그 후 일본인을 포함한 제1세계 남성들의 섹스 관광지로 각광을 받았다는 점에서 학자들의 주목을 받아 왔다. 리W. Lee,[19] 홀,[20] 무로이와 사사키Muroi & Sasaki[21] 등은 일본인 남성들의 태국·한국·필리핀으로의 섹스관광 실태를 폭로했고, 야요리Yayori[22]는 일본인 남성들의 한국 기생관광과 일본군 '위안부' 문제를 함께 제기한 바 있다. 르헤니D. Lehyny[23]는 일본인 남성의 태국 섹스관광과 일본 내 여성들의 섹스관광 반대운동, 그리고 운동의 결과 섹스관광이 감소하자 태국 여성들이 일본으로 건너와 성산업에 유입되는 역설적 결과를 분석한 바 있다. 리[24]는 20세기 한국에서 등장한 성

18 Hall, C. M., "Gender and Economic Interests in Tourism Prostitution: The Nature, Development and Implications of Sex Tourism in Southeast Asia," Apostolopoulos, Y., S. Leivadi and A. Yiannakis(eds.), *The Sociology of Tourism: Theoretical and Empirical Investigations*, Oxford: Routledge, 1996, p. 277.

19 Lee, "Prostitution and Tourism in South-East Asia," Redclift, N., and M. T. Sinclair(eds.), *Working Women: International Perspectives on Labour and Gender Ideology*, London and New York: Routledge, 1991.

20 Hall, C. M., "Gender and Economic Interest in Tourism Prostitution: The Nature, Development and Implications of Sex Tourism in South-east Asia," pp. 142-163.

21 Muroi, H. and N. Sasaki, "Tourism and Prostitution in Japan," Sinclair, M. T.(eds.), *Gender, Work and Tourism*, London and New York: Routledge, 1997.

22 Yayori, M. and L. Sharnoff, "Sexual Slavery in Korea," *Frontiers: A Journal of Women Studies* 3(1), 1977, pp. 22-30.

23 Leheny, D., "A Political Economy of Asian Sex Tourism," *Annals of Tourism Research* 22(2), 1995, pp. 367-384.

24 Lie, J., "The Transformation of Sexual Work in 20th Century Korea," *Gender & Society* 9(3), 1995, pp. 310-327.

적 노동의 궤도를 추적하며 전통적인 기생, 식민지 시기 공창제와 일본군 '위안부', 해방 후 등장한 기지촌과 기생관광, 그리고 이후 발전한 성산업을 연대기 순으로 분석했다.

한편, 국내 관광 연구는 양적인 성장에도 불구하고 질적으로는 아쉬운 점이 많으며,[25] 국가 주도의 경제개발 정책에 관광 연구가 종속되어 학문적으로 성숙하지 못했다는 평가마저 받고 있는 실정이다.[26] 이는 경영학, 특히 마케팅적 관점에서 관광 연구가 비교적 활발하게 이뤄져 온 반면, 사회학·심리학·인류학·정치학 등과 같은 사회과학에서는 소수의 학자들에 의해 간헐적으로 연구가 이뤄졌다는 현실과도 연관될 것이다.[27] 더욱이 '기생관광'이라 불리는 일본인 남성들의 섹스관광이 관광산업의 역사적 발전과 긴밀히 관련되어 있음에도 불구하고 젠더 관점에서 이를 분석한 국내 연구는 몇몇 여성(사회)학자들을 제외하고는 거의 없는 실정이다. 그나마 대부분은 성매매 정책의 관점에서 관광 정책에 주목하면서 기생관광을 언급하는 정도였다.[28] 그런 점에서 박정미의 연구는 주목할 만하다.[29] 박정미는 먼저 1955년부터 1988년까지의 기생관광을 중심으로 한국 정부의 성매매 관광 정책을 분석하면서, 관광이 미국 정부와 UN에 의해 제3세계 발

---

25 이월계·송운강, 〈한국 관광학 연구의 동향: 관광관련학과 학위논문을 중심으로〉, 《관광·레저연구》 23(7), 2011, 6쪽.

26 인태정, 《관광의 사회학》, 한울아카데미, 2007, 15쪽.

27 닝왕, 《관광과 근대성: 사회학적 분석》, 2004.

28 장필화·조형, 〈국회 속기록에 나타난 여성정책 시간: A. 매매춘에 대하여〉, 《여성학 논집》 7, 1990, 83~100쪽.

29 박정미, 〈발전과 섹스: 한국정부의 성매매관광정책, 1955-1988〉, 235~264쪽; 박정미, 〈성 제국주의, 민족 전통, 그리고 '기생'의 침묵: '기생관광' 반대운동의 재현정치, 1973~1988년〉, 《사회와 역사》 101, 2014, 405~438쪽.

전 전략으로 채택되었고 경제성장을 희구한 제3세계 국가들이 외화 획득을 위한 '수출산업'으로 이를 수용했다고 밝힌다.[30] 나아가 미국 정부는 관광을 단순히 권장한 것뿐만 아니라 "요정을 일반 관광객도 이용할 수 있는 대중적 관광상품으로 개발하도록 제언했"음을 폭로한다.[31] 결국 한국의 성매매 관광 정책은 한국의 전통적인 기생 문화, 냉전과 군사주의, 발전주의, 그리고 미국 정부가 처방한 국제 관광 기획의 합작품이었다는 것이다.[32] 박정미의 또 다른 연구는 기생관광에 반대하여 벌어진 여성운동과 운동의 재현에 대해 다룬다. 그는 여성운동가들이 기생관광에 반대하기 위해 여성운동가와 "기생"의 관계를 어머니와 딸의 관계로 위치 지음으로써 민족주의적 담론에 기대고 있음을 비판한다.[33]

이상과 같은 페미니스트 연구자들의 통찰과 기존 연구자들의 논의를 계승·확장하면서 이 글은 발전국가 시기 관광의 의미를 좀 더 분명히 하고자 탈식민주의 페미니스트postcolonial feminist 관점에서 기생관광의 의미를 분석하고자 한다. 이는 기생관광의 주요 의미가 포스트식민 발전국가의 한계와 아이러니에 배태되어 있으며, 젠더 질서에 기생하고 있는 민족국가에 대한 근본적인 질문과 연계되어 있다고 보기 때문이다. 구체적으로 '포스트식민 조우'라는 기표를 통해 제국 남성(주체)과 식민지 여성(대상), 제국 남성과 식민지 남성이 기

---

30 박정미, 〈발전과 섹스: 한국정부의 성매매관광정책, 1955-1988〉, 241쪽.

31 박정미, 〈발전과 섹스: 한국정부의 성매매관광정책, 1955-1988〉, 242쪽.

32 박정미, 〈발전과 섹스: 한국정부의 성매매관광정책, 1955-1988〉, 260쪽.

33 박정미, 〈성 제국주의, 민족 전통, 그리고 '기생'의 침묵: '기생관광' 반대운동의 재현 정치, 1973~1988년〉.

생관광을 통해 어떻게 만나며, 이 과정에 젠더 및 민족적 질서가 어떻게 개입되는지 알아보고자 한다. 분석을 위해, 박정희 정권 시기 (1961~1979) 관광 관련 법과 정책, 국회 회의록, 당시 신문 기사, 관광 관련 공식적·비공식적 문헌들, 기생관광반대운동을 펼쳤던 한국교회여성연합회 자료들을 활용하였다.

전술했듯 본 연구는 탈식민주의 페미니스트 관점에서 출발한다. 탈식민주의는 식민주의 및 식민 구조에 대한 비판과 저항뿐만 아니라, 제국주의의 공식적인 식민 지배 종식 이후에도 남아 있는 식민 지배의 잔재를 탐색하고 지속적인 영향력을 밝혀냄과 동시에 이에 대항하고자 하는 비판 담론이다.[34] 블런트와 맥이완Blunt & McEwan에 따르면[35] 탈식민주의에서 '탈post'은 두 가지 의미가 있는데, 하나는 식민주의 시기 이후라는 시계열적 차원을 말하고, 다른 하나는 오늘날 문학·담론·비판이 식민주의를 넘어섰지만 여전히 그에 강한 영향을 받고 있다는 비판적 차원을 지칭한다.[36] 다시 말해, 탈식민주의는 개념의 모호성 그 자체를 활용함으로써 식민주의와의 단절성과 연속성을 동시에 포착하고자 하는[37] 이론적·운동적 실천이다. 이와 같은 문제의식에서 출발한 탈식민주의 연구는 제국주의로부터 파생된 다양한 형태의 식민주의, 그리고 과거 제국 시대와 오늘날의 포스트식민

---

34 태혜숙, 《탈식민주의 페미니즘》, 도서출판 여이연, 2001, 33쪽.

35 Blunt, Alison and McEwan, Cleryl, *Postcolonial Geographies*, Bloomsbury Publishing, 2003.

36 조앤 샤프, 《포스트식민주의의 지리》, 이영민·박경환 옮김, 도서출판 여이연, 2011, 20쪽.

37 조앤 샤프, 《포스트식민주의의 지리》, 21쪽.

시대 사이의 연결 고리에 관한 학문적 관심을 일컫는다.[38] 이 글에서는 이나영의 논의를 따라, '탈식민주의'를 포스트식민 국가에 잔재하고 있는 식민 구조뿐만 아니라 의식과 무의식의 탈식민화decolonization를 향한 실천으로 개념화하면서, '포스트식민'을 가시적·비가시적 식민성을 여전히 탈피하지 못한 국가적 상황을 지칭하는 것으로 사용하고자 한다.[39] 특별히 '조우encounter'라는 기표를 통해 기생관광을 분석하려는 이유는, 관광이 상이한 국가·인종·문화·성별을 가진 '사람'들이 직접 얼굴을 마주하는 사건이자 사람들 간에 존재하는 불균등을 가장 가시적으로 보여 주는 인간 활동 중 하나이기 때문이다.[40] 이러한 만남들은 포스트식민이라는 시공간의 자장 위에서 발생하기에 '포스트식민 조우'로 의미화하였다.[41]

　이 글의 구성은 다음과 같다. 1장에서는 문제 제기와 더불어, 관광과 젠더에 대한 이론적 논의 및 선행 연구를 살폈다. 2장에서는 기생관광의 배경이 된 박정희 군사정권의 성격과 위선적인 성매매 정책을, 3장에서는 관광 개발 정책과 기생관광의 실태를 살펴보고, 4장에서는 탈식민주의의 이론적 상상력을 빌어 '조우'라는 기표를 통해 기

38　케네디, 《오리엔탈리즘과 에드워드 사이드》, 김상률 옮김, 갈무리, 2011, 236쪽.

39　이나영, 〈일본군 '위안부' 운동: 포스트/식민국가의 역사적 현재성〉, 《아세아연구》 53(3), 2010, 51쪽.

40　Wearing, S., D. Stevenson and T. Young, *Tourist Culture: Identity, Place and the Traveller*, London: Sage, 2010, p. 61.

41　포스트식민 조우postcolonial encounter라는 개념은 제이콥스Jacobs의 《Sex, Tourism and the Postcolonial Encounter》(2010)에서 빌어 왔다. 제이콥스는 제1세계 백인 여성들이 제3세계 관광지 남성과의 로맨스를 꿈꾸며 여행을 떠나는 로맨스 관광에 주목하면서 이집트에서의 로맨스 관광에 대해 섹슈얼리티, 젠더, 제국주의의 결합을 '조우'라는 키워드로 분석한 바 있다.

생관광의 의미와 아이러니를 분석하고자 한다. 남아 있는 관광 관련 자료들에서 '기생관광' 관련 기록이 상당수 삭제되어 사료가 부족하고, 연구자들의 언어적 한계 때문에 기생관광의 한 축이었던 일본 쪽 자료를 검토하지 못했음을 본 연구의 한계점으로 미리 밝혀 둔다.

한국 관광 정책의 배경: 발전국가와 위선적 성매매 정책

이 장에서는 기생관광의 근간이 되는 성매매 정책의 형성 과정을 발전국가와의 연관성에서 먼저 살펴보고자 한다. 제2차 세계대전 후 동아시아의 급속한 경제성장을 연구한 학자들은, 이들 국가들이 서구와는 다른 발전 경로를 보이지만 고도의 경제성장을 할 수 있었던 이유를 '발전국가developmental state'라는 특유의 국가 체제에서 찾는다. 발전국가란 후발 또는 후후발 산업화 국가들이 경제 발전 면에서 선발 국가들을 추격하기 위해 전략 사업을 정하고 그것을 발전시키기 위해 국가가 가용 가능한 모든 자원을 동원하는 국가 체제를 일컫는다.[42] 김일영은 발전국가의 특징을 첫째, 사유재산과 시장경제를 기본 원칙으로 하고, 둘째, 추격 발전과 자국 방어라는 이중적 과제를 달성하기 위해 부국과 강병을 추구하는 방어적 근대화를 목표로 하며, 셋째, 시장에 대한 국가의 장기적이고 전략적인 개입을 든다.[43] 박정희 시기의 국가 체제 및 경제 발전을 분석한 많은 연구들이 이 논의

42 　김윤태, 〈동아시아 발전국가와 지구화〉, 《한국사회학》 33(봄호), 1999, 148쪽.
43 　김일영, 〈한국의 근대성과 발전국가〉, 《사회과학》 50, 2000, 31~32쪽.

를 수용하고 있다.[44,45] 나아가 발전국가를 동아시아에서의 미국 헤게모니와 국제 분업 관계 안에서 이해하려는 노력들이 있는데, 이들 연구는 동아시아 경제성장에서 미국 헤게모니의 역할, 일본의 다층적 하청 체계, 동아시아 지역 내 중심부·반주변부·주변부의 3중적 위계 구조를 강조한다.[46]

1961년 5월 16일, 군사쿠데타를 통해 등장한 박정희 정권은 '반공'

---

44 김일영, 〈한국의 근대성과 발전국가〉, 37~83쪽; 김일영, 〈1960년대 한국 발전국가의 형성과정: 수출지향형 지배연합과 발전국가의 물적 기초의 형성을 중심으로〉,《한국정치학회보》33(4), 2000, 121~143쪽; 김일영, 〈한국에서 발전국가의 기원, 형성과 발전 그리고 전망〉,《한국정치외교사논총》23(1), 2001, 87~126쪽; 김윤태, 〈동아시아 발전국가와 지구화〉,《한국사회학》33(봄호), 1999, 83~102쪽; 윤상우, 〈한국 발전국가의 형성 · 변동과 세계체제적 조건, 1960-1990〉,《경제와 사회》72, 2006, 69~94쪽; 이대근, 〈한일회담과 외향적 경제개발: 한 · 미 · 일 3각 무역시스템의 성립〉, 김용서 · 좌승희 · 이대근 · 유석춘 · 이춘근,《박정희 시대의 재조명》, 전통과 현대, 2006; 정일준, 〈한미관계의 역사사회학: 국제관계, 국가정체성, 국가프로젝트〉,《사회와 역사》84, 2009, 217~261쪽; 조수현, 〈대외자원동원의 국제적 맥락과 국가의 전략적 선택: 1960년대 국내외 국가기록물 분석을 중심으로〉,《사회과학연구논총》2010, 103~137쪽; 조희연, 〈동아시아 성장론의 검토: 발전국가론을 중심으로〉,《경제와 사회》36, 1997, 46~76쪽; 조희연,《동원된 근대화: 박정희 개발동원체제의 정치사회적 이중성》, 후마니타스, 2010. 참조.
45 발전국가 이론은 소위 서구 중심의 근대화 이론이나 제3세계 종속이론으로 설명되지 않는 독특한 국가 대응 방식을 이론화한 것으로, 동아시아의 고도성장을 시장경제의 원칙에서 벗어나지 않는 범위에서의 경제 발전이라는 국가적 목표를 이루기 위해 국가가 주도적으로 개입하여 선도했기 때문에 가능했다고 설명한다(김윤태, 〈동아시아 발전국가와 지구화〉,《한국사회학》33(봄호), 1999, 146쪽). 그러나 발전국가에 대한 이론적 논의들은 근본적으로 국가와 시장이 서로 독립적인 변수라는 잘못된 가정 위에 서 있고 협소한 국가 개념에 기반하여 국가의 기능이 과대평가되었다는 점(Burnham, 2002; Jessop, 2003; Pirie, 2005; Underhill & Zhang, 2005; 이진옥, 〈사회적 재생산을 통해 본 발전국가의 재해석〉에서 재인용), 생산과정과 경제성장 결과에만 주목함으로써 구체적인 발전 과정에 젠더가 개입되는 방식을 설명하는 데 실패했다는 점(배은경, 2012; 박정미, 2014; 유정미, 2001; 이나영, 2007; 이진옥, 2012; 허성우, 2011)에서 비판받은 바 있다.
46 윤상우, 〈한국 발전국가의 형성 · 변동과 세계체제적 조건, 1960-1990〉, 74쪽에서 재인용.

을 통치의 기본 이념으로 선언하고, 부패한 경제인을 척결하며 경제 발전을 목표로 한 '근대화'를 새로운 국가적 목표로 제시했다.[47] 원조에 기반했던 1950년대 한국 경제는 미국의 개발원조 정책의 변화로 인해 1957년을 고비로 위기에 봉착해 있었다. 1950년대 말, 전후 최초로 달러 위기에 봉착한 미국은 동아시아 지역에 대한 지금까지의 무상원조 정책을 차관 형식으로 돌리고 패전의 상처에서 벗어난 일본에게 이 지역에 대한 경제·군사적 지원의 일부를 분담토록 하는 방안을 세웠기 때문이다.[48] 이러한 상황에서 정권을 잡은 박정희는 군정의 정치적 정당성을 확보하기 위해 '경제 기적'을 이루어야 한다는 심각한 정치적 부담을 갖고 있었다.[49] 그러나 한국은 내수자본의 규모가 작고 축적 기반이 허약했기 때문에 적극적인 외자 도입을 통한 공업화와 해외시장 개척이라는 외부 의존적인 개발 정책을 택하게 된다.[50] 이것은 동아시아 지역통합 전략의 완성, 즉 일본과 한국, 대만 간 관계 회복을 의미했고, 나아가 20세기 초 일본 제국주의 시기 만들어진 동아시아 국제분업 관계의 회복을 의미했다.[51]

한편, 박정희 군사정권은 취약한 절차적 정당성을 보완하기 위해 다양한 개혁적 조치들을 발표했다. 여기에는 기존의 정치 세력을 부패와 무능으로 규정하고 규제하며 처벌하는 과정, 사회 정화를 기치로 각종 국민적 캠페인 시행, 반공법 제정, 비밀정보기관 조직 등이 포함되

---

47 김윤태, 〈동아시아 발전국가와 지구화〉, 158~159쪽.
48 김일영, 〈한국의 근대성과 발전국가〉, 100쪽.
49 김일영, 〈한국의 근대성과 발전국가〉, 159쪽
50 인태정, 《관광의 사회학》, 28쪽.
51 인태정, 《관광의 사회학》, 95~96쪽.

어 있었다.[52] 특히 경제기획원 발족, 경제개발5개년계획 발표, 경제개발에 필요한 자금 확보를 위한 화폐개혁 단행 등, 국민들에게 경제개발의 비전을 보여 주기 위한 다양한 개혁 조치들이 시행되었다.[53]

그러한 개혁 정책 추진 과정에 대한 논의에서 자주 간과되어 온 부분은 여성 관련 정책들이다. 통상 여성 정책은 기존 논의에서 완전히 배제되거나 다른 정책들과는 별개로 다뤄져 왔다. 본 연구에서 주목하는 부분은 군사정권이 가장 먼저 처리한 법안 중 하나가 「윤락행위등방지법」(이하, 「윤방법」)의 발효이며(1961년 11월 9일 공포)이며, 연이어 1962년 4월에 국제연합UN의 '인신매매금지 및 타인의 성매매의 착취금지에 관한 협약'(1949년 제정)에 서명했다는 사실이다. 당시 법률 제771호로 제정되어 공포된 「윤방법」은 "윤락행위를 방지하여 국민 풍기 정화와 인권의 존중에 기여하고 더 나아가 직업 교육 및 보도를 통하여 자립갱생의 정신과 능력의 함양, 건전한 사회인으로 복귀시키고자 함"을 목적으로 한다고 밝히고 있다.

그러나 이러한 정치적 행위는 수사적 언명에 불과했다. 우선 법적 실효성이 거의 없었다. 경찰은 '윤락여성'들에 대해서만 간헐적 단속을 할 뿐 성을 사는 사람이나 포주를 단속하지 않았으며, 윤락업소 밀집 지역들을 방치함으로써 '윤락 방지'의 실효성은 물론 법적 형평성마저 고려하지 않았다.[54] 그나마 간헐적으로 이루어진 단속은 무법과 무질서에 대응하는 군사정권의 정당성을 드러내 줄 때만 이루어

52 조희연, 〈동아시아 성장론의 검토: 발전국가론을 중심으로〉, 22~31쪽.

53 조희연, 〈동아시아 성장론의 검토: 발전국가론을 중심으로〉, 39~40쪽.

54 이나영, 〈금지주의와 국가규제 성매매 제도의 착종에 관한 연구: 남한의 미군정기 성매매 정책을 중심으로〉, 《사회와 역사》 75, 2007, 39~76쪽.

졌으며 이에 따른 희생양은 늘 여성들이었다. "583명이 적발(치재 회부 5백 명, 훈계 방면 813명)"된 무허가 접객업소와 "혁명 후 서울에서만 1,258명이 검거·치재"된 사창의 존재는[55] '구악을 일소하고 사회 정화를 구현'하고자 하는 군사정권의 존재감을 드러내고, 이를 통해 통치 기반을 공고히 하는 도구에 불과했다.

둘째, 국제협약에 가입한 직후인 같은 해 1962년 6월, 박정희 군사정권은 보사부·법무부·내무부 3부 합동으로 국내 총 104개소의 '특정 윤락지역'을 적선지구로 지정해 윤락행위 단속을 면제해 주었다.[56] 1962년 3월, 경찰국의 주무 담당자는 "검거에 치우친 단속만으로는 근절이 도저히 불가능하며 여러 각도에서 이들의 보도책을 강구 중인데 우선 문제되는 이들의 생계 자금을 국가 예산으로 충당 못하는 한 돈벌이 할 기회를 두고 그 연후에 단속이 있고 처벌이 있어야 할 것으로 본다"고 말하면서 "창녀들에게 상당 기간의 여유를 주어 돈벌이를 하게 할 '안전한 적선구역'들을 설정해 주는 것이 창녀 보도의 적극적인 방안이라는 결론을 얻었다"고 주장했다. 또한 이 구역 안에서는 "첫째, 종전보다 많은 요금을 받고, 둘째, 그중 일부는 반드시 저축할 것이고, 셋째, 포주에 대한 부채는 인정치 않기로 되어 있다"고 하면서 '창녀'의 보도갱생을 위해 설치가 불가피함을 강변했다.[57]

---

55 공임순, 〈빈곤의 포비아(phobia), 순치되는 혁명과 깡패/여공의 젠더 분할〉,《여성문학연구》32, 2014, 151~152쪽.

56 박종성,《매춘의 정치사회학: 한국의 매춘》, 인간사랑, 1992, 111쪽. 당시 지정된 적선지구는 용산역, 영등포역, 서울역 등 전국 46개 지역과 이태원, 동두천, 의정부 등 32개 기지촌 지역을 포함하였다.

57 《조선일보》1962년 3월 29일자, 〈창녀 상대 성불구 검증 시비, 색다른 소송이 던진 또 하나의 파문, 공창 제도 시인하는 모순, "사법 폭행"이라는 소리도〉.

이 같은 행정적 조치 이면에는 두 가지 목적이 있었다. 첫째, 「윤방법」과 특정구역의 설치는 같은 해 발표된 1차 경제개발5개년계획과 화폐개혁 단행 등을 통해 표방된 '경제적 민족주의'의 연속선상에 있는 것이었다. 당시 미국의 무상원조는 산업화 자금으로 전용할 수 있는 생필품이 주였기 때문에 산업 자금의 확보가 절실했다. 이에 박정희 정권은 각종 강제 저축을 통한 국내 자본의 부족분을 결국 외자로 메울 수밖에 없었고, 전략 산업을 결정하고 이를 육성하기 위해 국내외 가용 자원을 총동원하기 시작했다. 이후 시행된 간호사와 광부의 서독 파견 사업(1963), 해외 차관 도입, 베트남 파병은 흔히 지적되어 온 대표적인 외자 유치 전략이었다. 그러나 이러한 본격적인 외자 유치 전략 이전에 박정희 정권은 산업화, 근대화를 추동할 가용 자원으로 여성의 몸과 섹슈얼리티에 먼저 주목했다. 특정구역의 공식적인 지정 이전인 3월, "(1962) 5월에 있을 국내, 국외 갖가지 행사에 따른 많은 외국인 내한에 대비"하여 「윤방법」의 저촉을 피할 수 있는 지역 설정의 필요성을 제시한 바에서 확인할 수 있듯,[58] 국가의 경제성장과 외화벌이의 도구로서 여성의 몸과 섹슈얼리티에 대한 효율적 통제 및 관리 체제가 필요했던 것이다.

둘째, 냉전 시기 반공국가와 체제 안정성 확보와 연관된다. 김원이 지적했듯, 박정희 군사쿠데타 세력은 체제를 위협하는 내부적 "오염 요소들"을 가시화하여 이들을 규율과 훈육의 대상으로 구성함으로써 역설적으로 자신들의 위치를 정당화해 갔다.[59] 박정희 정권은 4·19

58 《조선일보》 1962년 3월 29일자.
59 김원,《박정희 시대의 유령들: 기억, 사건 그리고 정치》, 현실문화연구, 2011, 78~79쪽.

민주화혁명 시기 폭발했던 도시 하층민에 대한 불안을 잠재우고자 각종 법규와 제도를 만들고, 이들에 대한 부정적 담론을 확장해 갔다. 사회질서의 문란을 경계하고 질서를 회복한다는 명분 하에 이들을 독자적인 관리 대상으로 설정하고 처벌과 훈육 체계를 제도화했다. '창녀' 또한 '범죄'의 범주 안에 놓이면서 규율과 통제의 대상이 되기 시작했다. "창녀들"은 "우범지대"를 벗어나 "주택 지역"에 "침투"하거나 "암약"할 우려가 있기 때문에 "악의 소굴"에 속해야만 하는 인종적 타자로 언명되었다.[60] 이러한 시도는 반공국가의 국민 만들기와 긴밀한 연관성을 지니는데, "반공문명인이자 정화된 남성의 건강한 몸"에 기반한 국민 만들기는 "빨갱이"를 비롯한 "오염될 가능성이 높은 인종과 집단"에 대한 경계 짓기, 배제, 비가시화, 침묵으로 이어졌다.[61] 결국 악덕 포주의 착취로부터 보호, 저축 유도와 취업보도 등 윤락여성들이 "새로운 삶"을 살 수 있게 유도하고 이들의 "자력갱생"을 돕기 위해 특정구역 설정이 불가피하다는 주장은 오염된 몸으로서 집단적 타자 만들기와 경계 짓기, 이를 통한 집단적 감시와 통제·관리라는 박정희 세력의 의도를 가리기 위한 수사에 불과했다. 이처럼 박정희 정권은 금지와 국가 규제, 범죄화와 허용이라는 이중적 성매매 체제 구축을 통해 섹스를 활용한 관광 정책의 기반을 마련하였다.

---

60 《조선일보》 1962년 3월 29일자.
61 김원, 《박정희 시대의 유령들: 기억, 사건 그리고 정치》, 78쪽.

박정희 군사정권의 관광 개발 정책과 '기생관광'

한국의 관광 개발 정책은 대외지향적 발전 전략과 맥을 같이 한다.[62] 박정희 세력은 군사쿠데타 직후부터 관광 사업 육성을 통한 국가 차원의 외화벌이를 본격적으로 실시하기 위한 기반을 조성하기 시작했다. 1961년 8월 22일 제정, 공포된 「관광사업진흥법」(법률 제689호)은 관광에 관한 우리나라 최초의 법률로서 "관광객의 유치 및 접대와 관광에 관한 시설 및 선전, 기타 필요한 사항을 규정함으로써 관광 사업의 진흥과 외화 획득의 촉진을 도모"하기 위해 제정되었다.[63] 「관광사업진흥법」은 제정 당시, 관광 사업 업종을 여행알선업(국제여행알선업·국내여행알선업)·통역안내업·관광호텔업·관광시설업(현 특수관광업) 등 4개 업종으로 구분하고, 외국 관광객 유치 및 수용 태세 확립을 중점으로 외화 획득을 목적으로 함을 분명히 밝히고 있다.[64] 구체적으로 1961년 11월에 서울특별시 관광협회가, 1962년 6월에는 국제관광공사(1982년 한국관광공사로 명칭 변경)가, 1963년에는 대한관광협회가 설립되었다. 이에 맞춰 관광을 위한 기반 시설들도 마련되었다. 1961년 설악산 관광도로를 시작으로 불국사 도로, 제주 횡단도로 등이 포장되었고, 1968년에 경인고속도로(서울~인천)와 경부고속도로(서울~수원)가 개통되었다.[65] 운영 능력과 자금

---

62 김영래·여정태, 〈한국관광개발정책의 특성에 대한 비판과 성찰: 발전국가적 특성을 중심으로〉, 《관광학연구》 32(6), 2008, 150쪽.
63 한국관광협회중앙회, 《한국관광협회중앙회 45년사》, 한국관광협회중앙회, 2006, 95쪽.
64 한국관광협회중앙회, 《한국관광협회중앙회 45년사》, 96쪽.
65 한국관광협회중앙회, 《한국관광협회중앙회 45년사》, 96쪽.

이 부족한 민간을 대신해 정부가 직접 숙박 시설을 운영하기도 했다. 국제관광공사는 반도호텔, 조선호텔과 지방 7개 호텔의 경영권을 인수했으며, 1963년에 당시 동양 최대 규모로 개관한 워커힐호텔을 운영했다.[66]

1970년대 들어, 오일쇼크와 닉슨 독트린 등 경제 불황 속에서, 박정희 군사정권은 관광을 "무역수지 적자 폭을 메우는 유일한 흑자 산업"[67]으로 인식하고 국가 주요 전략 산업의 하나로 육성하고자 했다. 이러한 정부의 의지는 관광 법규 정비, 관광 행정조직 개편, 관광산업 육성, 관광지 개발 및 관광단지 조성에 더욱 박차를 가하는 모습으로 나타났다.[68] 이에 따라 1971년에는 '관광휴양업'을 추가로 지정하고 좀 더 적극적인 관광 개발을 위해 청와대에 '관광개발계획단'을 설치했다. 민간투자가 어려운 호텔업과 종합 휴양업을 육성하기 위해 1972년 12월 「관광진흥개발기금법」을 제정하여 제도금융으로 관광기금을 설치·운영하도록 했다. 1975년에는 관광 사업을 국가전략사업으로 지정하였으며, 「관광단지개발촉진법」을 동년 4월에 제정·공포했다.[69] 당해 12월에는 "관광사업의 육성과 규제에 관한 사항을 분리하여 종전의 잡다한 관광사업의 종류를 일부 통·폐합하며, 관광사업을 건전하게 지도·육성하기 위하여 필요한 사항을 규정"한다는 명

---

66 김영래·여정태, 〈한국관광개발정책의 특성에 대한 비판과 성찰: 발전국가적 특성을 중심으로〉, 150쪽.

67 한국관광협회, 《한국관광의 오늘과 내일》, 1975; 박정미, 〈발전과 섹스: 한국정부의 성매매관광정책, 1955–1988〉에서 재인용.

68 인태정, 《관광의 사회학》, 12쪽.

69 김영래·여정태, 〈한국관광개발정책의 특성에 대한 비판과 성찰: 발전국가적 특성을 중심으로〉, 151쪽.

분으로 「관광사업진흥법」을 폐지하고 「관광사업법」을 제정한다(1976년 7월 시행).

주목할 점은 실질적으로 끌어들일 관광자원과 사업 진행 노하우가 부족한 현실에서, 여성의 몸을 자원으로 활용한 '섹스'가 관광 개발 전략으로 채택되었다는 점이다. 여기에는 세계경제 통합에 제3세계 국가들의 관광산업이 기여하리라 판단한 미국 정부의 주문도 주요하게 작용했다.[70] 실제 1961년 발간된 《태평양 및 극동지역 관광의 미래》에서 미국 상무성은 "관광객이 2~3일 체류할 경우, 특히 서울에서 밤에 체험하고 구경할 수 있는 것을 개발하는 것이 한국 관광 발전의 중요한 요소가 될 것이다. 가능한 어디서나 그러한 오락거리 entertainment를 한국 여행상품에 포함"하도록 주문했다.[71] 이에 따라 미군 기지촌(미군 대상 성매매)에 집중했던 관광 개발 정책의 방향은 한일 국교정상화 이후 일본인 관광객으로 향하게 된다. 앞서 지적했듯 그러한 방향 선회는 사실상 금지와 허용, 범죄화와 국가 규제라는 이중적 성매매 정책이 있었기에 가능한 것이었으며, 젠더 질서와 민족 질서 간 이중의 경계 짓기를 통해 현실화되었다.

먼저 초기 관광개발정책의 주요 목표는 주한 미군을 통한 외화 획득이었다.[72] 1962년 제정·공포된 「국제관광공사법」에 따라 설립된 관광공사는 당시 그 취지를 "외국인 관광객 및 주한 유엔군을 유치함으로써 … 손쉽게 막대한 외화를 획득함으로써 관광산업의 급속한

---

70   박정미, 〈발전과 섹스: 한국정부의 성매매관광정책, 1955-1988〉, 240쪽.
71   박정미, 〈발전과 섹스: 한국정부의 성매매관광정책, 1955-1988〉, 241쪽.
72   김영래 · 여정태, 〈한국관광개발정책의 특성에 대한 비판과 성찰: 발전국가적 특성을 중심으로〉, 150쪽.

발전을 기하고"라고 밝히고 있다.[73] 이에 따라 박정희 정권은 정부 직영 관광호텔 3개소(온양·해운대·불국사)를 미군 휴양시설로 지정하고,[74] 특수관광호텔에서 이루어지는 외국인 상대 성매매에는 예외규정을 두어 「윤방법」의 적용을 보류했다. 또 1963년에는 「관광사업진흥법」을 개정하여 "주한국제연합군 및 외국인 선원 전용의 관광호텔업(관광시설업을 포함한다)에서 제공되는 주류에 대하여는 주세를 면제"하는 조항을 신설했다(제47조 2항). 아울러 1964년에는 「지방세법」을 개정하여 요리점, 무도장, 캬바레, 바, 호텔 등에서 주한 유엔군의 숙박을 포함한 유흥 음식 행위에 대해서 유흥음식세를 면제해 주었다(제139조, 제141조).[75] 당시 외국인 관광객의 대부분은 미군이었기에 「윤방법」 적용이 보류된 104개 특정구역(1964년에는 145개로 증가함) 중 약 60퍼센트가 미군 기지촌이었다는 점은 놀라운 사실이 아니다.[76]

1965년 한일 국교정상화는 한국 관광을 또 다른 방향으로 전환시키는 데 기여했다. 당시 일본은 1964년 4월 1일부터 자국민 해외관광 여행자유화 조치를 취해 동양 제일의 송객 시장으로 부상하고 있었다.[77] 이에 정부 관계부처 회의에서는 "외국인 관광객에게 인기가 있

---

73 한국관광공사, 《한국관광공사 40년사》, 2002; 김영래·여정태, 〈한국관광개발정책의 특성에 대한 비판과 성찰: 발전국가적 특성을 중심으로〉, 150쪽에서 재인용

74 교통부 기획조정관실, 《한국교통연감》, 1961; 박정미, 〈발전과 섹스: 한국정부의 성매매관광정책, 1955-1988〉, 243쪽에서 재인용.

75 박정미, 〈발전과 섹스: 한국정부의 성매매관광정책, 1955-1988〉, 244쪽.

76 장필화·조형, 〈국회 속기록에 나타난 여성정책 시간: A. 매매춘에 대하여〉, 《여성학논집》 7, 1990, 13쪽.

77 한국관광협회중앙회, 《한국관광협회중앙회 45년사》, 105쪽.

는 한국 요리점의 호스테스의 훈련이 시급"[78]하다고 하면서 섹스관광을 통한 관광 활성화를 모색하게 된다. 이에 따라 1971년에 「관광사업진흥법」 개정 시행령에 "한국식 요정"을 관광휴양업에 추가했고,[79] 1973년 개정된 동법 시행규칙에는 "관광호텔, 요정, 식당의 접객요원을 대상으로 연 40시간 이상의 교육 시간을 가질 것"을 명시했다. 동규칙의 [별표2] '외국인전용관광사업기준'에 따라 "접객용 의자 총수의 2분의 1에 해당하는 여자종업원을 전속으로 고용하고 있을 것"을 강제하기도 했다. 또 국제관광공사에 '요정과'를 설치해 '관광기생'에게 접객원 증명서를[80] 발급하고 1년에 두 차례의 교양 교육을 실시하도록 했다. 1971년 국제관광공사 총재로 취임한 안동준은 "관광 진흥의 묘안"으로 "의식衣食과 주酒, 그리고 여자", 곧 "기생"이라고 노골적으로 지적한 바 있다.[81] 실제 1972년 교통체신위원회 회의록에 따르면(〈그림 1〉 참조), 관광사업 활성화를 위해 고안된 각종 서비스 개선 내용에 "유흥오락 서비스"가 있으며 1972년 4월 15일부터 574명

---

78 〈교통비사〉 1967; 박정미, 《한국 성매매정책에 관한 연구: '묵인-관리 체제'의 변동과 성판매여성의 역사적 구성, 1945~2005》. 서울대학교 사회학과 박사학위논문(미간행), 2011, 197쪽에서 재인용.

79 관광요정이 관광사업업종에서 제외된 것은 1981년 11월에 이르러서였다. 〈관광요정 등 4업종 등록제 폐지〉, 《동아일보》 1981년 11월 19일자.

80 《경향신문》(1972년 10월 4일자)은 "외국 관광객 상대 말썽 빚은 '접객 등록증'"이라는 제목 하에 "관광객을 대상으로 영업하는 접객여성(속칭 관광기생)들에게 '관광종사원 등록증'을 발급, 등록제를 실시함으로써 접객여성들에게 등록 공인된 윤락녀라는 인상을 줘 큰 말썽을 빚고 있다.…이 같은 조치가 실시되자 대부분의 접객여성들이 관광객 접객을 보이콧함으로써 관광객이 요정에서 2시간씩 대기하는 등 시행 초기부터 말썽이 잇따랐다"고 보도하고 있다.

81 《매일경제》 1971년 7월 24일자; 박정미, 〈성 제국주의, 민족 전통, 그리고 '기생'의 침묵: '기생관광' 반대운동의 재현정치, 1973~1988년〉, 249쪽.

| 그림 1 | 1972년 국회 교통체신위원회 회의록

마. 「서비스」 개선
  1) 출입국 절차 간소화
    가) 관광비자 24시간내 발급
    나) 구두통관제 실시
    나) 출국외국인에 대한 검역「카드」검
       열제 폐지
  2) 관광호텔 「서비스」 개선
    가) 혼석에외조치(외국인)
    나) 각종단속 완화
    다) 관광종사원 교육
  3) 관광교통 수단
    가) 「리무진」 버스 운행
    나) 부당요금 단속 강화
    다) 정기관광「코스」 선정
  4) 유흥오락 「서비스」
    가) 「호스테스」교육(72.4.15부터 실시
       대상 574명)
    나) 교육미필자의 채용금지 조치계획

마. 관광수용시설의 확충
  1) 관광호텔의 건설(9개 호텔 1,100실)
  2) 관광전망대건설(공주 직지사 해인사)
  3) 관광요정의 개발
  4) 관광버스의 확보(냉난방)

출처 : 교통부, 〈제82회 교통체신위원회 회의록, 2. 교통부(본부 및 국제관광공사) 소관업무현황보고〉, 1972, (1972. 7. 26)

을 대상으로 "호스테스 교육"을 실시한다고 기록되어 있다. 또한 관광 수용시설의 확충을 위해 '관광요정'의 개발이 명시되어 있다. 1972년 5월 국제관광공사는 "외국인과 합작투자로 약 3천만 달러를 들여" "서울 영등포구 방화동 일대에 기생촌·누드촌·카지노 등이 들어설 대규모 관광단지를 조성"할 계획이라고도 밝혔다.[82]

이러한 정부의 노력 덕분인지 실제 1962년 1만 5,184명이었던 외국인 관광객은 1973년 67만 9,221명으로 전년 대비 183퍼센트 증가했고, 1979년에는 112만 6,100명으로 전년 대비 104퍼센트 증가했다. 1962년부터 1979년까지 관광객 수는 연평균 32.1퍼센트라는 높은 증가율을 보였다(〈표 1〉 참조). 이에 따라 1962년 463만 2천 달러

---

82 《중앙일보》 1972년 5월 30일자, 〈외인 관광지 조성〉.

에 불과했던 외화 수입도 1964년에는 1,570만 4천 달러로 전년 대비 301.3퍼센트 증가했으며, 1973년에는 2억 6,943만 4천 달러로 전년 대비 324.5퍼센트 증가했다(〈표 2〉 참조).

| 표 1 | 연도별 관광객 유치 실적

연도	관광객(명)	전년대비(%)
1962	15,184	136.6
1963	22,061	145.3
1964	24,953	113.1
1965	33,464	134.1
1966	67,965	203.1
1967	84,216	123.9
1968	102,748	122.0
1969	126,686	123.3
1970	173,335	136.8
1971	232,795	134.3
1972	370,656	159.2
1973	679,221	183.3
1974	517,590	76.2
1975	632,846	122.3
1976	834,239	131.8
1977	949,666	113.8
1978	1,079,396	113.7
1979	1,126,100	104.3

출처: 교통부, 〈1980년도 관광 동향에 관한 연차보고서〉(미간행), 1980, 22쪽

| 표 2 | 연도별 외화 획득 현황

연도	외화유입(천불)	전년대비(%)
1962	4,632	242.3
1963	5,212	112.5
1964	15,704	301.3
1965	20,798	132.4
1966	32,494	156.2
1967	33,817	104.1
1968	35,454	104.8
1969	32,809	92.5
1970	46,772	142.6
1971	52,383	112.0
1972	83,011	158.5
1973	269,434	324.5
1974	158,571	58.9
1975	140,627	88.7
1976	275,011	195.6
1977	370,030	134.6
1978	408,106	110.3
1979	326,006	79.9

출처: 교통부, 〈1980년도 관광 동향에 관한 연차보고서〉(미간행), 30쪽

| 그림 2 | 연도별 입국 관광객 수 추이

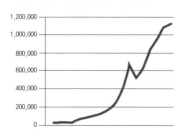

| 그림 3 | 외화 수입 증감 추이

단위: 천불

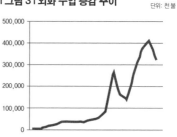

이러한 관광객과 관광 수입의 비약적 증가는 일본인 남성 관광객 덕분이었다. 한일 국교정상화 직전인 1964년에 전체 외국인 관광객 중 9.1퍼센트에 불과하던 일본인 관광객은 1973년 전체의 69.9퍼센트에 이르렀고(〈표 3〉 참조), 같은 해 대만을 제치고 한국이 일본인들의 제1 관광지가 되었다(〈표 4〉 참조). 1979년에는 한국에 방문하는 전체 일본인 관광객 중 93.7퍼센트가 남성이었다.[83]

| 표 3 | 연도별 국적별 관광객 입국 실적 단위: 명

	미국	일본	교포	중국	영국	기타	계
1962	7,328 (48.3)	1,825 (12.0)	2,246 (14.8)	645 (4.0)	602 (4.0)	2,538 (16.7)	15,184
1963	10,178 (46.1)	2,167 (9.8)	5,424 (24.6)	1,033 (4.7)	705 (3.2)	2,552 (11.6)	22,061
1964	11,530 (46.2)	2,280 (9.1)	6,357 (25.5)	1,322 (5.3)	737 (3.0)	2,727 (10.9)	24,953
1965	14,152 (42.3)	5,110 (15.3)	8,467 (25.3)	1,346 (4.0)	828 (2.5)	3,561 (10.6)	33,464
1966	30,226 (44.6)	16,873 (24.9)	12,005 (17.7)	2,109 (3.1)	1,052 (1.3)	5,700 (9.2)	67,965
1967	39,274 (46.6)	19,740 (23.4)	13,697 (16.7)	2,615 (3.1)	1,522 (1.8)	7,368 (8.8)	84,216
1968	41,823 (40.7)	25,219 (24.5)	18,445 (18.0)	3,797 (3.7)	1,924 (1.7)	11,540 (11.2)	102,748
1969	49,606 (39.2)	32,181 (25.4)	25,825 (20.4)	3,727 (2.9)	2,564 (2.0)	12,783 (12.3)	126,686
1970	55,352 (31.9)	51,711 (29.8)	33,797 (19.5)	8,636 (5.0)	2,680 (1.5)	21,159 (12.3)	173,335
1971	58,003 (24.9)	96,531 (41.5)	50,350 (21.6)	5,077 (2.3)	3,029 (1.3)	19,812 (8.4)	232,795
1972	63,578 (17.2)	217,287 (58.6)	55,280 (14.9)	7,236 (2.0)	3,671 (1.0)	23,577 (6.3)	370,656
1973	77,573 (17.4)	**474,773** **(69.9)**	73,466 (10.8)	11,592 (1.7)	4,980 (0.8)	36,837 (5.4)	679,221
1974	80,621 (15.6)	299,756 (57.9)	79,620 (15.4)	14,557 (2.8)	5,345 (1.0)	37,691 (7.3)	517,590

83 Muroi, H. and N. Sasaki, "Tourism and Prostitution in Japan," Sinclair, M. T.(eds.), *Gender, Work and Tourism*, London and New York: Routledge, 1997, p. 186.

1975	97,422	363,879	86,055	21,034	6,446	58,010	632,846
	(15.4)	(57.5)	(13.6)	(3.3)	(1.0)	(9.2)	
1976	102,199	521,128	101,007	23,926	8,899	77,080	834,239
	(12.3)	(62.5)	(12.1)	(2.9)	(1.1)	(9.1)	
1977	113,710	581,525	113,939	27,718	9,970	102,804	949,666
	(12.0)	(61.2)	(12.0)	(2.9)	(1.0)	(10.8)	
1978	118,039	667,319	135,058	31,877	12,566	114,537	1,079,396
	(10.9)	(61.8)	(12.5)	(3.0)	(1.2)	(10.6)	(100.0)
1979	127,355	649,707	146,984	67,039	13,395	121,620	1,126,100
	(11.3)	(57.7)	(13.1)	(6.0)	(1.2)	(10.7)	(100.0)

출처: 교통부, 〈1980년도 관광 동향에 관한 연차보고서〉(미간행), 1980

| 표 4 | 일본인들의 국가별 관광 현황

	대만	한국	필리핀	태국
1964	5,225	1,846	2,391	3,399
1967	40,357	19,213	6,134	7,857
1969	100,927	31,111	8,086	12,948
1970	113,676	45,269	7,204	12,946
1973	341,096	411,189	30,072	68,195
1975	358,621	319,984	119,876	69,890
1977	482,832	447,519	145,689	79,090
1979	618,538	526,327	190,637	89,140
1980	584,641	428,008	187,445	93,413
1983	572,898	407,335	143,934	100,327
1985	618,511	480,583	136,513	108,460
1987	806,487	707,906	134,204	161,955

출처: *Annual Report of Statistics on Legal Migrants, Ministry of Justice, 1965-88*; Muroi et al, "Tourism and Prostitution in Japan," p. 185에서 재인용.

'기생관광'과 포스트식민 조우

근대 시기 세계박람회는 서구의 발전된 산업을 칭송하면서 동시에
다른 문화, 다른 사람들, 다른 식민지 영토들을 전시물로 제공함으로
써 동양적 삶의 무시간성과 유럽의 역동성을 대조적으로 보여 주려

고 했다.[84] 관광도 이와 유사한 방식으로 조직되는데, 유럽인들은 미지의 땅을 관광하며 공간을 지배하는 반면, 비유럽인은 여전히 특정 장소에 갇혀 있는 존재로 상상되곤 했다.[85] 탈식민주의 이론가인 바바H. Bhabha는 문화적 차이는 '시각적' 대상에 담아 고착시켜 바라보려는 욕망으로 나타나는데, 이미지의 표상 작용은 항상 공간적으로 분열되며 시간적으로 연기된다고 지적한다.[86] 이런 맥락에서 보니페이스와 파울러Boniface & Fowler는 관광을 식민주의적 충동을 먹고 자라기에 많은 측면에서 일종의 신식민주의라고 주장하기도 한다.[87] 관광을 탈식민지적으로 사고한다는 것은 '관광'이라는 실천 겹겹에 새겨진 위계를 드러내고, 기생관광을 통해 드러나는 '시간적 분절'과 '공간적 불균등'을 상상하려는 시도이다. 본 연구에서 주목하는 '조우'는 세 가지 차원이다. 첫째, 관광은 관광객이 관광지 사회와 직접적으로 마주치는 사건이다. 절대다수의 관광객이 남성이었고 관광자원으로써 여성의 몸과 섹슈얼리티가 직접적으로 동원되었다는 점에서, 기생관광은 성별화되고 성애화된 성격을 지닌다. 둘째, 기생관광은 '기생'이라는 식민지적 기표를 포스트식민 공간에 소환함으로써 식민지 과거로 고정되는 관광지와 제국의 현재성을 향유하려는 관광객이 마주치는 사건이었다. 이로써 민족과 젠더 질서는 식민과 포스트식민 공간의 분절과 절합을 통해 2중, 3중으로 얽힌다. 셋째, 남성화된 관광객

---

84 조앤 샤프, 《포스트식민주의의 지리》, 92~95쪽.

85 조앤 샤프, 《포스트식민주의의 지리》, 64쪽.

86 호미 바바, 《문화의 위치: 탈식민주의 문화이론》(수정판). 나병철 옮김, 소명출판, 2012, 114~116쪽.

87 닝왕, 《관광과 근대성: 사회학적 분석》, 222쪽.

과 여성화된 관광지의 마주침은 역설적으로 남성의 얼굴을 한 관광지 국가와 식민지 남성에 의해 강력하게 추동된 것이었다. 식민지배자 남성과 다시 조우하게 된 식민지 남성은 두 가지 전략을 통해 재식민화와 여성화의 문제 해결을 모색하게 된다.

성별화되고 성애화된 관광객과 관광지의 조우

기생관광은 일본인 남성 관광객과 성애화된 한국의 관광지가 조우하는 장이었다. 1979년의 성별에 따른 일본인 관광객의 주요 목적지를 살펴보면(〈표 5〉 참조), 대체로 남성 관광객의 비율이 높지만 대만·한국·필리핀의 경우 그 비율이 유난히 높으며, 그중에서도 한국은 93.7퍼센트로 남성의 비율이 가장 높은 나라임을 알 수 있다. 안내 깃발을 따라 20~50명씩 떼를 지어 공항, 호텔, 술집, 유원지 등을 다

| 표 5 | 1979년 성별에 따른 일본인 관광객들의 주요 목적지

국가	합계	남성(Male)	여성(Female)	남성의 비율
미국(US)	1,410,320	837,504	572,816	59.4
대만	618,538	565,223	53,315	**91.4**
한국	**526,327**	**493,100**	**33,227**	**93.7**
홍콩	392,746	256,814	135,932	65.4
필리핀	190,637	159,522	31,115	**83.7**
프랑스	166,622	84,162	82,460	50.5
싱가포르	106,403	71,014	35,389	66.7
영국	97,295	57,659	39,636	59.3
태국	89,140	70,304	18,836	78.9
인도네시아	57,406	44,373	13,033	77.3
서독	47,109	34,277	11,832	74.3
기타	336,755	241,440	95,315	71.7
총계	4,038,298	2,915,392	1,122,906	72.2

출처: *Annual Report of Statistics on Legal Migrants, Ministry of Justice, 1980*; Muroi et al, "Tourism and Prostitution in Japan," p. 186에서 재인용

니는 일본 남성 관광객들의 모습은[88] 당시 대한민국에서 더 이상 낯설지 않은 광경이 되었다. 그렇다면 그들은 주로 무슨 목적으로 한국에 온 것일까.

한국교회여성연합회가 조사한 자료에 의하면, 구미 관광객들이 한국의 시장·농촌·판문점을 선호하는데 반해 일본 관광객들은 요정·고궁·사찰의 순으로 선호하며, 이들 중 대부분(80퍼센트)은 한국에서 가장 기억에 남는 것이 '기생파티'였다고 한다.[89] 실제 한국관광 관련 당시 홍보물들은 온통 '기생관광' 선전에 집중되어 있었다. 한 일본 항공사가 해외 여행자들을 위해 발간한 가이드 시리즈 17호《한국의 여행》을 보면, "한국의 밤을 장식하고 즐거웁게 하려면 먼저 기생파티를 필두로 시작하지 않으면 안 된다"고 되어 있다.[90] 일본의 한 여행사는 소개 책자에서 "한국의 명물인 강장제 인삼을 먹고 기생파티를 즐기지 않으시렵니까?"라고 한국 관광을 홍보했고, 국내 H여행사는 "기생의 서비스가 만점", "남성의 천국"으로 한국을 소개했다.[91] 1972년에 발간된《한국관광자원총람》은 "시청 앞 → 용두산 → 송도 → 해운대(나이트클럽) → 동래온천(기생파티)"을 부산 관광 '공식' 추천 코스로 제시하기도 했다.[92]

기생관광의 과정은 주로 일본 소재 여행사가 관광객을 모집한 후

---

88 이현숙,《한국교회여성연합회 25년사》, 한국교회여성연합회, 1992, 82~83쪽.

89 한국교회여성연합회,《기생관광 - 전국 4개 지역 실태조사 보고서》(미간행), 1983, 8쪽.

90 한국교회여성연합회,《반기생관광 국제세미나 프로젝트 - 여성과 관광문화》(미간행), 1988, 24쪽.

91 한국교회여성연합회,《반기생관광 국제세미나 프로젝트 - 여성과 관광문화》, 10쪽.

92 문재원·조명기,〈관광의 경로와 로컬리티: 부산 관광 담론을 중심으로〉,《인문연구》 58, 2007, 814쪽.

국내 소재 여행사에 관광 안내와 호텔 예약 등을 위탁하면 국내 여행사 측에서 관련한 모든 것을 대행해 주는 방식으로 이뤄졌다. 일본인 남성들은 대개 기생관광 안내문을 보고 6개월이나 1년 단위로 계를 들어 오는 경우가 많았고, 공장에서 주는 집단관광 보너스로 기생관광을 즐기기도 했다.[93, 94]

일본인 관광객들은 대개 일본 소재 여행사가 모집한 후 서울 소재 국제여행사, 혹은 직접 제주 여행사에 관광 안내와 호텔 예약 등 수배를 위탁해 오면 여행사 측에서 관련한 모든 것을 대행해 주는 경로를 취한다. … 이렇게 집단으로 모집이 되면 대부분의 단체는 일본 전세기를 타고 제주국제공항에 도착하는데 이때 여행사에서는 각 손님들을 확인할 수 있는 깃발이나 플래카드를 들고 공항에 마중을 나간다. … 이들은 호텔에서 여장을 풀고 명색뿐인 시내 관광을 1~2시간쯤 돌면 곧바로 요정으로 직행하게 되는데 이미 요정에는 대기실에 그날의 순번들이 준비를 끝내고 이들을 기다린다. … 요정에서 보내는 시간도 대략 1시간~1시간 반 정도로 끝난다. 이때 여자들은 조금이라도 시달리는 시간을 짧게 하기 위해 몇 패씩 짝을 지어 나이트클럽이나 가라오케 등으로 간다. 그곳에서 일본말로 노래를 부르며 흥을 돋군 다음 호텔로 가게

93 한국교회여성연합회, 《반기생관광 국제세미나 프로젝트 – 여성과 관광문화》, 24~28쪽.
94 토미오카Tomioka는 한 대형 자동차 부속품 회사가 높은 이익을 낸 노동자들에게 보상 차원에서 한국을 포함해 동남아시아로 관광을 보내 주었다는 보고서를 발견했다. 이 보고서는 높은 판매율에 대한 보상으로서 '오가와 씨Mr. Ogawa'를 비롯한 세 명의 일본인 남성이 태국으로 관광을 간 후, 어떻게 태국 소녀를 사고 성매매를 했는지 묘사하고 있다(Tomioka, 1990; Muroi & Sasaki, "Tourism and Prostitution," p.186에서 재인용).

되는 것이다. … 이렇게 밤새 시달린 아가씨들은 오전 7시쯤 업소에다 일인으로부터 받은 3만 엔을 제출하면 비로소 퇴근을 할 수 있다."[95]

이처럼 일본인 남성들에게 한국 관광은 "명색뿐인 시내 관광"이 아니라 요정에서 이루어지는 기생파티, 이어지는 나이트클럽 등에서의 유흥 및 호텔에서의 성매매를 의미했다. 일본인 관광객들은 한국 여성을 통해 이국적인 것과 에로틱한 것을 동시에 추구했으며, 이들에게 한국 관광은 평범한 일상으로부터의 탈출이자 성적 일탈의 기회였다.

일본인 관광객들의 주요 방한 목적은 외국인 관광객들의 국적별 소비 성향 비교를 통해서도 가능할 수 있다. 1972년 7월부터 12월까지 실시된 조사에 따르면, 김포와 부산으로 입국한 외국인 관광객 중 구미 지역 입국객은 여행 경비로 식비 27퍼센트, 매물(쇼핑)비 25.6퍼센트, 숙박비 19퍼센트 순으로 사용한 반면, 일본인 관광객은 매물(쇼핑)비 42.8퍼센트, 유흥비 20퍼센트, 숙박비 11.4퍼센트, 식비 8.2퍼센트 순으로 나타나[96] 유흥비가 다른 외국인들에 비해 압도적으로 높았다. 이러한 상황은 종종 언론에 보도되곤 했는데 아래는 1972년 《동아일보》 기사다.

우리나라를 찾는 관광객의 특이한 현상은 미국인 관광객이 줄어드는 대신 일본인 관광객이 크게 불어나고 있다는 것이다. 이러한 현상은 우

---

95   한국교회여성연합회, 《반기생관광 국제세미나 프로젝트 – 여성과 관광문화》, 25~26쪽.
96   한국관광협회중앙회, 《한국관광협회중앙회 45년사》, 134쪽.

리나라의 관광자원과도 크게 관련되어 있는데 일본인들은 야간 관광의 한 코스로 '기생파티'를 가장 매력 있는 것으로 생각하고 있으며 보통 3박 4일의 예정을 2박 3일로 줄이면서도 이 파티를 즐긴다는 것이다."[97]

한국이 일본 남성들에게 그저 '기생관광'의 장으로 인식되었다는 점은 곧 한국이라는 국가 자체가 '여성'/성적 대상이라는 이미지로 재구성됨을 의미했다. 그리고 이들 관광객을 마주하는 순간 관광지 대한민국은 식민지 조선반도로 재영토화된다.

포스트식민 노스탤지어: '기생'의 소환

식민지의 여성이 이국적이고 성애적인 방법으로 이미지화되는 것과 마찬가지로,[98] 관광지 여성도 전통문화의 담지자로서 문화적 재현물[99]로 재탄생한다. 식민지 관광이 제국의 승리를 눈으로 확인하고 만끽하는 것이었다면, 포스트식민 관광은 잃어버린 제국에 대한 향수이자 일종의 추억담이라 할 수 있다. 한국 관광에서 핵심적 기표였던 '기생'은 포스트식민 관광 실천 안에서 발생하는 지연된 시간성과 여성화된 관광 이미지를 적나라하게 보여 준다.

일제 시기 '기생'은 공창제도에 의해 성매매 여성('창녀')으로 재구성되었다. 식민지 시기 이전 조선에도 성매매는 존재했으나 성매매

---

97 《동아일보》 1972년 4월 10일자, 〈스케치〉.

98 신시아 인로, 《바나나, 해변 그리고 군사기지: 여성주의 국제정치 들여다보기》, 2011.

99 Wenk, S., "Gendered Representations of The Nation's Past and Future," Blom, I., K. Hagemann, and C. M. Hall(eds.), *Gendered Nations: Nationalism and Gender Order in the Long Nineteenth Century*, Oxford and New York: Berg, 2000.

를 겸업으로 하는 관기 외에는 대부분 밀매음 상태였으며, 성매매를 전업으로 하는 여성들을 국가가 공인하고 체계적으로 관리한 제도, 소위 '공창제도'는 없었다.[100] 조선 내 공창제도는 1908년 일제에 의해 '창기단속령'과 '기생단속령' 공포로 시작되어 1916년 「대좌부창기취체규칙」을 통해 확립되었다. '창기단속령'과 '기생단속령'은 창기를 "상화실, 갈보 또는 색주가의 작부를 총칭"하고, 기생을 "옛날부터 내려온 관기 또는 기생이라고 불리는 자를 총칭"하는 것으로 범주화하여 기생을 일정한 기예를 가진 고상한 존재로, 창기는 성매매만을 전문적으로 하는 하등한 존재로 구분했다.[101] 그러나 창기와 기생 모두에게 '거주 제한'과 '성병 검사'를 꾀함으로써 기생도 성매매 여성의 한 부류로 이해되었으며, 마침내 1916년 「대좌부창기취체규칙」을 공포함으로써 각 도마다 달랐던 예기·작부·창기에 대한 규칙을 전국적으로 통일시켜 '공창'화하는 법적 규제를 확립하였다.

이처럼 일제에 의해 성매매 여성으로 재구성된 '기생'은 다양한 재현 행위를 통해 일본 제국 남성들이 식민지 '조선'을 상상하는 핵심적 기표로 재탄생한다. 당대 제국주의 일본인 남성들에게 기생 이미지는 식민지/여성에 대한 이국적 취향과 성애적 판타지가 긴밀하게 연결된 것이었다.[102] 실제 1920~30년대에 본격화된 식민지 관광 정책 속에

---

100 야마시다 영애,《한국 근대 공창제도 실시에 관한 연구》, 이화여자대학교 여성학과 석사학위논문(미간행), 1992, 2쪽

101 박정애,《일제의 공창제 시행과 사창 관리 연구》, 숙명여자대학교 사학과 박사학위 논문(미간행), 2009, 48쪽.

102 서지영,〈표상, 젠더, 식민주의: 제국 남성이 본 조선 기생〉,《아시아여성연구》48(2), 2009, 66쪽.

| 그림 4 | 식민지 시기 관광 홍보물에서의
조선 여성 이미지

출처: 김수현, 〈새로운 소비문화 '관광': 식민지 조선의 여행지 홍보
수단〉,《민족 21》 98, 2009

서 '기생'은 식민지 조선의 기표
이면서 동시에 '내지' 일본 남성
들의 호기심을 자극하는 성애
적 아이콘으로 각종 안내서에
등장했다.[103] 일례로 기생 잡지
《장한長恨》(1927) 창간호에 실린
"외국인이 본 기생"이라는 기사
에서 한 일본 남성은 조선 기생
을 마치 '선녀'와 같이 아름다운

존재로 동경해 오다가, 명월관에 가서 기생을 만나고 나서 화려한 '단
치마저고리'에 금비녀로 '쪽진 머리', 어여쁜 '발 맵시' 등 조선 기생만
이 가진 미의 극치를 느꼈다고 진술하고 있다(〈그림 4〉 참조).[104] 다카
하마 교시(1874~1959)가 저술한 여행안내서인《朝鮮》에서도 조선은
일본의 위대함을 드러내 주는 상대적 장치이자, 문명국 일본의 세계
지향과 제국주의 팽창의 가교로 표상되었다. 조선인은 과거의 전통적
'문화'로 표상되는 '기생'이거나, 일본인의 관광을 돕기 위한 순종적인
뱃사공, 혹은 요리사 등의 이미지로 정형화되었다.[105] 이는 젠더와 민
족적 질서를 재구성하고 확증하는 식민지 통치 과정과 긴밀히 연관된
다. 즉 서구가 '게이샤'를 통해 일본을 상상하고 이국적 판타지를 충족

---

103 서지영, 〈표상, 젠더, 식민주의: 제국 남성이 본 조선 기생〉, 68쪽.

104 《長恨》(1927); 서지영, 〈표상, 젠더, 식민주의: 제국 남성이 본 조선 기생〉, 68쪽에서
     재인용.

105 서기재, 〈高濱虛子의 『朝鮮』연구 ─「여행안내서」로서의 의의〉,《일본어문학》 16,
     2002, 63~82쪽.

시켰듯, 일본의 '내지' 남성들은 조선의 기생을 통해 식민지 조선을 상상하고, 식민지배자의 시각에서 이국적 판타지를 실현시키고자 했던 것이다.[106]

해방 후 미군 기지촌의 여성들이 "양공주"(서양 공주)라는 이름으로 불렸던 데 반해,

| 그림 5 | 한국 관광의 이미지

출처: 《동아일보》 1973년 7월 13일자, 〈일본인 관광 한국의 실상〉

일본인 관광객을 상대한 한국 여성들이 "(관광)기생"이라는 이름을 부여받았다는 점은 그러한 식민지 젠더와 민족 질서를 환기한다는 점에서 오히려 아이러니하다.

〈그림 5〉는 "일본인 관광, 한국의 실상"이라는 제목의 기사[107]와 함께 실린 사진으로 〈그림 4〉와 같은 식민지 시기 관광 안내서의 표지를 상기시킨다. 이 기사의 부제는 "기생 파티서 순종의 미덕 발견"이다.

> 최근 일본의 일부 매스컴이 일본 남성들이 전후 일본 사회의 급속한 미국화로 사라진 일본 여성 고유의 이미지를 한국 여성 속에서 찾으려 한다든지 … 나는 일본이 싫다. 동경은 지긋지긋하고 일본 여자는 보기도 싫다. … 나의 어린 시절 밖에서 돌아오면 돌아가신 내 어머니가 내 발을 씻어 주듯이 나의 '후미상'(자기 어머니의 이름을 붙였다는 한국 기생)은 … 설령 돈 때문이라 하더라도 나 같은 노인을 이처럼 정성을 다해 돌봐 주는 여자가 동

---

106 서지영, 〈표상, 젠더, 식민주의: 제국 남성이 본 조선 기생〉, 68쪽.
107 《동아일보》 1973년 5월 16일자, 〈일인관광 「폭주」 그 실태와 수용 대비책〉.

경에 있던가."[108]

"사라진 일본 여성 고유의 이미지를 한국 여성 속에서 찾으려 한다"는 위 문장이 보여 주듯, 포스트식민 관광지 한국의 성매매 여성 '기생'은, 식민지 관광과 마찬가지로 한국을 이국적인 땅으로 만드는 동시에 잃어버린 과거 또는 전통적 미덕을 환기하는 기표로 재구성된다. 노스탤지어로 포장된 일본 남성들의 성적 욕망은 여성혐오적 이분화(순종적/그렇지 않은 여성)와 여성 내부의 분절화(한국/일본 여자)를 통과하며 자기합리화(기생관광을 할 수 밖에 없는 자신)의 논리로 발전된다. 이로써 일본인 남성들은 전前 식민지를 관광하며 여성의 몸으로 환원되는 공간을 다시 지배하는 주체로 스스로를 위치 짓는 반면, 식민지의 주체들은 '기생'이라는 기표를 통해 여전히 퇴행적 시간과 장소에 갇혀 있는 대상으로 고정된다.

〈그림 6〉의 1973년 대한항공 광고는 포스트식민 관광지 한국의 이미지를 엿볼 수 있는 또 다른 사례다. "화려한 궁전에서 예쁘고 상냥한 스튜와데스의 서비스"라는 문구와 함께 전시된 한복 차림의 한국 여성은 잃어버린 식민지에 대한 일본인 남성들의 노스탤지어를 자극하며 실패한 제국주의의 욕망을 에로틱하게 어루만지고 있는 듯하다.

〈그림 4〉에서 식민지 조선이 기생으로 상징되고 일본인 관광객을 유인하기 위한 기표로 활용되었다는 점을 상기할 때, 〈그림 5〉와 〈그림 6〉은 여전히 '탈식민'하지 못한 포스트식민 대한민국의 현실이 젠

---

108 《동아일보》 1973년 7월 13일자, 〈일본인 관광 한국의 실상〉.

| 그림 6 | 1973년 대한항공 광고문

낭만과 멋이 흐르는 하늘여행!

당신도 한번 이 멋을 즐겨보십시오!
푸르른 하늘을 질주하는 화려한
궁전에서 예쁘고 상냥한 스튜와데스의
서비스에 오히려 시간을
아쉬워하는 조용한 무드입니다.
그리고 여행경비와 시간절약을
계산하여 보면
오히려 비행기 여행이 경제적이라는
것을 느끼게 됩니다.

출처: 서울신문, 《선데이 서울》 236호, 1973. (1973. 4. 22) http://www.seoul.co.kr/news/photoListSunday.
phpsection=sunday_poster&page=23

더와 섹슈얼리티를 매개로 재구성된 '전통'이라는 기표를 통해 폭로
되고 있다는 점에서 역설적이다. 실제 관광요정은 "고유한 한국적 아
치"를 풍기는 존재로 「관광사업진흥법」 시행규칙(1973)에 특별히 명
시되기까지 했다. 기생이라는 더 이상 존재하지 않는 과거의 기표가
"고유한 한국적" 특색을 담지한 전통의 상징으로 소환되었던 것이다.

이처럼 기생관광은 관광객의 현재와 관광지의 과거가 젠더화되고
인종화된 몸을 통해 만나는 사건이다. 관광객의 잃어버린 영광은 관
광지의 수치스러운 식민지 과거를 관통하면서 일시적이나마 재현된
다. '발전된' 국가의 아들로 다시 등장한 구舊 식민지배자−남성−의 성
적 대상이라는 과거의 시간성에 한국 여성이 감금되는 사이, 식민지
출신 남성들은 스스로를 식민지배자 남성과 동일시하며 미래로 향한
문을 열려 한다.

아까 말씀 가운데 요새 신문에도 외신에도 나오고 있습니다마는 오는 손님들이 요정들을 많이 이용한다, 이런 얘기가 많이 나왔는데 역시 관광객들은 외국에 나가게 되면 그 나라의 어떤 특색, 자기 나라에서 볼 수 없는 그런데 한번 가보고 싶은 것이 그것이 일반 사람들의 여객의 공통된 심리가 아닌가 보고 있습니다.[109]

1973년 당시 교통부 장관이었던 김신의 발언에서 보듯, 남성 위정자들은 인종적 위계와 무관한 남성중심적 성애적 상상력과 욕망 구도 안에서만 기생과 관광요정을 상상한다. 일본 관광객들이 "요정을 많이 이용"하는 이유를 관광지 사회의 이국적인 특색을 맛보고 싶은 남성들의 자연스럽고 공통된 "심리"로만 이해하려 한다. 포스트식민 남성은 '같은' 남성으로서의 동일시를 통해 식민지배자와 식민지 간 위계 질서를 애써 회피하려 하지만, '그들'을 다시 우월적 위치로, '그들의 나라'를 발전된 미래로 다시 확증해 주고 있다는 사실을 알지 못한다. 그러므로 기생관광의 가장 큰 아이러니는 과거 식민지 남성의 굴욕감이 현재 자국 여성들의 몸을 통해 (다시) 재현되어야만 '발전'국가, 혹은 보다 나은 미래로 갈 수 있는 상황 그 자체일 것이다.

관광객 남성과 관광지 남성의 조우: 재구성되는 남성성

관광이 남성화된 관광객과 여성화된 관광지의 조우라면, 관광지 사회 남성들의 남성성은 단순히 여성화되고 재식민화된 채 남아 있

---

109 당시 교통부 장관 김신의 발언. 교통부, 〈제86회 제2차 교통체신위원회 회의록, 2. 교통부(본부 및 국제관광공사) 소관업무현황보고〉, 1973. (1973. 5. 30)

을까? 특히 기생관광처럼 성애화된 관광을 적극적으로 추진했던 주체가 고도의 남성화된 국가라면 이 '남성성'은, 서로 다른 남성화된 실천과의 조우 속에서 어떻게 (재)구성될까? 코넬R. Connell을 비롯한 남성성 연구자들은, 남성성이 신체 혹은 개인의 인격에 새겨진 고정된 총체가 아니라고 지적한다.[110] 남성성은 사회적 행위로 성취되는 실천의 구성물이며, 사회적으로 구성된 특정한 젠더 관계에 따라 달라진다는 것이다.[111] 담론적 실천을 통해 남성 스스로가 위치 짓는 방식이기도 하다.[112] 그러므로 남성성은 고정된 하나의 형태를 띠는 것이 아니라 지배적 남성성의 위치를 성취하기 위해 경합하거나 충돌하며 끊임없이 재구성된다.

전술했듯, 관광기생의 존재는 사실상 한국 남성들에게는 외국 남성에 의한 자국 여성의 성적 침해, 이를 통해 우회적으로 드러나는 남성성 상실과 식민지 과거를 재각인하는 과정이었다. 실제 기생관광반대운동을 펼쳤던 여성들도 "외세의 성침탈",[113] "이 땅의 딸들이 외화 획득이라는 미명 하에 강간당하는 기생관광"[114]이라고 주장할 정도로 "외세에 의한 자국 여성의 성적 유린"이라는 수사는 강력했다. 이는 식민지배자 남성과 식민지 남성 간의 상징적 위계질서를 재

---

110 래윈 코넬, 《남성성/들》, 안상욱 · 현민 옮김, 이매진, 2013, 836쪽.
111 래윈 코넬, 《남성성/들》, 836쪽.
112 래윈 코넬, 《남성성/들》, 842쪽.
113 서울지역여학생대표자협의회, 《외세의 성침탈과 매춘》, 1988; 박정미, 〈성 제국주의, 민족 전통, 그리고 '기생'의 침묵: '기생관광' 반대운동의 재현정치, 1973~1988년〉, 421쪽에서 재인용.
114 한국교회여성연합회, 《매춘문제와 여성운동》, 1987; 박정미, 〈성 제국주의, 민족 전통, 그리고 '기생'의 침묵: '기생관광' 반대운동의 재현정치, 1973~1988년〉, 422쪽에서 재인용.

생산하는 기제로도 작동했기에 남성-국가의 입장에서는 어떠한 방식으로든 해결해야 할 문제가 된다.

　해결 방안은 두 가지로 나타났다. 우선 성별화된 민족주의를 통해 여성들을 분리·동원하고, 타자화된 여성들의 행동을 미화하는 방식이다. 민족 이데올로기 안에서 여성들은 종종 양가적인 위치에 놓이는데,[115] 발전국가 시기 한국의 여성들은 요조숙녀, 혹은 현모양처가 되어 민족의 재생산자가 될 것을 요구받는 한편, 양공주 또는 왜공주(관광기생)라는 경멸적 이름으로 불리며 조국 발전의 원동력이 될 것을 요구받았다. 관광기생들은 "외국 남성을 상대로 몸을 파는 행위는 매춘이 아니고 애국 행위의 발로이기 때문에 긍지를 가져라"[116]라는 '남성' 국가의 부름 하에 조국 근대화를 위한 외화벌이의 역군으로 호명되었다.[117] 위계적으로 구획되고 분리된 여성들의 몸은 박정희 시기 '개발동원체제'[118]에서 차별적 동원 대상이 되었다. 이것이 가능했던 배경에는 가족과 나라를 위해 여성의 자아를 희생하는 것을 기대하고 정당화해 온 가부장적 문화가 있었기 때문이다.[119]

115　유발 데이비스, 《젠더와 민족: 정체성의 정치에서 횡단의 정치로》, 박혜란 옮김, 그린비, 2011, 91쪽.
116　1973년 일본 동경의 한국학원을 방문한 문교부 장관 민관식은 연설 중에 "한국 여성은 경제 건설을 위해 필요한 외화를 획득하기 위해서 몸을 바치고 있으며 특히 한국의 기생, 호스테스가 대거 일본에 진출해서 몸을 바치며 밤낮으로 분투하는 애국충정은 훌륭한 것이다"라고 찬사를 보내 물의를 일으킨 바 있다(일본 발행 《주간현재》(1973년 10월 26일); 이현숙, 《한국교회여성연합회 25년사》, 89쪽에서 재인용).
117　한국교회여성연합회, 《기생관광－전국 4개 지역 실태조사 보고서》, 24쪽.
118　조희연, 《동원된 근대화: 박정희 개발동원체제의 정치사회적 이중성》, 후마니타스, 2010.
119　캐서린 문, 《동맹 속의 섹스》, 이정주 옮김, 삼인, 2002, 201쪽.

다른 한편으로 한국 정부는 기생관광을 '건전관광'으로 포장함으로써 민족적 자긍심을 회복하고, 이를 통해 남성성을 재구성하고자 했다. 실제 기생관광에 대한 비판이 고조되자, 정부는 새로운 담론 만들기에 돌입했다. 1973년 12월 29일, 교통부는 전국 관광업자 대표들을 소집하여 일부 국내 여행업자들의 탈선 영업이 사회적 물의를 빚고 있음을 지적하고 앞으로 일본인을 대상으로 기생파티, 관광기생, 관광요정 등의 명칭을 일체 사용하지 않도록 하는 지침을 내렸다. 또 관광요정의 명칭을 '한국 요리점'으로 바꾸고 한국의 고유 음식과 가무를 제공하는 품위 있는 업소로 운영토록 했다.[120] 1976년 「관광사업진흥법」이 「관광사업법」으로 대체되는 과정에서 "접객요원"에 대한 교육 의무화 규정을 삭제했고, 1977년에는 유흥음식세 면제 정책도 폐지했다.

무엇보다 한국의 "역사와 문화," 태권도를 통한 "강한 힘"을 보여주는 관광상품을 개발하고 강조함으로써 여성화되고 성애화된 한국의 이미지를 탈색하고자 했다. 경주와 부여 등 고대 유적지와 설악산, 제주도 등 아름다운 풍광이 있는 지역을 개발하고 일본의 고등학생 수학여행단을 본격적으로 유치하기 시작했다.[121] 이에 따라 1972년 10월, 마쓰에부속고등학교 학생 59명이 처음으로 한국에 입국했다고

---

120 한국관광공사,《한국관광공사 25년사》, 1987, 170쪽.
121 "일인 관광 '폭주', 그 실태와 수용 대비책"이라는 제목 하의《동아일보》(1973년 5월 16일자) 기사에 따르면, "관광 당국은 … 금년부터는 남자들만의 단체 관광보다는 신혼여행 등 가족 동반 관광객과 여자 관광객, 학생 단체 관광객 등을 중점 유치키로 목표를 세우고. … 교통부는 이 같은 추세에 발맞춰 경주, 부여 등 고적지를 개발하고 서울 인근에 20만 평을 확보, 고유의 민속촌을 연내 착공토록 하는 한편, 유스호스텔 건립(경주, 서울 등)을 서두르고 있다"고 한다.

한다.[122]

과연 관광한국의 상징은 무엇이며, 이미지는 어떤 것이냐 하는 점이
다. … 태권도장을 만들어 우리의 강한 힘을 보여 주는 것도 좋을 것이다.
… 한마디로 말해서 우리의 관광은 단순히 외국인들의 값싼 취향에 맞
추어 나가는 소극적인 자세에서 탈피하여 우리의 역사와 문화, 우아한 미
와 건강한 힘, 그리고 많은 특색 있는 자랑거리들을 최대한 알려 줄 수
있도록 적극적인 정책을 강구해야 하겠다.[123]

(일본 수학여행단은) 문교부가 지정해 준 우리 학교에서 환영식을
받은 다음, 교련시간의 열병 분열 총검술 등을 구경하고 곧장 고궁 관람과
영동의 유스호스텔로 가서 1박, 다음날 새벽 부여로 내려갔다.[124]

"강한 한국"은 새로운 관광 담론 구성, 이를 통한 한국 남성성의 재
구성을 위해 새롭게 요청된 이미지였다. 이는 높아지는 빌딩과 잘 닦
인 도로, 편리해진 관광 시설뿐만 아니라 식민지 이전 찬란했던 민족
의 과거(경주, 부여 등)를 과시함으로써, 혹은 잘 훈련된 학생들의 도열
을 통한 군사적 힘의 과시를 통해 완성되었다. 아픈 기억으로 점철된
과거를 강조하는 한편 경제적으로 열등한 현재의 처지를 뛰어넘는 미
래의 가능성을 과시함으로써 일본을 극복하고픈 포스트식민 한국 남

---

122   한국관광공사, 《한국관광공사 25년사》, 181쪽.
123   《경향신문》 1973년 5월 2일자, 〈관광한국의 이미지 부각을 위하여〉.
124   《동아일보》 1976년 12월 15일자, 〈고맙지만 서운한 일인의 속단〉.

성의 열망은, 이 모든 수사에 깊게 배태되어 있었다. "'언젠가는 우리를 앞지를 나라', 일본 고등학교 수학여행단 눈에 비친 한국의 모습"이라는 제목으로 한국의 일간지에 실린 일본 고교 수학여행단의 기행문은 그러한 한국 남성의 모순적 현실과 욕망을 잘 드러내고 있다.

'언젠가는 우리를 앞지를 나라', 일 고교 수학여행단 눈에 비친 한국의 모습 - 中西千佳子(2A), 한양고교에서의 교환회가 인상적이었다. 대단히 바른 규율, 한눈을 팔거나 옆의 학생과 이야기하는 학생이 한 명도 없었다. 거기에 비해 우리는 멋대로 재잘거렸다. 운동장에 울려 퍼지는 크고 아름다운 소리로 부르는 교가와 국가, 그 답례로 부른 우리의 교가와 국가는 작고 힘이 없었다. … 먼지 하나 떨어져 있지 않은 아름다운 거리, 하늘은 새파랗게 푸르렀고 강도 맑았다. 일본에 비교해서 자연 그것이 살아 있는 나라다. 이런 나라에 살았으면 얼마나 좋을까?[125]

이는 '초남성주의적 발전주의 국가hypermasculine state developmentalism[126] 만들기'라는 박정희 정권의 근대화 프로젝트와 일맥상통한다. 연구자들은 1970년대 국가 근대화사업은 남성을 조국 상실, 분단의 경험, 궁핍한 경제 등 민족의 트라우마를 치유할 진취적이고 공격적인 행위

---

125 《경향신문》 1976년 8월 14일자, 〈언젠가는 우리를 앞지를 나라, 일 고교 수학여행단 눈에 비친 한국의 모습〉.

126 Han and Ling, "Authoritarianism in the Hypermasculinized State: Hybridity, Patriarchy, and Capitalism in Korea," *International Studies Quarterly*, 42(1), 1998, pp. 53~78; 김은하, 〈1970년대 소설과 저항 주체의 남성성: 황석영의 70년대 소설을 중심으로〉, 《페미니즘 연구》 7(2), 2007, 252쪽에서 재인용.

자로 호명했기 때문에 가능했다고 지적한다.[127] 1970년대 이래 저항
적 주체로 호명된 '민중' 역시 초인적 남성성을 가진 성별화된 주체였
다.[128] 이는 전술했듯, 경계 짓기를 통해 이들과 변별화된 오염된 몸으
로서 집단적 타자 만들기 프로젝트와 긴밀한 연관을 지닌다. 그러므
로 관광 담론에서 새롭게 등장하는 한국 남성의 강인함과 한국 전통
의 우수성 과시는 남성성의 재구성 과정이자, 이에 대비되는 오염되
고 불순한 여성 주체 만들기 과정과 불가분의 관계를 지니는 것이다.

그러나 이 모든 수사와 별개로 박정희 군사정권은 기생관광을 통
한 외화벌이를 멈추지 않았다. 특히 1969년 발표된 '닉슨 독트린'과
주한미군 감축, 이로 인한 기지촌 경제의 쇠퇴는 외화 획득 수단으로
서 기생관광에 더욱 의존하게 만들었다. '건전관광' 만들기라는 위선
적 외형 이면에는 금지와 허용이라는 이중적 성매매 정책과 차별적
여성 동원이 자리하고 있었다. 그 결과, 한국의 관광산업은 1978년에
이르러 동남아시아에서 7번째, 세계에서 39번째로 관광객 100만 시
대를 열 수 있었다.[129]

마무리하며

이 글의 목적은 박정희 군사정권에 의해 '외화 획득'과 '관광 개발'

---

127 김은하, 〈1970년대 소설과 저항 주체의 남성성: 황석영의 70년대 소설을 중심으로〉,
      252쪽,
128 김은하, 〈1970년대 소설과 저항 주체의 남성성: 황석영의 70년대 소설을 중심으로〉,
      254쪽.
129 박정미, 〈발전과 섹스: 한국정부의 성매매관광정책, 1955-1988〉, 254쪽.

이라는 이름으로 획책되고 일본인 남성 관광객에 의해 실현된 '기생관광'의 의미를 분석하는 것이다. '기생관광'이란 1960년대부터 1990년대 초반까지 한국에서 횡행했던 일본인 남성들의 '섹스관광'을 통칭한다. 1961년 군사쿠데타를 통해 정권을 잡은 박정희 세력은 경제 발전을 기반으로 한 '근대화'를 새로운 국가 목표로 제시하고 이를 위해 국가가 가용 가능한 모든 자원을 동원하는 발전 전략을 취했다. 그러나 당시 한국은 내수자본의 규모가 작고 축적 기반이 허약했기 때문에 적극적인 외자 도입과 해외시장 개척이라는 외부 의존적인 개발 정책을 채택하게 된다. 그리하여 박정희 세력은 군사쿠데타 직후부터 관광사업 육성을 통한 국가 차원의 외화벌이를 꾀하였다. 1961년 관광에 관한 우리나라 최초의 법률인 「관광사업진흥법」이 제정, 공포되었고 연이어 관광을 위한 기반 시설들이 마련되었다. 1970년대 들어서는 악화되는 무역수지 적자 폭을 메우기 위해 관광을 국가 주요 전략 산업의 하나로 육성하기에 이른다. 그러나 전후 폐허가 된 국토에서 실질적으로 끌어들일 관광자원이 전무하고 사업 진행의 노하우 부족이라는 면에서 여성의 몸을 자원으로 한 '섹스'가 관광 개발 전략으로 채택되었다.

이를 위해 정부는 성매매를 금지하는 「윤락행위등방지법」(1961)을 제정했음에도 기지촌을 포함한 104개 특정지역과 특수관광호텔에서 성매매를 허용하였고(1962), 외국인 전용 관광호텔업과 관광시설업에 주세酒稅(1963)와 유흥음식세를 면제해 주기도(1964) 하였다. 더 노골적으로는 「관광사업진흥법」 개정 시행령 관광휴양업에 '한국식 요정'을 추가하고(1971), 호텔과 요정의 접객요원들에게 연 40시간 이상의 교육 명령을(1973) 부과하기도 했다. 이에 따라 국제관광공사(현

한국관광공사)에는 '요정과'가 설치되어 '관광기생'에게 접객원 증명서를 발급하였고, 1년에 두 차례의 교양 교육을 실시했다. 이상과 같은 정부의 '노력' 덕분에 일본인 관광객의 수와 관광을 통한 외화 수입은 비약적으로 증가했으며, 1970년대 초 일본인들에게 한국은 제1의 관광지가 되었다.

기생관광의 외형적 성공은 금지와 허용, 범죄화와 국가 규제라는 이중적 성매매 정책 및 민족과 젠더 질서 간 이중의 경계 짓기를 통해 가능했다. 그러기에 포스트식민 발전국가의 모순과 아이러니는 몇 가지 차원에서 기생관광에 깊숙이 배태되어 있었다. 첫째, 관광은 관광객과 관광지 사회가 직접적으로 만나는 사건인데, 관광객인 일본인 남성은 관광지인 한국을 여성화되고 성애화된 이미지로 조우한다. 이 순간 대한민국은 식민지 조선반도로 재영토화된다. 둘째, 관광을 조장하기 위해 소환된 '기생'이라는 식민지적 기표는 아이러니하게도 제국의 남성을 포스트식민의 땅에 다시 소환한다. 이로써 대한민국의 시공간은 식민지 과거로 퇴행하고, 제국의 현재성(시간)은 피식민 여성의 몸(공간)에 펼쳐진다. 또 다른 역설은 이와 같은 포스트식민적 조우에 식민지 남성이 개입되는 방식이다. 한국 남성들이 남성중심적 성애적 욕망 구조 안에서 적극적으로 고안한 기생관광을 통해 한국 남성들은 스스로를 식민지 남성으로 재각인한다. 셋째, 과거 식민지배자를 소환한 식민지 남성—관광지 국가—은 재식민화와 여성화라는 이중의 아이러니를 극복하기 위해 두 가지 알리바이를 구성한다. 한편으로는 성별화된 민족주의를 통해 여성들을 분리·동원하면서 자신들의 행동을 기만적으로 정당화하고, 다른 한편으로는 기생관광을 '건전관광'으로 포장함으로써 민족적 자긍심을 회복해 탈식민 남성성을 재구축하고자 하였다. 본 연구자들은 다중적 아이러니를 배태하고 있는 포스트식민적 조우의 형태들을 분석하면서 여성의 몸을 거점으로 경쟁하고 재구성되는 남성(성)들의 이중적이고 우화적인 모습을 역사의 표면 위로 끌어내려 하였다. 그들은 성매매 여성들을 내부의 '오염 요소들'로 취급하며 (성적-인종적) 이중적으로 배제하고 차별하면서, 동시에 이들에 대한 착취의 결과로 경제성장의 발판을 이루었다. 그리고 단 한 번도 그러한 사실에 대해 인정하거나 사과하지 않았다.

이제 '선진국'의 대열에 들어서게 된 한국 남성들은 여성의 몸과 섹슈얼리티가 주요 관광자원인 곳으로 원정 성매매를 떠난다.[130] 과거 식민지였던 조국에 대한 수치심은 타국의 땅을 식민화하고 성애화함으로써 일순간 망각될 수 있을지 모르나, 언제고 되돌려질지 모르는 미래임이 다시 확인되는 역설이 바로 그 장에서 펼쳐지고 있는 것이다. 그리고 역사는 국가의 경계를 넘어 되풀이된다. 젠더, 계급, 민족, 인종, 섹슈얼리티가 다층적으로 결합되고 재생산되는 글로벌 대중관광의 장에서 섹스관광은, 그러하기에 좀 더 포괄적이고 역사적인 접근을 필요로 한다.

---

130 《부산일보》 2015년 8월 26일자, 〈"황제로 모십니다" 필리핀 원정 성매매 207명 적발〉; 《노컷뉴스》 2015년 8월 27일자, 〈필리핀 황제관광, 아빠 소리 들으며 일탈 즐겨〉.

참고문헌

공임순, 〈빈곤의 포비아(phobia), 순치되는 혁명과 깡패/여공의 젠더 분할〉, 《여성
　　문학연구》 32, 2014, 141~187쪽.

김수현, 〈새로운 소비문화 '관광': 식민지 조선의 여행지 홍보 수단〉, 《민족 21》 98,
　　2009, 142~147쪽.

김영래·여정태, 〈한국관광개발정책의 특성에 대한 비판과 성찰: 발전국가적 특
　　성을 중심으로〉, 《관광학연구》 32(6), 2008, 145~163쪽.

김원, 《박정희 시대의 유령들: 기억, 사건 그리고 정치》, 현실문화연구, 2011.

김윤태, 〈동아시아 발전국가와 지구화〉, 《한국사회학》 33(봄호), 1999, 83~102쪽.

김은하, 〈1970년대 소설과 저항 주체의 남성성: 황석영의 70년대 소설을 중심으로〉,
　　《페미니즘연구》 7(2), 2007, 249~280쪽.

김일영, 〈한국의 근대성과 발전국가〉, 《사회과학》 50, 2000, 37~83쪽.

＿＿＿, 〈1960년대 한국 발전국가의 형성과정: 수출지향형 지배연합과 발전국가의
　　물적 기초의 형성을 중심으로〉, 《한국정치학회보》 33(4), 2000, 121~143쪽.

＿＿＿, 〈한국에서 발전국가의 기원, 형성과 발전 그리고 전망〉, 《한국정치외교사논
　　총》 23(1), 2001, 87~126쪽.

닝왕, 《관광과 근대성: 사회학적 분석》. 이진형·최석호 옮김, 일신사, 2004. (Wang, L.,
　　Tourism and Modernity: A Sociological Analysis, Bingley: Emerald Group Publishing
　　Ltd., 2000.)

문재원·조명기, 〈관광의 경로와 로컬리티: 부산 관광 담론을 중심으로〉, 《인문연
　　구》 58, 2007, 825~860쪽.

문, 캐서린 H. S., 《동맹 속의 섹스》. 이정주 옮김, 삼인, 2002. (Moon, K. H. S., *Sex
　　among Allies*, New York: Columbia University Press, 1997.)

박정미, 《한국 성매매정책에 관한 연구: '묵인-관리 체제'의 변동과 성판매여성의
　　역사적 구성, 1945~2005》, 서울대학교 사회학과 박사학위논문(미간행), 2011.

＿＿＿, 〈발전과 섹스: 한국정부의 성매매관광정책, 1955-1988〉, 《한국사회학》
　　48(1), 2014, 235~264쪽.

＿＿＿, 〈성 제국주의, 민족 전통, 그리고 '기생'의 침묵: '기생관광' 반대운동의 재현

정치, 1973~1988년〉,《사회와 역사》101, 2014, 405~438쪽.

박정애,《일제의 공창제 시행과 사창 관리 연구》, 숙명여자대학교 사학과 박사학위논문(미간행), 2009.

박종성,《매춘의 정치사회학: 한국의 매춘》, 인간사랑, 1992.

배은경,《현대 한국의 인간 재생산: 여성, 모성, 가족계획사업》, 시간여행, 2012.

샤프, 조앤,《포스트식민주의의 지리》, 이영민 · 박경환 옮김, 도서출판 여이연, 2011. (Sharp, J. P., *Geographies of Postcolonialism: Space of Power and Representation*, CA: Sage, 2008.)

서기재, 〈高濱虛子의『朝鮮』연구 -「여행안내서」로서의 의의〉,《일본어문학》16, 2002, 63~82쪽.

서지영, 〈표상, 젠더, 식민주의: 제국 남성이 본 조선 기생〉,《아시아여성연구》48(2), 2009, 65~96쪽.

소자, 에드워드,《공간과 비판사회이론》, 이무용 외 옮김, 시각과 언어, 1997(1993). (Soja, E. W., *Postmodern Geographies: The Reassertion of Space in Critical Social Theory*, New York: Verso, 1989.)

유발 데이비스, 니라,《젠더와 민족: 정체성의 정치에서 횡단의 정치로》, 박혜란 옮김, 그린비, 2011. (Yubal-Davis, N., *Gender & Nation*, London: SAGE, 1997.)

야마시다 영애,《한국 근대 공창제도 실시에 관한 연구》, 이화여자대학교 여성학과 석사학위논문(미간행), 1992.

윤상우, 〈한국 발전국가의 형성 · 변동과 세계체제적 조건, 1960-1990〉,《경제와 사회》72, 2006, 69~94쪽.

이나영, 〈금지주의와 국가규제 성매매 제도의 착종에 관한 연구: 남한의 미군정기 성매매 정책을 중심으로〉,《사회와 역사》75, 2007, 39~76쪽.

_____, 〈탈식민주의 페미니스트 읽기: 기지촌 성매매여성과 성별화된 민족주의, 재현의 정치학〉,《한국 여성학》24(3), 2008, 77~109쪽.

_____, 〈일본군 '위안부' 운동: 포스트/식민국가의 역사적 현재성〉,《아세아연구》53(3), 2010, 41~78쪽.

이대근, 〈한일회담과 외향적 경제개발: 한 · 미 · 일 3각 무역시스템의 성립〉, 김용서 · 좌승희 · 이대근 · 유석춘 · 이춘근,《박정희 시대의 재조명》, 전통과 현대, 2006.

이월계 · 송운강, 〈한국 관광학 연구의 동향: 관광관련학과 학위논문을 중심으로〉,

《관광 · 레져연구》 23(7), 2011, 5~23쪽.

이진옥, 〈사회적 재생산을 통해 본 발전국가의 재해석〉, 《여성학연구》 22(1), 2012, 73~101쪽.

이현숙, 《한국교회여성연합회 25년사》, 한국교회여성연합회, 1992.

인로, 신시아, 《바나나, 해변 그리고 군사기지: 여성주의 국제정치 들여다보기》, 권인숙 옮김, 청년사, 2011. (Enloe, C., *Bananas, Beaches and Bases: Making Feminist Sense of International Politics*, Berkeley: University of California Press, 2000(1989).)

인태정, 《관광의 사회학》, 한울아카데미, 2007.

정일준, 〈한미관계의 역사사회학: 국제관계, 국가정체성, 국가프로젝트〉, 《사회와 역사》 84, 2009, 217~261쪽.

조수현, 〈대외자원동원의 국제적 맥락과 국가의 전략적 선택: 1960년대 국내외 국가기록물 분석을 중심으로〉, 《사회과학연구논총》, 2010, 103~137쪽.

장필화 · 조형, 〈국회 속기록에 나타난 여성정책 시간: A. 매매춘에 대하여〉, 《여성학 논집》 7, 1990, 83~100쪽.

조희연, 〈동아시아 성장론의 검토: 발전국가론을 중심으로〉, 《경제와 사회》 36, 1997, 46~76쪽.

_____, 《동원된 근대화: 박정희 개발동원체제의 정치사회적 이중성》, 후마니타스, 2010.

케네디, 발레리, 《오리엔탈리즘과 에드워드 사이드》, 김상률 옮김, 갈무리, 2011. (Kennedy, V., *Edward Said: A Critical Introduction*, Cambridge: Polity Press, 2000.)

태혜숙, 《탈식민주의 페미니즘》, 도서출판 여이연, 2001.

코넬, R. W., 《남성성/들》, 안상욱 · 현민 옮김, 이매진, 2013. (Connell, R. W., *Masculinities*(second edition), Berkley: University of California Press, 2005.)

한국관광협회중앙회, 《한국관광협회중앙회 45년사》, 한국관광협회중앙회, 2006.

한국교회여성연합회, 《기생관광 − 전국 4개 지역 실태조사 보고서》(미간행), 1983.

_____, 《반기생관광 국제세미나 프로젝트 − 여성과 관광문화》(미간행), 1988.

한국여행신문사, 《한국관광 50년 비사》, 한국여행신문사, 1999.

허성우, 〈포스트 발전국가론과 여성주의적 개입〉, 《한국여성학》 27(1), 2011,

117~154쪽.

바바, 호미, 《문화의 위치: 탈식민주의 문화이론》(수정판). 나병철 옮김, 소명출판, 2012. (Bhabha, H. K., *The Location of Culture*, Now York: Routledge, 1994.)

Aitchison, C., N. E MacLeod and S. J. Shaw, *Leisure and Tourism Landscapes: Social and Cultural Geographies*, London and New York: Routledge, 2000.

Hall, C. M., "Gender and Economic Interest in Tourism Prostitution: The Nature, Development and Implications of Sex Tourism in South-east Asia," Kinnaird, V. and D. Hall(eds.), *Tourism: A Gender Analysis*, Chichester: John Wiley& Sons Ltd., 1994.

_____, "Gender and Economic Interests in Tourism Prostitution: The Nature, Development and Implications of Sex Tourism in Southeast Asia," Apostolopoulos, Y., S. Leivadi and A. Yiannakis(eds.), *The Sociology of Tourism: Theoretical and Empirical Investigations*. Oxford: Routledge, 1996.

Jacobs, J., *Sex, Tourism and the Postcolonial Encounter*, London: Ashgate Publishing Ltd., 2010.

Kibicho, W., *Sex Tourism in Africa: Kenya's Booming Industry*, London: Ashgate Publishing Ltd., 2009.

Kinnaird, V. and D. Hall, *Tourism: A Gender Analysis*, Chichester: John Wiley& Sons Ltd., 1994.

Lee, W., "Prostitution and Tourism in South-East Asia," Redclift, N., and M. T. Sinclair(eds.), *Working Women: International Perspectives on Labour and Gender Ideology*, London and New York: Routledge, 1991.

Leheny, D., "A Political Economy of Asian Sex Tourism," *Annals of Tourism Research* 22(2), 1995, pp. 367-384.

Lie, J., "The Transformation of Sexual Work in 20th Century Korea," *Gender & Society* 9(3), 1995, pp. 310-327.

Muroi, H. and N. Sasaki, "Tourism and Prostitution in Japan," Sinclair, M. T.(eds.), *Gender, Work and Tourism*, London and New York: Routledge, 1997.

Pritchard, A. and N. J Morgan, "Privileging The Male Gaze: Gendered Tourism

Landscapes," *Annals of Tourism Research* 27(4), 2000, pp. 884-905.

Sinclair, M. T., "Issues and Theories of Gender and Work in Tourism," Sinclair, M. T.(eds.), *Gender, Work and Tourism*, London and New York.: Routledge, 1997.

Swain, M. B., "Gender in Tourism," *Annals of Tourism Research* 22(2), 1995, pp. 247-266.

Wearing, S., D. Stevenson and T. Young, *Tourist Culture: Identity, Place and the Traveller*, London: Sage, 2010.

Wenk, S., "Gendered Representations of The Nation's Past and Future," Blom, I., K. Hagemann, and C. M. Hall(eds.), *Gendered Nations: Nationalism and Gender Order in the Long Nineteenth Century*, Oxford and New York: Berg, 2000.

Williams, S., *Tourism Geography: A New Synthesis*(second edition), New York: Routledge, 2009.

Yayori, M. and L. Sharnoff, "Sexual Slavery in Korea," *Frontiers: A Journal of Women Studies* 3(1), 1977, pp. 22-30.

1차 자료

국가법령정보센터 http://www.law.go.kr

국회법률도서관 http://law.nanet.go.kr

세계관광기구(UN WTO) http://unwto.org

네이버 뉴스라이브러리 http://newslibrary.naver.com

교통부, 〈제82회 교통체신위원회 회의록, 2. 교통부(본부 및 국제관광공사) 소관업무현황보고〉, 1972. (1972. 7. 26)

교통부, 〈제86회 제2차 교통체신위원회 회의록, 2. 교통부(본부 및 국제관광공사) 소관업무현황보고〉, 1973. (1973. 5. 30)

교통부, 〈1980년도 관광 동향에 관한 연차보고서〉(미간행), 1980.

서울신문,《선데이 서울》, 236호, 1973. (1973. 4. 22)

《경향신문》 1972년 10월 4일자, 〈외국 관광객 상대 말썽 빚은 "접객등록증"〉.

《경향신문》 1973년 5월 2일자, 〈관광한국의 이미지 부각을 위하여〉.

《경향신문》 1976년 8월 14일자, 〈언젠가는 우리를 앞지를 나라, 일 고교 수학여행단 눈에 비친 한국의 모습〉.

《노컷뉴스》 2015년 8월 27일자, 〈필리핀 황제관광, 아빠 소리 들으며 일탈 즐겨〉.

《부산일보》 2015년 8월 26일자, 〈"황제로 모십니다" 필리핀 원정 성매매 207명 적발〉.

《동아일보》 1972년 4월 10일자, 〈스케치〉.

《동아일보》 1973년 5월 16일자, 〈일인관광 「폭주」 그 실태와 수용 대비책〉.

《동아일보》 1973년 7월 13일자, 〈일본인 관광 한국의 실상〉.

《동아일보》 1976년 12월 15일자, 〈고맙지만 서운한 일인의 속단〉.

《동아일보》 1981년 11월 19일자, 〈관광요정 등 4업종 등록제 폐지〉.

《조선일보》 1962년 3월 29일자, 〈창녀 상대 성불구 검증 시비, 색다른 소송이 던진 또 하나의 파문, 공창 제도 시인하는 모순, "사법 폭행"이라는 소리도〉.

《중앙일보》 1972년 5월 30일자, 〈외인 관광지 조성〉.

3부

포스트투어리즘의 현재와 미래
: 포스트코로나 시대와 전략

포스트코로나 관광에서 주민의 역할
: 유연하고 지역화된 온라인 플랫폼 주민 호스트를 사례로

| 김주락 |

이 글은 《한국지역지리학회지》 제27권 3호(2021. 8)에 게재된 원고를 수정 및 보완
하여 재수록한 것이다.

2019년 12월 중국 우한에서 처음 보고된 이후, 2020년 초에 이르러 전 세계를 감염의 공포로 몰아넣은 코로나19는 3년 가까운 긴 시간 동안 세계 관광산업을 유례를 찾기 힘든 침체의 늪으로 몰아넣었다. 2020년 3월 11일 세계보건기구WHO가 코로나19의 세계적 대유행(팬데믹)을 선언하고, 전염병 확산을 방지하기 위해 세계 각국이 국경을 폐쇄하거나 이동에 제약을 부과하면서 나라 밖으로의 여행이 사실상 중단됐기 때문이다. 일부 상황이 심각한 곳은 도시나 지역이 전면 봉쇄돼 국내 혹은 지역 내 이동조차 어렵거나 불가능해지기도 했다.

사람의 이동이 수반되는 관광은 전염병, 자연재해, 테러와 같은 재난의 영향에서 자유로울 수 없다. 사람들이 재난이 일어난 곳으로 떠나지 않으며, 때때로 이동 자체가 금지되기 때문이다. 우리나라에서 유행의 규모가 컸던 2015년 메르스MERS 사태는 방한 관광객 수를 급감시키는 결과를 가져왔다. 사스SARS 위기를 겪은 홍콩(2003), 동일본대지진을 겪은 일본(2011)도 재난에 의한 외래 관광객 급감 현상을 경험했다. 범세계적인 차원에서 3년 이상 장기적으로 지속된 코로나19는 이전의 어떤 재난보다 강력하게 국제 관광에 영향을 미쳤다. 2003년 사스와 2009년 세계 경제위기로 인한 국제 관광객 감소는 전년 동기 대비 각각 약 0.4퍼센트, 4.0퍼센트에 그쳤지만, 2020년 코로나19로 인한 국제 관광객 감소는 약 73.9퍼센트에 달했다[1]. UN세계관광기구UNWTO: UN World Tourism Organization 조사[2]에 따르면, 상당수

1   *UNTWO*, "COVID-19 AND TOURISM, 2020: A year in review," https://www.unwto.org/covid-19-and-tourism-2020.

2   *UNTWO*, "COVID-19 AND TOURISM, 2020: A year in review," https://www.unwto.org/covid-19-and-tourism-2020.

의 관광 분야 전문가들은 적어도 2023년은 되어야 국제 관광이 코로나19 이전 수준으로 회복될 것으로 예상했다.

그러나 우리는 재난 상황이 정리된 이후엔 빠르게 관광 수요가 회복되는 모습을 목격해 왔다. 앞서 언급한 홍콩(전염병)과 일본(자연재해)은 재난 발발 1년 만에 이전 수준의 관광객 수를 회복했고,[3] 우리나라 역시 메르스 사태(2015) 이후 1년 안에 빠르게 국제 관광객 수를 회복했다. 2009년 세계 경제위기 이후 꾸준히 성장하던 방한 외국인 관광객 수는 2015년 메르스 위기로 전년 대비 약 6.8퍼센트 줄어든 1,323만 명에 그쳤지만, 2016년에는 오히려 30.3퍼센트 증가해 역대 최고치인 1,724만 명을 기록한 바 있다.[4] 재난은 일시적으로 관광에 타격을 주지만, 이동하는 삶은 이미 거스를 수 없는 삶의 방식으로, 장기적으로 봤을 때 이런 재난이 이동의 추세 자체를 바꾸지는 않는다.[5]

코로나19의 심각성이 낮아지고, 각국의 출입국 규제가 대부분 사라지면서 국제 관광은 빠르게 회복되고 있다. 관광은 이른바 '보복 소비revenge spending' 1순위로 꼽히고 있고, 지난 3년간 누적된 관광 욕구가 폭발적으로 발현되고 있는 것이다. 따라서 우리는 포스트코로나 시대 관광에서 코로나19로 인해 피폐해진 관광산업이 급증하는 초기 수요를 감당할 수 있을 것인가에 대한 우려를 단지 호들갑으로 치부할 수는 없다. 최근 세계 각지에서 증가하는 수요를 따라가지 못해 항공권 가격이 치솟고 있다는 사실이 심심치 않게 보도되고 있다. 더

3 류광훈, 〈메르스 사태로 인한 관광산업의 피해와 향후 과제〉, 《한국관광정책》 61, 8~17쪽.
4 한국관광 데이터랩, https://datalab.visitkorea.or.kr
5 Urry, J., *Mobilities*, Polity Press: Cambridge, 2007, p. 4.

욱이 팬데믹 이후 많은 관광업 관련 중소업체가 문을 닫았다는 사실은 공급 가능한 관광 서비스는 적어지고 가격은 비싸져 관광 접근성에 대한 사회적 배제가 커질 수 있음을 의미한다.[6] 이에 더해 코로나19의 장기화로 위생과 안전에 대한 인식이 높아짐에 따라, 사람이 밀집하는 공간이나 관광 명소보다 한적하고 색다른 장소, 자신이 상황을 잘 아는 가까운 곳으로의 일상적이고 소소한 여행에 관심을 두는 방식으로 관광의 경향이 변화하고 있다는 점도 주목할 필요가 있다.[7]

이러한 상황은 포스트코로나 관광에서 현지 주민, 즉 로컬의 중요성을 상기시킨다. 이미 폐업해 용도 전환된 호텔, 실직해 전업한 여행업 종사자와 달리, 남는 방을 빌려 주던 주민이나 본업이 따로 있는 상황에서 여유 시간에 자신의 동네를 소개해 오던 주민 가이드는 여건 변화에 따라 유연하게 관광 현장에 복귀할 수 있기 때문이다.

이에 본 연구는 글로벌 온라인 여행 플랫폼 '에어비앤비 체험Airbnb Experiences'에서 관광객을 맞이하는 로컬 호스트를 사례로 이들의 역할을 검토하고, 다변화되고 유연하며 지역화된 호스트가 포스트코로나 시기 관광에서 갖는 함의를 끌어내는 것을 목표로 한다. 이를 위해 관광에서 공유경제의 성장과 역할을 다룬 연구를 체계적으로 정리해 분석하고, 에어비앤비 체험 운영 방식의 특징과 서울에서의 운영 현황을 파악했다. 그리고 20명의 에어비앤비 체험 로컬 호스트와 심층 인터뷰를 진행해 호스팅 수행 동기와 운영 방식 등을 파악하고, 이를

---

6 Baum, T. and Hai, N. T. T., "Hospitality, tourism, human rights and the impact of COVID-19," *International Journal of Contemporary Hospitality Management* 32(7), 220, pp. 2397-2407.

7 한국관광공사,《빅데이터 활용 2021 관광트렌드 전망》, 2021.

통해 포스트코로나 관광에서 이들의 역할을 전망하고 시사점을 도출
했다.

상업적 성격으로 변화한 공유경제

하버드대학의 로렌스 레식Lawrence Lessig 교수[8]가 처음 사용한 것으
로 알려진 공유경제sharing economy는 본래 상업경제commercial economy와
대조되는 개념으로 제시됐다. 공유경제 개념은 2000년대 후반 세계
금융위기 이후 소비의 지속불가능성과 자본주의에 대한 대안을 찾는
과정에서 빠르게 성장했다.[9]

상업경제에서는 화폐가 거래의 매개가 되지만, 공유경제에서는 사
람들이 사회적 관계를 바탕으로 필요에 따라 서로의 제품·서비스 등
을 교환한다. 물물교환 형태의 경제행위는 오래전부터 존재했지만,
오늘날 온라인 플랫폼으로 대표되는 기술 매개technology-mediated 거래
는 전에 없는 방식으로 지리적 경계와 사람들 사이의 관계를 넘어 훨
씬 폭넓은 수준에서 이를 가능하게 했다.[10] 온라인을 통해 자신이 소
유하고 있는 것을 다른 누군가에게 공유하는 일종의 협력적 소비 형

---

8   Lessig, L., *Remix: Making Art and Commerce Thrive in the Hybrid Economy*, Penguin Press.
    2008.

9   이성규, 〈소셜웹과 공유: 개인 주도 비영리 SNS를 중심으로〉, 《문화연구》 2(1), 2013,
    254~290쪽; S. Ranchordás, *Does sharing mean caring? Regulating innovation in the
    sharing economy*, Tilburg Law School Legal Studies Research Paper Series No. 06/2015,
    2015.

10 Belk, R., "You are what you can access: Sharing and collaborative consumption online,"
    Journal of Business Research 67(8), 2014, pp. 1595-1600; Botsman, R. and Rogers, R.,
    What's mine is yours: How collaborative consumption is changing the way we live, Harper

태로 성장해 가면서, 개인은 비단 재화 및 서비스의 소비자일 뿐 아니라 생산자 혹은 공급자 역할을 하게 됐다.

그러나 공유경제는 다양한 분야에서 의미가 확산하면서, 비영리적 성격을 지니던 초기 의미와 달리 상업적 의미를 담은 용어로 널리 사용되고 있다.[11] 차량 공유 우버Uber와 그랩Grab, 숙박 공유 에어비앤비 등 이른바 '공유경제 기업'이라 불리는 업체의 운영 방식에서 확인할 수 있듯, 공급자가 자신이 사용하지 않는 상품이나 노동력을 사용자에게 빌려주거나 제공하고 이에 따른 경제적 대가를 받는, 그리고 기업은 중개 수수료를 취하는 '상업적 공유경제' 개념으로 오히려 우리 생활에 깊숙이 들어와 있다.[12] 공유경제로 널리 인식되고 있는 비즈니스 모델은 그 이름과 달리, 실제 공유가 이뤄지는가와 상관없이 온라인 플랫폼을 통해 수요와 공급이 즉각적으로 만나게 되는 '주문형 경제on-demand economy'의 성격이 크게 반영돼 있다고 보는 편이 합리적이다.

기존 상업경제에서는 행위 주체로서 소비자와 공급자가 중심이 되어 왔다면, 상업적 공유경제에서는 공급자와 사용자를 연결하는 플랫폼이 필요해졌으며, 이런 중개 서비스가 공유경제 비즈니스로 인식되고 있다.[13] 플랫폼은 공급자와 소비자 사이의 상호작용을 도와 거래를 촉진하며, 이것의 형태는 물리적·가상적·제도적으로 다양하

Collins: New York, 2011.

11 Belk, R., "You are what you can access: Sharing and collaborative consumption online," pp. 1595-1600.

12 정석완, 〈공유경제 개념의 변화와 한국의 공유경제〉, 《산은조사월보》756, 71~85쪽.

13 최유성·안혁근, 《공유경제 유형에 따른 규제개혁 대응전략》, 한국행정연구원,

게 나타날 수 있다.[14]

플랫폼을 통해 형성되는 시장을 경제학에서는 양면 시장이라 부른다. 양면 시장에서는 한쪽의 이용자(예를 들면, 소비자)가 얻는 편익이 다른 한쪽(공급자)의 수 혹은 소비량 등에 따라 직접적인 영향을 받게 되는데, 이를 교차 네트워크 외부성cross network externality 혹은 간접적 네트워크 외부성indirect network externality이라 한다.[15] 공급자가 많으면 수요자를 확보하기 쉽고, 반대로 수요자가 많으면 공급자를 확보하기 쉽다. 공급자가 많은 플랫폼에서 소비자는 더 많은 선택지를 만나게 되고, 반대로 소비자가 많은 곳에서 공급자도 더 많은 판매 기회를 지니게 되기 때문이다. 이처럼 양쪽의 이용자가 늘어날수록 규모의 경제를 실현할 수 있게 되고, 플랫폼의 경쟁력은 강화된다.[16]

관광 공유경제의 성장

관광 분야에서 공유경제는 숙박, 교통, 음식, 각종 여행 서비스 등 다양한 분야에서 나타나고 있다.[17] 자신의 일상 공간과 소유를 떠나 다른 곳으로 이동해, 다른 사람의 재화와 서비스를 이용해야 하는 관

2018; Kumar, V., Lahiri, A., and Dogan, O.B., "A strategic framework for a profitable business model in the sharing economy," *Industrial Marketing Management* 69, 2018, pp. 147-160.

14 이상규, 〈양면시장의 정의 및 조건〉, 《정보통신정책연구》 21 (4), 2010, 73~105쪽.

15 이상규, 〈경쟁법 적용을 위한 보완재 상품군의 시장획정〉, 《경제학연구》 61 (3), 2013, 5~45쪽.

16 이재민, 〈제4섹터 공유경제의 개념화와 정책적 활용〉, 《지역사회연구》 27 (3), 2019, 42~68쪽.

17 Dredge, D. and Gyimothy, S., "The collaborative economy and tourism-Critical

광의 특성이 공유경제의 속성에 부합하기 때문이다.[18] 에어비앤비, 카우치서핑Couchsurfing 등의 숙박 공유 플랫폼을 통해 여행지에서 묵을 숙소를 찾고, 여행지에서는 그랩이나 우버를 불러 타거나 공유 전동 킥보드를 타고 이동하면서, 투어스바이로컬스Toursbylocals · 마이리얼트립Myrealtrip 등의 플랫폼에서 현지에서 즐길 수 있는 관광상품을 구매하는 관광객의 모습은 낯설지 않다.

그 가운데 특히, 관광지에서 현지인과 만나고 현지의 일상과 문화를 경험하려는 여행 경향이 확대되면서 여행지 현지의 주민이 설계한, 진정성이 있다고 여겨지는 여행 서비스 상품을 선택할 수 있는 온라인 플랫폼의 인기가 높아지고 있다.[19] 이에 따라 국내·외를 불문하고 현지 주민과 관광객을 연결하는 플랫폼은 지속적으로 등장하고 또 성장하고 있다.

공유경제는 2015년 150억 달러에서 2025년 3,350억 달러 규모로 급성장할 것으로 보고된 바 있으며,[20] OECD[21]는 '관광 공유경제tourism sharing economy'가 관광객에게 추가적인 선택지를 제공함으로써

perspectives, questionable claims and silenced voices," *Tourism Recreation Research* 40(3), 2015, pp. 286-302.

18 Cheng, M., "Sharing economy: A review and agenda for future research," *International Journal of Hospitality Management* 57, 2016, pp. 60-70.

19 이원희 · 박주영 · 조아라, 《관광 트렌드 분석 및 전망: 2020-2024》, 한국문화관광연구원, 2019.

20 공유경제의 5가지 주요 분야(peer-to-peer lending and crowdfunding, online staffing, peer-to-peer accommodation, car sharing, and music and video streaming)의 규모를 의미함. PwC, 2015; Cheng, M., "Sharing economy: A review and agenda for future research," *International Journal of Hospitality Management* 57, 2016, pp. 60-70.에서 재인용

21 OECD, "Policies for the tourism sharing economy," *OECD Tourism Trends and Policies 2016*, OECD Publishing: Paris, 2016, pp. 89-120

관광산업에 혁신적인 변화를 유발할 것으로 예상했다. 학계에서도 온라인 플랫폼을 통한 상업적 공유경제의 등장이 숙박·렌터카·음식점·여행사 등 관광과 관련한 기존 산업 부문 전반에 지대한 영향력을 행사하고 있고, 이로 인해 관광산업이 재구성되고 있음을 이야기한다.[22]

관광에서 공유경제가 기존 산업을 파괴적으로 재구성할 정도로 성장한 것은, 공유경제가 양면 시장의 각각을 차지하는 공급자와 소비자(관광객) 모두에게 매력적이기 때문이다. 먼저 공급자는 자신의 유휴자원을 사용해 상품 및 서비스를 제공할 수 있어 큰 자본을 들이지 않고도 관광시장에 진입할 수 있다는 장점이 있다. 그뿐 아니라 로컬에 대한 지식, 자신의 전문성을 포함해 다양한 방식으로 참여하는 것이 가능해 그간 관광 경제에서 배제돼 있던 로컬 주민도 관광의 혜택을 누릴 수 있다.[23] 관광의 소비자였던 주민이 플랫폼을 통해 다른 관광객에게 여행 서비스를 제공하는 주체로 등장하게 된 것이다.[24] 이러한 사실은 거대한 자본의 투자 없이 관광 서비스 제공이 가능해진

22 Altinay, L. and Taheri, B., "Emerging themes and theories in the sharing economy: a critical note for hospitality and tourism," *International Journal of Contemporary Hospitality Management* 31(1), 2019, pp. 180-193; Guttentag, D., "Airbnb: Disruptive innovation and the rise of an informal tourism accommodation sector," *Current Issues in Tourism* 18(12), 2015, pp. 1-26; Zervas, G., Proserpio, D., and Byers, J.W., "The rise of the sharing economy: Estimating the impact of Airbnb on the hotel industry," *Journal of Marketing Research* 54(5), 2017, pp. 687-705.

23 Dredge, D. and Gyimothy, S., "The collaborative economy and tourism: Critical perspectives, questionable claims and silenced voices," pp. 286-302.

24 송운강·박용숙, 〈공유경제(Sharing Economy)의 규제방법 모색을 위한 시론적 연구〉, 《강원법학》 55, 2018, 353~401쪽.

다는 점에서 관광 인프라가 구축되지 않은 곳에 기회가 될 수 있다.

이처럼 더 많은 사람의 참여로 더 다양하고 참신한 관광상품 및 서비스가 제공됨으로써, 소비자 역시 관광 공유경제의 혜택을 누릴 수 있다.[25] 이는 대안적인 관광, 현지인과 만남을 통한 관광 경험의 진정성을 추구하는 오늘날의 관광객에게 매력적이다. 공유경제는 관광객과 호스트가 더 직접적으로 상호작용하는 데 효과적인 수단이 될 뿐 아니라, 비용 측면에서도 기존의 호텔·여행사 등에 비해 효율적이다.[26]

코로나19는 관광산업 전반에 침체를 가져왔고, 관광객이 양면 시장의 한쪽을 차지하는 관광 공유경제에도 큰 타격을 입혔다. 이로 인한 관광 공유경제의 변화에 관한 연구는 관점에 따라 다른 결과를 보여 준다. 코로나19로 인한 관광 선호의 변화로 공유경제가 가장 먼저 회복하면서 관광시장의 회복을 이끌 것이라는 전망[27]과 함께, 코로나19 이전 상황으로의 회복이 요원하다는 주장[28]도 제기되고 있다. 코로나19 이후의 전망은 엇갈리지만, 확실한 것은 이미 공유경제가 관광시장의 침체와 회복, 성장을 논하는 데 있어 빼놓을 수 없는 역할

25　Nadler, S., *The sharing economy: what is it and where is it going?*, M.B.A Thesis of Massachusetts Institute of Technology, 2014.

26　Altinay, L. and Taheri, B., "Emerging themes and theories in the sharing economy: a critical note for hospitality and tourism," pp. 180-193; Tussyadiah, I. P., "An exploratory study on drivers and deterrents of collaborative consumption in travel," in Tussyadiah I. and Inversini A. (eds.), *Information and communication technologies in tourism*, Springer, Cham, 2015.

27　Jones, P. and Comfort, P., "The COVID-19 crisis and sustainability in the hospitality industry," *International Journal of Contemporary Hospitality Management* 32(10), 2020, pp. 3037-3050.

28　Dolnicar, S. and Zare, S., "COVID19 and Airbnb: Disrupting the Disruptor," *Annals of Tourism Research* 83: 102961, 2020.

을 하고 있다는 점이다.

다변화하는 호스트

관광인류학의 호스트-게스트Host-Guest 패러다임[29]은 관광과 지역
의 관계에 관한 초기 연구 성과로 꼽힌다. 이것은 관광에 의한 관광
지 사회의 경제적 발전과 사회·문화적 변화를 이해하기 위한 개념으
로, 호스트로서 관광지 지역사회·주민·문화 전반과 게스트로서 외
래外來 관광객의 상호작용을 중심에 두고 현상을 이해하고자 한다.[30]
대량 관광이 중심이던 시기, 관광은 대개 선진국 국민이 경제·사회·
문화·정치적으로 격차가 큰 개도국으로 떠나는 것이었기 때문에 호
스트와 게스트는 다양한 측면에서 확연한 차이를 보였다. 이에 기초
한 논의는 관광객과 관광지 사회의 문화적 유사성 정도, 관광객의 규
모와 관광지 사회의 규모, 입지 속성, 호스트와 게스트의 접촉 수준
등이, 관광이 지역사회에 미치는 영향 요인이라고 설명해 왔다.[31] 이
에 기반해 관광과 지역의 관계를 다룬 연구들은 대개 대량으로 몰려
드는 '관광객에 의한' 지역의 변화를 기본 틀로 설정해 왔다.

---

29 Smith, V. L., *Hosts and Guests: The Anthropology of Tourism*, University of Pennsylvania
    Press: Philadelphia, 1977.
30 이민영, 〈공장형 패키지 상품에서 세상에 단 하나뿐인 여행작품까지: 전 지구적 IT의
    발전에 따른 한국 여행산업 및 호스트-게스트 구조의 변화〉,《비교문화연구》24(3),
    2018, 93~128쪽.
31 조배행·최영희·김동희,〈지역주민의 특성에 따른 관광영향지각 차이분석〉,《한국
    지역지리학회지》11(5), 2005, 426~439쪽; Sherlock, K., "Revisiting the concept of
    hosts and guests," *Tourist studies* 1(3), 2001, pp. 271-295.

그러나 관광의 방식이 변화하면서 관광에 참여하는 주체가 다양해지고, 행위 주체 사이의 관계가 복잡해져 호스트/게스트의 단순한 이분법적 개념이 현실과 맞지 않는다는 비판이 제기됐다. 현실의 복잡한 행위 주체를 이분법적으로 단순화함으로써 생각의 방식을 고정하고, 연구의 방식과 관찰·설명을 한정하는 문제를 낳는다는 것이다.[32] 전통적으로 관광산업에서 게스트와 직접 마주하는 호스트는 주로 관광산업 종사자(여행사, 가이드 등)에 한정됐다. 대량 관광객을 위해 정비된 공간에서 머무는 관광객이 그 밖의 주민을 만날 일은 거의 없었기 때문이다. 여행사·가이드 등의 전통적인 호스트는 오히려 지정되지 않은 관광객과 현지 사회의 접촉을 차단하고, 자신들의 방식으로 특정한 현지의 문화를 전달하는 역할을 했다.[33]

그러나 온라인을 통해 전 세계가 연결되고, 모바일 장비의 보급이 확산돼 여행 정보 획득이 쉬워지고, 국제이주가 증가하면서 관광의 새로운 행위 주체들이 등장하고 있다는 점에 주목할 필요가 있다. 관광객과 관광지 사회의 다양한 호스트를 연결해 주는 온라인 플랫폼의 등장은 게스트와 호스트가 더 직접적인 방식으로 긴밀하게 연결되는 것을 가능하게 한다.[34] 이주해 온 주민은 자신의 친구와 친척을 불러들여

---

32 Macleod, D., "Tourism and the Globalization of a Canary Island," *The Journal of the Royal Anthropological Institute* 5(3), 1999, pp. 443-456; McNaughton, D., "The "host" as uninvited "guest": Hospitality, Violence and Tourism," *Annals of Tourism Research* 33(3), 2006, pp. 645-665.

33 오정준, 〈관광 공간에서 나타나는 규율 권력에 관한 소고〉, 《한국지역지리학회지》 14(4), 2008, 436~451쪽.

34 이민영, 〈공장형 패키지 상품에서 세상에 단 하나뿐인 여행작품까지: 전 지구적 IT의 발전에 따른 한국 여행산업 및 호스트-게스트 구조의 변화〉, 93~128쪽.

이주해 온 곳의 호스트가 되어 지역을 소개한다.[35] 그뿐만 아니라 소셜 미디어에서 영향력을 지닌 개인을 뜻하는 인플루언서influencer는 자신의 관광 경험을 공유함으로써 온라인 이웃에게 여행의 길잡이 역할을 하는, 과거엔 볼 수 없던 새로운 유형의 행위자로 드러나고 있다.[36] 이들의 활동은 과거 여행을 다녀온 경험이 있는 주변 사람들에게 여행 정보를 전해 듣던 개인적인 차원의 입소문[37]이 불특정 다수와 의사소통을 할 수 있는 온라인상에서 이뤄짐으로써 큰 파급력을 갖게 되는 것으로,[38] 도시의 관광 관련 기관과 기업은 관광 인플루언서를 활용한 목적지 마케팅에 적극적으로 뛰어들고 있다.[39]

35　Young A., Corsun, D. and Baloglu, S., "A taxonomy of hosts: Visiting friends and relatives," *Annals of Tourism Research* 34(2), 2007, pp. 497-516; Yousuf, M. S. and Backer, E., "Hosting Friends Versus Hosting Relatives: Is Blood Thicker Than Water?," *International Journal of Tourism Research* 19(4), 2017, pp. 435-446.

36　김주영·허선영·문태헌, 〈전주 한옥마을의 도시재생사업이 지역변화에 미친 영향〉, 《한국지역지리학회지》 23(1), 2017, 106~117쪽; Martínez-Sala, A., Monserrat-Gauchi, J., and Segarra-Saavedra, J., "The influencer tourist 2.0: from anonymous tourist to opinion leader," *Revista Latina de Comunicación Social* 74, 2019, pp. 1344-1365.

37　Wang, N., *Tourism and Modernity: A Sociological Analysis*, Elsevier Science Ltd.: Oxford, 2000.

38　Jalilvand, M. R, Samiei, N., Dini, B., and Manzaric, P. Y.,"Examining the structural relationships of electronic word of mouth, destination image, tourist attitude toward destination and travel intention: An integrated approach," *Journal of Destination Marketing and Management* 1(1–2), 2017, pp. 134-143.

39　Femenia-Serra F. and Gretzel U., "Influencer Marketing for Tourism Destinations: Lessons from a Mature Destination," in Neidhardt, J., Wörndl, W. (eds.), *Information and Communication Technologies in Tourism 2020*. Springer, Cham, 2020; Gretzel, U., "Influencer marketing in travel and tourism," in Sigala, M. and Gretzel, U. (eds.), *Advances in social media for travel, tourism and hospitality: new perspectives, practice and cases*, Routledge: New York, 2017.

코로나19로 인한 관광산업의 위기

코로나19는 우리나라뿐 아니라 전 세계 관광산업에 유례없는 위기를 불러왔다. 코로나19 상황이 '심각' 단계로 격상된 2020년 2월 중순 이후, 우리나라의 국제관광은 사실상 중단됐다. 한국관광공사의 통계에 따르면, 2020년 2월부터 내국인 출국·외국인 입국 모두 큰 폭으로 감소하기 시작해, 코로나19 팬데믹이 선언된 3월 이후에는 두 수치 모두 전년 대비 10퍼센트 수준에도 미치지 못했다(〈그림 1〉). 2020년 3월부터 2021년 2월까지 내국인 출국자는 87만 553명으로 전년 동기 2,674만 3,779명의 3.26퍼센트, 외국인 입국자는 68만 5,177명으로 전년 동기 1,715만 4,071명의 3.99퍼센트 수준에 그쳤다. 국경 폐쇄나 지역 봉쇄 같은 이동 제한 조치가 일부 완화되기

| 그림 1 | 코로나19 팬데믹 이후 1년간 내외국인 입출국 증감률(2020년 3월~2021년 2월)

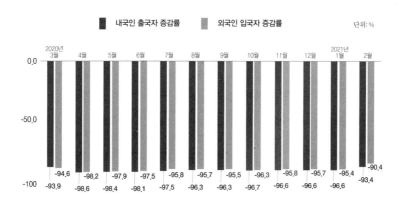

* 전년 동기 대비 증감률을 의미함.
출처 : 한국관광공사 한국관광 통계자료(kto.visitkorea.or.kr/kor/ktom/stat/stat.kto)

도 했지만, 과거와 비교해 여전히 자유롭지 못한 국가 간 이동과 감염 위험·자가격리 등의 제한 사항으로 인해 2020년은 물론 2021년 상반기까지도 관광을 목적으로 출국하는 내국인도, 입국하는 외국인도 찾아보기 힘들었다. 그러나 코로나19 상황이 나아짐에 따라 출입국에 제약을 가하던 우리나라 및 세계 각국의 방역 정책이 차츰 완화되면서, 우리나라의 국제 관광객 수는 2021년 저점을 기록한 뒤 2022년부터 완연한 회복세를 보이고 있다.[40]

코로나19 팬데믹 상황에서 활성화된 '랜선 여행', '무착륙 관광 비행' 등 색다른 방식의 여행은 여행이 중단된 시기에 역설적으로 여행에 대한 사람들의 열망이 더욱 커지고 있음을 확인시켜 주었다. 코로나19 이전 수준의 자유로운 여행이 가능해진 요즘은 그간 억눌린 여행 수요가 폭발하는, 이른바 '보복 관광'이 본격적으로 이뤄지고 있다. 그러나 코로나19로 여행사를 비롯한 여행 관련 업체가 파산하고, 업계 종사자는 실직하는 등 여행업계는 하드웨어와 소프트웨어적 측면 모두에서 타격을 받았다. 관광산업은 다양한 사업체가 유기적으로 연계를 맺고 있어서, 전반적인 산업 생태계가 무너지면 회복에 오랜 시간이 소요된다.[41] 이런 상황에서 단기간의 수요 급증에 즉각적으로 대응하는 것은 쉽지 않다.

---

[40] 우리나라 출입국자 수는 2021년 456만여 명에 그쳤으나, 2022년에는 1,941만여 명으로 증가했다. 2022년 출입국자 수는 코로나 이전인 2019년 출입국자 수(9,355만여 명)의 21퍼센트에 불과하지만, 2022년 12월 수치(388만여 명)는 2019년 12월(773만여 명)의 절반에 이를 정도로 회복됐다.

[41] 이훈, 〈코로나(COVID-19) 팬데믹, 관광여행의 변화와 전망〉, 《Future Horizon Plus》 48, 2020, 16~23쪽.

코로나19로 타격을 입은 관광산업이 회복되는 동안, 업계에 종사하지 않지만 지역 관광에 참여하고 있는 '유연한' 공유경제 행위자들이 수행할 수 있는 역할과 잠재력에 대한 재조명이 필요하다. 이들은 자신이 가지고 있는 여분의 자원을 타인에게 제공함으로써,[42] 황폐해진 관광산업이 준비 태세를 갖추는 동안 급증하는 관광 수요에 하드웨어와 소프트웨어 양 측면 모두에서 즉각적으로 대응할 수 있는 현실적 대안이기 때문이다. 다음 절에서는 에어비앤비 체험의 로컬 호스트의 호스팅 진입 동기와 코로나19의 영향을 분석해 유연한 행위자로서 이들에게 기대할 수 있는 완충 작용을 확인해 보자.

코로나19 이후 기대되는 유연한 호스트의 역할

연구 대상인 에어비앤비 체험은 공유숙박 플랫폼 에어비앤비의 여행상품 플랫폼으로 2016년 11월 시작됐다. 겟유어가이드 GetYourGuide · 투어스바이로컬스 등 전 세계를 대상으로 하는 초기 온라인 여행 플랫폼이 2008년 전후 시작됐고, 2012년에서 2015년 사이 많은 스타트업이 시작된 것에 비하면 에어비앤비 체험의 시장 진입은 비교적 늦은 셈이다. 그러나 공유숙박 플랫폼 에어비앤비가 양면시장에서 지니고 있던 교차 네트워크 효과(많은 공급자와 소비자 보유)에 힘입어 빠르게 성장하면서, 지금은 대표적인 온라인 여행 플랫폼으로 자리매김했다. 즉, 에어비앤비 체험은 현지 주민이 주도하는

---

42   Bardhi, F. and Eckhardt, G. M., "Access-Based Consumption: The Case of Car Sharing," *Journal of Consumer Research* 39(4),2012, pp. 881-898.

P2P_{peer-to-peer} 관광을 시도한 최초 플랫폼은 아니지만, 다른 플랫폼이 따라잡을 수 없는 에어비앤비의 기존 네트워크 및 글로벌 브랜드로서의 장점을 바탕으로 독보적인 지위를 차지하고 있다.

코로나19로 인한 관광객 유입 감소는 에어비앤비 체험에도 큰 영향을 미쳤다. 에어비앤비 체험은 개설 이듬해인 2017년 한 해 동안 예약률이 2,500퍼센트 성장하는[43] 등 가파르게 그 규모를 확대해 왔다. 서울에서도 체험 프로그램의 수가 2017년 7월 80여 개에서 2019년 11월 400여 개로 400퍼센트 이상 증가하는 등 빠르게 성장했다. 그러나 이처럼 급성장하던 호스팅 프로그램의 수는 코로나19 확산 이후 정체 혹은 감소하는 모습을 보였다. 에어비앤비 체험은 관광객(게스트)과 현지 주민(호스트)을 연결하는 플랫폼인데, 게스트가 급감함으로써 호스트의 활동 역시 위축될 수밖에 없기 때문이다.

서울의 경우 운영되고 있는 프로그램[44]의 수는 2019년 11월 406개에서, 코로나19 대유행이 본격화된 이후인 2020년 6월 327개로 반년여 만에 약 19.5퍼센트 감소했다. 코로나19가 1년 넘게 지속되면서 2021년 7월에 이르러서는 100개로 급감해 출범 초기 수준으로 되돌아갔다(〈그림 2〉 참조). 그뿐 아니라 프로그램이 운영되는 공간적인 범위도 외곽 지역을 중심으로 축소되는 모습을 보인다. 팬데믹 이전인

---

43 에어비앤비 뉴스룸(2018년 2월 23일), '에어비앤비 트립 성장 가속화 2018년 1,000개 여행지로 확대, 신규 열정 카테고리 추가.'
44 에어비앤비는 검색 결과로 제공되는 호스팅을 'available listing'이라 칭하며(Airbnb, Inc., 2020), 이 연구에서 집계한 에어비앤비 체험은 available listing, 즉 검색 후 예약 가능한 호스팅 리스트를 의미한다. 개설돼 있어도 호스트가 예약 가능일을 열어 두지 않으면 검색 결과로 제공되지 않는다.

| 그림 2 | 운영 중인 에어비앤비 체험프로그램의 증감(2017년 7월~2021년 7월, 서울)

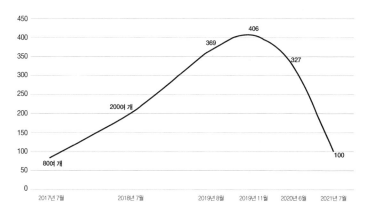

* 2017년 7월 및 2018년 7월 수치는 대략적인 수치이고, 2019년 8월~2021년 7월 사이의 수치는 집계한 수치임.
시기별 수치 자료 출처 : 2017년 7월, 2019년 11월 : 정민제, 《에어비앤비 체험 호스트 가이드》, 서울 : e비즈북스, 2020, 26쪽, 65쪽; 2018년 7
월 : 동아닷컴(2018년 7월 16일) '에어비앤비, '아트 김밥 만들기' 등 부산 트립 7월 신규 론칭'; 2019년 8월 이후 : 연구자 직접 집계

2019년 8월 검색 결과에 따르면 '도보 여행'[45] 유형의 프로그램은 서울 25개 가운데 19개 구에서, '음식 여행'[46] 유형의 프로그램은 18개 구에서 진행됐지만, 2020년 6월엔 각각 13개, 7개 구에서만 이뤄지고 있다. 관광 전반의 지속적인 성장과 함께 주민 호스트도 빠르게 증가해 왔지만, 관광이 침체기에 접어들면서 관광을 생업으로 하지 않는, 조직되지 않은 주민 호스트는 이 대열에서 이탈하고 있다. 관광 활동에 치명적인 제약이 생기는 경우, 주민의 활동이 빠르게 움츠러들 수 있다는 점을 보여 준다.

---

45 걸어 다니며 장소의 의미와 역사, 호스트의 경험 등에 대해 이야기하는 것을 중심으로 운영되는 프로그램.

46 시장, 길거리 등에서 호스트가 음식과 장소를 소개하고, 음식을 맛보는 것을 중심으로 운영되는 프로그램.

게스트가 대부분 외국인인 서울의 에어비앤비 체험 프로그램 특성
상 코로나19 상황은 호스트가 자신의 프로그램을 지속해서 운영, 관
리할 수 없는 상황으로 이끌었을 것이다. 본업이 따로 있는 상황에서
부업 혹은 취미로 호스팅을 하던 주민 입장에서 호스팅을 유지·관리
하는 것은 게스트와의 커뮤니케이션을 비롯해 예약 관련 업무를 처
리하고, 대상지의 상황을 확인하는 등 적지 않은 관심을 쏟아야 하는
일이다. 더욱이 전염병 감염의 위험이 여전히 큰 상황에서 그것을 감
수하면서까지 호스팅을 지속할 이유가 이들에게는 많지 않다. 외국
인 '관광객'의 입국에 여전히 제한이 따르고 예약도 거의 없는 상황
에선 상황이 호전되길 기다리면서 호스팅을 잠시 혹은 영구적으로
멈출 가능성이 크다.[47] 뿐만 아니라 호스팅을 계획했던 잠재적 주민
호스트 역시 상황 악화로 프로그램 개설을 포기하거나 연기함으로
써, 개설된 전체 프로그램의 수 자체가 이전보다 줄어드는 결과로 나
타났다고 판단된다.

　그러나 주민 호스트들이 이처럼 빠르게 상황에 대응한다는 점은
반대로 상황이 개선된다면 다시 누구보다 빠르게 호스팅을 재개할

47　에어비앤비 체험의 메시지 기능은 체험이 이뤄지기 전부터 종료된 이후까지 게스트
　와 호스트가 연락을 주고받을 수 있는 채널이다. 이 연구에서는 호스트와 인터뷰를
　시도하기 위한 연락 수단으로 메시지 기능을 활용했는데, 코로나19 상황이 심각했던
　2020년 상반기에 연락을 시도했던 일부 호스트의 경우 메시지를 발송한 뒤 짧게는
　한 달에서 길게는 넉 달여 만에 회신하는 경우가 더러 있었다. 메시지 발신 이후 넉
　달여 만에 연락이 닿은 호스트 G은 "코로나로 에어비앤비(메시지)를 확인하지 않아
　답변이 늦었"다고 말해 전염병 상황으로 인해 호스팅을 사실상 중단한 상황임을 드
　러냈다. 한편 코로나19 상황이 심각해지기 직전(2020년 2월)에 인터뷰했던 호스트
　A는 전면 중단됐던 에어비앤비 체험이 재개된 이후인 2020년 6월 말에도 "아직 코
　로나 때문에 불안해서 열어 두지 않고 있어요"라는 말로 전염병의 위험이 상존하는
　당분간은 체험을 재개할 의사가 없음을 내보였다.

수 있다는 것을 의미하기도 한다. 이 점은 온라인 여행 플랫폼에 진입한 주민 호스트의 성격을 통해 확인할 수 있다. 먼저 본업이 있는 상황에서 부업 혹은 취미 생활의 하나로 호스팅을 하는 주민 호스트에게 코로나19로 인한 호스팅 중단은 생계 문제가 달린 여행사 직원과 달리 큰 문제가 아니다. 에어비앤비 체험 호스트로 활동하는 것엔 별다른 자본 투입이 필요하지 않고, 따라서 팬데믹 상황으로 호스팅을 하지 못해도 경제적 측면에서 크게 잃을 것이 없다. 단지 상황이 나아지기를 기다리며 호스팅을 잠시 중단하면 그뿐이다. 주민 호스트는 상황에 따라 유연하게 시장에 진입할 수도, 빠질 수도 있다.

더욱이 주민 호스트는 단지 경제적 보상뿐만 아니라 자신이 추구하는 다양한 사회문화적 가치를 추구하기 위해 호스팅을 운영하기 때문에 좀 더 유연한 성격을 보일 수 있다. 본업이 있는 상황에서 호스팅을 운영하는 주민 호스트는 시간의 제약으로 운영 횟수를 무작정 늘릴 수 없고, 수익을 높이고자 가격을 높게 설정하면 가격 경쟁력이 떨어지기 때문에 결과적으로 호스팅을 통해 큰 수익을 기대하기는 쉽지 않다. 즉, 경제적 보상은 가장 쉽게 생각할 수 있는 호스팅 유인이지만, 현실적으로 호스팅을 통해 벌어들이는 수익이 호스팅을 지속하도록 하는 가장 큰 유인이 되기는 어렵다. 인터뷰에 응한 여러 로컬 호스트들은 에어비앤비 수수료를 제하고 체험에 필요한 비용을 들이고 나면 자신에게 주어지는 금액이 '사실상 남는 게 없는'(호스트 A), '최저시급도 안 되는'(호스트 B) 소액이어서, '차라리 본업에 충실한 편이 금전적으로는 훨씬 유리'(호스트 C)하기 때문이다. 과외로 시간을 내 간헐적으로 호스팅을 운영하는 주민 호스트들은 구체적인 비용과 수익을 이야기하면서 호스팅으로 벌어들이는 소득이 그다지

높지 않으며, 그런데도 호스팅을 지속하는 이유는 부가소득 창출보다 중요한 다른 가치가 있기 때문임을 강조한다.

심층 인터뷰 결과를 종합하면, 주민 호스트가 추구하는 사회문화적 가치는 크게 '지역 정보 제공', '다양한 배경을 지닌 사람과의 교류를 통한 만족감', '외국어 소통 능력 증진', '자신의 사회적 가치와 전문성 확인을 통한 성취감'으로 정리할 수 있다. 이들이 호스팅에 거는 이런 다양한 기대는 호스팅이 단지 부가소득을 올리기 위한 수단인 것만이 아니며, 자신이 추구하는 가치를 실현하고 자신의 만족감을 위한 활동이라는 점을 보여 준다. 재개발이 예정된 동네가 사라지기 전에 다른 사람에게 소개하려는 마음으로 호스팅을 시작한 호스트 D는 "손님이 안 와도 상관없"기 때문에 코로나19 와중에도 호스팅을 지속하고 있다. 호스팅을 통해 '내가 사랑하는 이 나라에 대한 좋은 정보를 전하고, 이야기를 들려줄 수 있어 행복하다(happy spreading good information and telling a great story about this country that I love)'는 호스트 E(외국인)의 언급은 코로나19 상황이 개선돼 호스팅이 가능해지면 이들이 자연스레 다시 호스트로 등장할 것이라는 점과, 급증하는 수요에도 가격을 안정적으로 유지할 것이라 기대하도록 한다.

포스트코로나 관광 : 보다 지역화된 관광으로의 전환

코로나19는 관광산업에 전대미문의 위기를 가져다주었고, 이에 학계와 업계에서는 이전의 관행을 성찰하고, 코로나19 이후 관광의 바람직한 방향을 모색하는 연구를 활발하게 진행하고 있다. 이 가운데 코로나19로 시장경제 기반의 산업화된 관광이 갖는 취약성이 드러났고, 따라서 앞으로의 관광은 대안적인 형태로 변화해야 한다는 주장을 눈여겨볼 만하다. 지금의 위기를 오늘날 관광이 일으키는 문제점을 개선할 기회로 삼아, 앞으로의 관광은 더 친환경적이고 균형 잡힌 형태로 전환해야 한다는 것이 핵심적이다.[48]

이러한 주장에 따르면, 포스트코로나 관광은 산업으로서 이익 창출이나 관광객의 권리 못지않게 관광지 사회의 권리가 우선시되는 방향으로 전환돼야 한다.[49] 즉, 경제적 측면에 경도된 관광산업이 관광지의 사회적·환경적 안녕과 사람들 사이의 연계 같은 지역화되고 느린 관광으로 전환되어야 한다는 것이다.[50] 이를 통해 관광은 비단 산업적 이익과 관광객의 쾌락뿐 아니라 관광지 지역의 사회와 주민에게도 혜택이 돌아가는 방식으로 운영될 수 있다. 이는 공정관광의 맥락과 연결되며, 관광의 지속가능성을 고민해야 한다는 것을 의미한다.[51]

---

[48] Cave, J. and Dredge, D., "Regenerative tourism needs diverse economic practices," *Tourism Geographies* 22(3), 2020, pp. 503-513; Ioannides, D. and Gyimóthy, S., "The COVID-19 crisis as an opportunity for escaping the unsustainable global tourism path," *Tourism Geographies* 22(3), 2020, pp. 624-632; Niewiadomski, P., "COVID-19: from temporary deglobalisation to a re-discovery of tourism?," *Tourism Geographies* 22(3), 2020, pp. 651-656; Spalding, M., Burke, L., and Fyall, A., "Covid-19: implications for nature and tourism," Anatolia 32(1), 2021, pp. 126-127.

[49] Higgins-Desbiolles, F., Carnicelli, S., Krolikowski, C., Wijesinghe, G. and Boluk, K., "Degrowing tourism: rethinking tourism," *Journal of Sustainable Tourism* 27(12), 2019, pp. 1926-1944.

[50] Everingham, P. and Chassagne, N., "Post COVID-19 ecological and social reset: moving away from capitalist growth models towards tourism as Buen Vivir," *Tourism Geographies* 22(3), 2020, pp. 555-566.

[51] Sharma, G.D., Thomas, A., and Paul, J., "Reviving tourism industry post-COVID-19: A resilience-based framework," *Tourism Management Perspectives* 37: 100786, 2021.

이를 위해 지역사회와 유리된 채 오직 관광객만을 위해 준비된 상품화된 공간이 아닌, 주민과 관광객이 함께 이용하고 주민과 관광객이 만나 상호작용하도록 고안된 공공공간과 서비스·인프라를 확충하는 것이 필요하다.[52] 이것은 관광 시설물이 관광 성수기에만 집중적으로 이용되어 혼잡을 유발하는 것이 아니라, 주민에 의해서도 언제든 사용될 수 있어야 한다는 의미이다. 관광공간은 기본적으로 지역 주민의 생활공간과 중복되기 때문이다. 관리가 필요한 대규모의 관광 시설이 아닌, 주민이 언제나 사용하는 일상의 공간이 관광의 대상이 되는 것이 이상적이다. 이런 공간은 주민의 활동으로 지역의 문화와 유행이 반영되어 늘 새로워지고, 관광객의 방문을 통해 그 의미가 더욱 풍성해질 수 있다.[53]

한편 코로나19 이후 근접 관광proximity tourism의 확산이 예상되기도 한다. 근접 관광은 '일상과 다른 먼 곳으로 떠나는 것'이라는 관광에 대한 전통적인 인식과 달리, 집과 일상 공간 근처에서 경험하는 관광을 뜻한다.[54] 전염병의 지속적인 확산으로 멀리 떠날 수 있는 경제적 여력이 감소할 뿐 아니라, 먼 곳보다는 자신이 상황을 잘 아는 가까운 곳을 비교적 안전하다고 여기는 사람들이 늘어나면서 근접 관·

---

52 Tomassini, L. and Cavagnaro, E., "The novel spaces and power-geometries in tourism and hospitality after 2020 will belong to the 'local'," *Tourism Geographies* 22(3), 2210, pp. 713-719.

53 정란수, 《개념여행 : 여행 기획자 정란수가 말하는 착한 여행, 나쁜 여행》, 시대의 창, 2012.

54 오정준, 〈관광과 일상의 결합에 관한 소고〉, 《한국경제지리학회지》 24(1), 2021, 14~28쪽; Diaz-Soria, I., "Being a tourist as a chosen experience in a proximity destination," *Tourism Geographies* 19(1), 2017, pp. 96-117.

광 경향이 확산할 것이라는 전망이다.[55] 이 역시 앞서와 마찬가지로 관광과 로컬local의 깊은 연계가 필수적이다. 가까운 곳으로 떠나는 관광객은 지역에 대한 정보를 비교적 많이 갖고 있으므로, 지역에 대한 이해의 깊이가 얕은 관광상품으로는 이들의 흥미를 끌 수 없기 때문이다. 근접 관광 경향의 확산은 지역의 인문, 자연에 대한 깊이 있는 이해에 기반한 관광 경험의 중요성을 더욱 부각시킬 것이다.

더불어 전염병의 전 지구적 빠른 확산은 세상 사람들이 상호 밀접하게 연결돼 있으며, 영향을 미치는 존재라는 점을 깨닫는 기회가 되기도 했다. 따라서 자신의 공간을 벗어나 타인의 공간으로 이동하는 관광객은 타인의 공간을 어떻게 적절하게 사용할 것인지 더욱 신중해야 하고, 이를 위해서는 공동의 노력이 필요하다는 의견도 제시되고 있다.[56]

포스트코로나 시대 관광의 바람직한 방향을 제시하는 위의 연구들은 공통적으로 앞으로의 관광이 관광산업은 물론 관광객도 관광지 현지의 사회와 사람 등 로컬과 더욱 긴밀한 연계와 상생에 대해 고민해야 한다는 점을 강조한다. 코로나19로 이미 관광객의 관광 행태가 지역에 긍정적인 영향을 주고, 진정한 로컬 경험을 추구하는 방식으로 바뀌고 있다는 UNTWO[57]의 보고는 위의 연구들과 궤를 같이한다.

55   Romagosa, F., "The COVID-19 crisis: Opportunities for sustainable and proximity tourism," *Tourism Geographies* 22(3), 2020, pp. 690-694.

56   Koh, E., "The end of over-tourism? Opportunities in a post-Covid-19 world," *International Journal of Tourism Cities* 6(4), 2020, pp. 1015-1023; Tremblay-Huet, S., "COVID-19 leads to a new context for the "right to tourism": a reset of tourists' perspectives on space appropriation is needed," *Tourism Geographies* 22(3), 2020. pp. 720-723.

57   *UNTWO*, 2021, COVID-19 AND TOURISM 2020: A year in review, https://www.

지역화된 관광에서 더욱 큰 역할이 기대되는 주민

코로나19 대응 방향을 제시하고 이후의 관광 경향을 예측하는 연구를 살펴보면, 향후 관광에서 에어비앤비 체험을 비롯해 현지인과 관광객을 연결하는 온라인 여행 플랫폼, 그리고 지역 주민의 역할이 더욱 커지고 중요해질 것이라는 점을 기대하게 한다. 연구에 따르면 관광은 전보다 더욱 지역 고유의 매력에 기반해야 하고, 지역화된 관광은 관광지를 배려해야 할 필요가 있는데, 온라인 여행 플랫폼을 통해 이뤄지는 관광이 그러한 특성을 보이기 때문이다.

온라인 여행 플랫폼이 운영되는 방식의 특성상 주민 호스트가 만드는 프로그램은 주민으로서 지역에 대한 고유한 시각을 바탕으로 지역적 특색을 반영한다. 에어비앤비 체험의 경우 주민 호스트가 제출하는 프로그램은 에어비앤비 체험 측의 평가를 거쳐 등록 여부가 결정되는데, 이때 판단 기준은 '전문성expertise'·'특별한 기회insider access'·'교감connection'이다.[58] 관광 연구의 관점에서 에어비앤비 체험의 프로그램 등록 기준이 갖는 의미를 해석하면 다음과 같다.

먼저 전문성은 주민이 자신의 전문적인 관점을 통해 현지의 문화와 장소를 소개하는 것으로, 대량 관광에 대한 반발로부터 등장한 새로운 관광의 흐름 가운데 하나인 특수목적관광, 즉 특정한 주제에 관심을 가지고 여행을 떠나는 사람들의 수요에 대응한다. 전문성은 비

---

unwto.org/covid-19-and-tourism-2020

58 에어비앤비 체험의 국·영문판에서 사용하고 있는 용어를 그대로 사용했으며, 이하의 내용은 에어비앤비 체험 홈페이지에서 제공되는 내용을 토대로 재구성한 것이다.

단 전문 학위나 공인된 자격증 소지 여부로만 결정되는 것이 아니다. "주부로서 한국 요리를 매일같이 수십 년간 해 왔으니까"(호스트 F) 가능한 한국 가정식 쿠킹 클래스, '20년 넘게 살면서 잘 알고 있는 우리 동네'(호스트 G)처럼 오랜 거주 경험으로 알게 된 지역의 역사와 같은 누적된 일상의 경험을 통해 전문성을 드러낼 수 있다.

특별한 기회는 영문 'insider access'에서 볼 수 있듯 그야말로 '내부자의 정보'를 이용한 프로그램일 것을 주문하는 평가 기준이다. 여행자 혼자서도 얼마든지 경험할 수 있는 것이 아니라, 지역을 잘 아는 사람의 도움이 없으면 알 수 없거나 경험하기 어려운 것을 프로그램에 담아내기를 요구하는 것이다. 이는 주민이 경험하고 느끼는 지역의 특색이 여행 서비스 프로그램에 묻어나게 되는 가장 중요한 요인이 된다. 비단 숨겨진 명소나 널리 알려지지 않은 장소·사람에 관한 이야기뿐 아니라, 주민들 사이에 새롭게 떠오르고 있는 트렌디한 장소나 사물 등에 대한 소개가 포함된다. 자신이 사는 도시를 소개하고 싶은 마음에 호스팅을 시작한 호스트 H는 "외국인끼리 오면 그냥 지나치는 곳"이지만, "돗자리 깔고 앉아서 치맥(치킨에 맥주) 하기 좋은" 특별한 장소를 게스트에게 소개한다. 주민들에겐 평범한 일이지만 여행자로선 좀처럼 경험해 보기 쉽지 않은 지극히 일상적인 활동 역시 특별한 기회가 될 수 있다.

마지막으로 교감은 호스트가 프로그램을 운영하는 방식에 관한 것으로, 친밀한 교감을 통한 호스트와 게스트 사이의 유대 관계 형성을 기대하는 평가 기준이다. 앞서 제시된 평가 기준들에 따르면, 호스팅 프로그램에는 호스트 자신의 개인적인 관점과 생각·경험이 들어가 있게 되고 소규모로 진행된다. 따라서 에어비앤비 체험에서 호스트-게스트 관계는 대량관광의 가이드-게스트 관계보다 개인적이고 비공식적이며 친밀한 관계를 이룰 여지가 크다. "현지인과 만나지 않는 여행은 여행을 낭비하는 것(If you travel without meeting locals you are wasting your trip)"이라는 호스트 E의 언급은 여행 플랫폼 주민 호스트를 통해 관광객이 로컬의 일상에 좀 더 가까이 다가갈 수 있음을 대변한다.

주민 호스트는 호스팅 프로그램 등록 과정에서 에어비앤비 체험으로부터 '게스트가 혼자서는 쉽게 찾을 수 없는 장소나 활동을 경험할 특별한 기회를 제공해야 한다'라는 안내를 보고, '사람들을 알려지지 않은 곳으로 데리고 가서, 도시의 상징물 이면에 가려진 비화·투쟁·전설 등을 보이라'는 조언을 듣는다. 위의 내용은 에어비앤비 체험에서 제공되는 프로그램이 주민 호스트가 로컬로서 특색을 발휘할 수 있는 것을 대상으로 하며, 기존 유명 관광지의 음영 지역에서 일어날 것임을 내포한다. 내용적으로도 공간적으로도 지역 고유의 매력에 기반한 프로그램을 만들어 내는 주민 호스트는 지역의 자산을 토대로 관광의 대상을 만들어 내는 '로컬 크리에이터local creator'[59]의 성격을 지닌다.

마지막으로 플랫폼 특유의 평판 시스템reputation system에서 기인하는 상호 신뢰의 호스트-게스트 관계는 관광지 사회에 대한 관광객의 존중과 책임을 이끄는 제도적 바탕이 된다. 평판 시스템은 후기와 평

---

59 한국관광공사는 트렌드 변화로 새롭게 등장한 관광 분야 직업의 하나로 '로컬 크리에이터'를 예로 들고 있으며, "지역의 이야기를 통해 지역 가치를 만드는 사람들"이라고 소개하고 있다(한국관광공사 관광취업지원팀, 《관광 분야 직업 정보 가이드북》, 2020).

점으로 대표되는 호스트-게스트의 상호 평가 시스템으로, 사용자 사이의 직접 거래가 이뤄지는 온라인 플랫폼이 신뢰를 바탕으로 지속해서 운영될 수 있는 핵심적인 구성 요소로 여겨진다.[60] 플랫폼의 지속적인 사용을 위해 서로에게 좋은 평을 얻어야 하는 평판 시스템은 호스트와 게스트 사이의 활발한 상호작용은 물론, 상호 존중과 책임을 제도적으로 뒷받침한다. 게스트는 주민의 안내에 따라 주민과 함께 지역을 여행하고, 호스트에게 받는 평이 이후 플랫폼 사용에 영향을 미치기 때문에 익명 관광객의 관광 행위에 비해 책임감 있고 지역을 존중하는 태도를 보이게 된다.

유연하고 다변화된 호스트의 한계와 기회

온라인 여행 플랫폼의 주민 호스트가 여건의 변화에 따라 유연하게 관광시장에 드나들 수 있다는 점, 지역화된 관광을 이끄는 잠재력을 가지고 있다는 점은 포스트코로나 관광에서 중요한 행위자로서 이들의 역할에 주목해야 할 필요가 있음을 보여 준다. 유연한 주민 호스트는 피폐해진 관광 생태계가 충분히 준비되기 전에 시작될 보복관광 수요를 일부 감당하는 완충 역할을 할 수 있고, 이들이 기존에 지역 관광에서 수행하던 역할은 지역과 더욱 깊게 연계되고 상생하는 방향으로 나아갈 포스트코로나 관광에 부합하기 때문이다.

---

60   Bolton, G., Greiner, B., and Ockenfels, A., "Engineering Trust: Reciprocity in the Production of Reputation Information," *Management Science* 59(2), 2013, pp. 265-285; Yannopoulou, N., Moufahim, M., and Bian, X., "User-Generated Brands and Social Media: Couchsurfing and Airbnb", *Contemporary Management Research* 9(1), 2013, pp. 85-90.

그러나 코로나 이후 관광의 회복과 발전에서 '유연하고', '지역화된' 주민 호스트의 장점이 긍정적인 방향으로 발휘되기 위해서는 공유경제 활성화에 따라 제기되는 문제점에 대한 충분한 고려가 선행되어야 한다. 먼저 공유경제가 누구나 참여하고 어디에서나 일어날 수 있어 집중을 완화하고 불평등 해소에 기여할 것이라는 전망과는 달리, 실제로는 오히려 불평등을 심화하고 있다는 점이다. 즉, 인구학적 측면에서 공유경제에 접근할 수 있는 문화 및 디지털 자본을 갖춘 사람에 의해 공간적으로 도시에서 활발하게 벌어짐으로써, 집중을 완화하기보다 심화시킬 수 있다는 의미이다.[61] 공유숙박 에어비앤비의 시설이 주요 대도시 지역과 관광지에 집중돼 있으며, '공유도시'에 대한 활발한 담론과는 달리, '공유가능한 시골shareable countryside'은 언급되지 않는다는 지적은[62] 이미 공간적으로 불균등하게 작동하고 있는 공유경제의 현실을 드러낸다.

그리고 '누구나' 참여할 수 있다는 점은 곧 '아무나' 참여할 수 있다는 의미로, 이들이 검증되지 않은 사람이라는 것을 의미한다. 국내법(「관광진흥법」)에서는 여행자에게 여행에 관한 안내, 여행 편의를 제공하는 등의 업을 여행업이라고 하며(3조(관광사업의 종류) 1항), 이를 운영하려는 사람은 특별자치시장·특별자치도지사·시장·군수·(자치구)구청장에게 등록해야 한다(제4조(등록) 1항). 그리고 관광

---

61 Dredge, D. and Gyimothy, S., "The collaborative economy and tourism- Critical perspectives, questionable claims and silenced voices," pp. 286-302; Tussyadiah, I. P., "An exploratory study on drivers and deterrents of collaborative consumption in travel," 2015.

62 Dredge, D. and Gyimothy, S., "The collaborative economy and tourism- Critical perspectives, questionable claims and silenced voices," pp. 286-302.

종사원의 자격을 규정한 같은 법 제38조(관광종사원의 자격 등) 6항에 따르면, 여행업을 운영하는 사람은 관광통역안내 자격이 없는 사람을 외국인 관광객을 대상으로 하는 관광 안내에 종사하게 해서는 안 된다.

온라인 여행 플랫폼을 단순히 사용자를 중개하는 역할로 간주해 여행업 등록 대상이 아니라고 볼 수 있다고 해도, 그 안에서 여행 서비스를 제공하는 주민 호스트는 여행업 등록을 해야 하는지, 서비스 대상에 외국인 관광객이 있다는 점에서 관광통역안내사 자격증 소지가 필요한지에 대해 논쟁의 여지가 있다. 전문적이고 조직적, 반복적으로 특정 행위를 하면서 수익을 취하면 영업 행위로 간주하기 때문에 여행업 등록이 필요하다. 수익이 발생하지만, 비정기적이고 간헐적으로 호스트 역할을 하는 주민 호스트의 독특한 성격은 그들이 여행업 등록의 필수 대상인지 판단하는 것을 어렵게 만든다. 공유숙박 플랫폼 에어비앤비가 급성장하고, 사실상 단기 임대업을 목적으로 호스팅하는 사람이 늘면서 기존 숙박업과 충돌했던 것처럼,[63] 주민 호스트가 가이드 업계에 위기감을 조성하는 수준으로 성장한다면 주민 호스트의 합·불법성을 놓고 갈등이 빚어질 소지가 다분하다.

이처럼 새롭게 등장한 산업의 불분명한 법적 지위에서 비롯되는 문화지체 현상은 공유경제 전반의 문제로 지적되며, 비단 우리나라

---

63 한윤애, 《정보통신기술 기반 공유경제와 여분 공간의 상품화: '에어비앤비(Airbnb)'를 사례로》, 서울대학교 대학원 석사학위논문, 2015; 허지정·노승철, 〈서울시 숙박공유업체 에어비앤비(Airbnb)의 특성과 공간분포 분석〉, 《한국도시지리학회지》 21(1), 2018, 65~76쪽.

만의 문제는 아니다.[64] 중요한 것은 사람들이 이미 공유경제 시스템을 통해 여행하고 있다는 점이다. 더욱이 우리나라 정부는 공유경제를 관광산업 혁신의 핵심 전략의 하나로 천명한 바 있다.[65]

사실 코로나19 이후 예상되는 관광의 경향과 나아가야 할 방향에 관한 이야기, 이를테면 일상이 벌어지는 공간에서 만나게 되는 비일상적 관광, 진정성 있는 지역 경험, 여행지에 대한 존중 등에 관한 내용은 이전부터 언급되었던 내용과 크게 다르지 않다. 코로나19는 이런 변화의 흐름이 더 빠르고 적극적으로 진행돼야 한다는 점을 환기하고, 관광에서 '안전'과 '가까움'의 필요성에 대한 사람들의 인식을 높였다. 다시 시작될 여행이 전보다 지역사회에, 환경에 그리고 인류에 긍정적인 형태이길 바라 본다.

---

64 송운강 · 박용숙, 〈공유경제(Sharing Economy)의 규제방법 모색을 위한 시론적 연구〉, 《강원법학》 55, 2018, 353~401쪽; 오세환 · 장태석 · 노성호 · 신선영, 〈공유경제를 활용한 지역경제 활성화 방안:북미, 유럽, 중국 사례를 중심으로〉, 《질서경제저널》 21(2), 2018, 115~138쪽.

65 2019년 4월 2일 정부는 '확대국가관광전략회의'에서 글로벌 관광산업이 플랫폼 경제, 공유경제 중심으로 빠르게 재편되고 있다고 보고, 도시형 공유민박 도입, 공유서비스 적용, 관광 콘텐츠 공유 플랫폼 개발 등을 추진할 것이라고 밝혔다.

참고문헌

김주영 · 허선영 · 문태헌, 〈전주 한옥마을의 도시재생사업이 지역변화에 미친 영향〉, 《한국지역지리학회지》 23(1), 2017, 106~117쪽.

류광훈, 〈메르스 사태로 인한 관광산업의 피해와 향후 과제〉, 《한국관광정책》 61, 8~17쪽.

송운강 · 박용숙, 〈공유경제(Sharing Economy)의 규제방법 모색을 위한 시론적 연구〉, 《강원법학》 55, 2018, 353~401쪽.

오세환 · 장태석 · 노성호 · 신선영, 〈공유경제를 활용한 지역경제 활성화 방안:북미, 유럽, 중국 사례를 중심으로〉, 《질서경제저널》 21(2), 2018, 115~138쪽.

오정준, 〈관광 공간에서 나타나는 규율 권력에 관한 소고〉, 《한국지역지리학회지》 14(4), 2008, 436~451쪽.

오정준, 〈관광과 일상의 결합에 관한 소고〉, 《한국경제지리학회지》 24(1), 2021, 14~28쪽.

이민영, 〈공장형 패키지 상품에서 세상에 단 하나뿐인 여행작품까지: 전 지구적 IT의 발전에 따른 한국 여행산업 및 호스트-게스트 구조의 변화〉, 《비교문화연구》 24(3), 2018, 93~128쪽.

이상규, 〈경쟁법 적용을 위한 보완재 상품군의 시장획정〉, 《경제학연구》 61(3), 2013, 5~45쪽.

이상규, 〈양면시장의 정의 및 조건〉, 《정보통신정책연구》 21(4), 2010, 73~105쪽.

이성규, 〈소셜웹과 공유: 개인 주도 비영리 SNS를 중심으로〉, 《문화연구》 2(1), 2013, 254~290쪽.

이원희 · 박주영 · 조아라, 《관광 트렌드 분석 및 전망: 2020-2024》, 한국문화관광연구원, 2019.

이재민, 〈제4섹터 공유경제의 개념화와 정책적 활용〉, 《지역사회연구》 27(3), 2019, 42~68쪽.

이훈, 〈코로나(COVID-19) 팬데믹, 관광여행의 변화와 전망〉, 《Future Horizon Plus》 48, 2020, 16~23쪽.

정란수, 《개념여행 : 여행 기획자 정란수가 말하는 착한 여행, 나쁜 여행》, 시대의 창, 2012.

정석완, 〈공유경제 개념의 변화와 한국의 공유경제〉, 《산은조사월보》 756, 2018, 71~85쪽.

조배행 · 최영희 · 김동희, 〈지역주민의 특성에 따른 관광영향지각 차이분석〉, 《한국지역지리학회지》 11(5), 2005, 426~439쪽.

최유성 · 안혁근, 《공유경제 유형에 따른 규제개혁 대응전략》, 한국행정연구원, 2018.

한국관광공사 관광취업지원팀, 《관광 분야 직업 정보 가이드북》, 2020.

한국관광공사, 《빅데이터 활용 2021 관광트렌드 전망》, 2021.

한윤애, 《정보통신기술 기반 공유경제와 여분 공간의 상품화: '에어비앤비(Airbnb)' 를 사례로》, 서울대학교 대학원 석사학위논문, 2015.

허지정 · 노승철, 〈서울시 숙박공유업체 에어비앤비(Airbnb)의 특성과 공간분포 분석〉, 《한국도시지리학회지》 21(1), 2018, 65~76쪽.

한국관광 데이터랩, https://datalab.visitkorea.or.kr.

《에어비앤비 뉴스룸》 2018년 2월 23일자, 〈에어비앤비 트립 성장 가속화 2018년 1,000개 여행지로 확대, 신규 열정 카테고리 추가〉, news.airbnb.com/ko/airbnb-doubles-down-on-experiences-expanding-to-1000-destinations-and-adding-new-categories-in-2018.

Cave, J. and Dredge, D., "Regenerative tourism needs diverse economic practices," *Tourism Geographies* 22(3), 2020, pp. 503-513.

Cheng, M., "Sharing economy: A review and agenda for future research," *International Journal of Hospitality Management* 57, 2016, pp. 60-70.

Tomassini, L. and Cavagnaro, E., "The novel spaces and power-geometries in tourism and hospitality after 2020 will belong to the 'local'," *Tourism Geographies* 22(3), 2210, pp. 713-719.

Altinay, L. and Taheri, B., "Emerging themes and theories in the sharing economy: a critical note for hospitality and tourism," *International Journal of Contemporary Hospitality Management* 31(1), 2019, pp. 180-193.

Bardhi, F. and Eckhardt, G. M., "Access-Based Consumption: The Case of Car

Sharing," *Journal of Consumer Research* 39(4),2012, pp. 881-898.

Baum, T. and Hai, N. T. T., "Hospitality, tourism, human rights and the impact of COVID-19," *International Journal of Contemporary Hospitality Management* 32(7), 220, pp. 2397-2407.

Belk, R., "You are what you can access: Sharing and collaborative consumption online," *Journal of Business Research* 67(8), 2014, pp. 1595-1600.

Bolton, G., Greiner, B., and Ockenfels, A., "Engineering Trust: Reciprocity in the Production of Reputation Information," *Management Science* 59(2), 2013, pp. 265-285.

Botsman, R. and Rogers, R., *What's mine is yours: How collaborative consumption is changing the way we live*, Harper Collins: New York, 2011.

Cheng, M., "Sharing economy: A review and agenda for future research," *International Journal of Hospitality Management* 57, 2016, pp. 60-70.

Diaz-Soria, I., "Being a tourist as a chosen experience in a proximity destination," *Tourism Geographies* 19(1), 2017, pp. 96-117.

Dolnicar, S. and Zare, S., "COVID19 and Airbnb: Disrupting the Disruptor," *Annals of Tourism Research* 83: 102961, 2020.

Dredge, D. and Gyimothy, S., "The collaborative economy and tourism: Critical perspectives, questionable claims and silenced voices," *Tourism Recreation Research* 40(3), 2015, pp. 286-302.

Everingham, P. and Chassagne, N., "Post COVID-19 ecological and social reset: moving away from capitalist growth models towards tourism as Buen Vivir," *Tourism Geographies* 22(3), 2020, pp. 555-566.

Femenia-Serra F. and Gretzel U., "Influencer Marketing for Tourism Destinations: Lessons from a Mature Destination," in Neidhardt, J., Wörndl, W. (eds.), *Information and Communication Technologies in Tourism 2020*, Springer, Cham, 2020.

Gretzel, U., "Influencer marketing in travel and tourism," in Sigala, M. and Gretzel, U. (eds.), *Advances in social media for travel, tourism and hospitality: new perspectives, practice and cases*, Routledge: New York, 2017.

Guttentag, D., "Airbnb: Disruptive innovation and the rise of an informal tourism accommodation sector," *Current Issues in Tourism* 18(12), 2015, pp. 1-26.

Higgins-Desbiolles, F., Carnicelli, S., Krolikowski, C., Wijesinghe, G. and Boluk, K., "Degrowing tourism: rethinking tourism," *Journal of Sustainable Tourism* 27(12), 2019, pp. 1926-1944.

Ioannides, D. and Gyimóthy, S., "The COVID-19 crisis as an opportunity for escaping the unsustainable global tourism path," *Tourism Geographies* 22(3), 2020, pp. 624-632.

Jalilvand, M. R, Samiei, N., Dini, B., and Manzaric, P. Y.,"Examining the structural relationships of electronic word of mouth, destination image, tourist attitude toward destination and travel intention: An integrated approach," *Journal of Destination Marketing and Management* 1(1-2), 2017, pp. 134-143.

Jones, P. and Comfort, P., "The COVID-19 crisis and sustainability in the hospitality industry," *International Journal of Contemporary Hospitality Management* 32(10), 2020, pp. 3037-3050.

Koh, E., "The end of over-tourism? Opportunities in a post-Covid-19 world," *International Journal of Tourism Cities* 6(4), 2020, pp. 1015-1023.

Kumar, V., Lahiri, A., and Dogan, O.B., "A strategic framework for a profitable business model in the sharing economy," Industrial Marketing Management 69, 2018, pp. 147-160.

Lessig, L., *Remix: Making Art and Commerce Thrive in the Hybrid Economy*, Penguin Press. 2008.

Macleod, D., "Tourism and the Globalization of a Canary Island," *The Journal of the Royal Anthropological Institute* 5(3), 1999, pp. 443-456.

Martínez-Sala, A., Monserrat-Gauchi, J., and Segarra-Saavedra, J., "The influencer tourist 2.0: from anonymous tourist to opinion leader," *Revista Latina de Comunicación Social* 74, 2019, pp. 1344-1365.

McNaughton, D., "The "host" as uninvited "guest": Hospitality, Violence and Tourism," *Annals of Tourism Research* 33(3), 2006, pp. 645-665.

Nadler, S., *The sharing economy: what is it and where is it going?*, M.B.A Thesis of Massachusetts Institute of Technology, 2014.

Niewiadomski, P., "COVID-19: from temporary deglobalisation to a re-discovery of tourism?," *Tourism Geographies* 22(3), 2020, pp. 651-656.

OECD, "Policies for the tourism sharing economy," *OECD Tourism Trends and Policies* 2016, OECD Publishing: Paris, 2016, pp. 89-120.

Ranchordás, S.,*Does sharing mean caring? Regulating innovation in the sharing economy*, Tilburg Law School Legal Studies Research Paper Series No. 06/2015, 2015.

Romagosa, F., "The COVID-19 crisis: Opportunities for sustainable and proximity tourism," *Tourism Geographies* 22(3), 2020, pp. 690-694.

Sharma, G.D., Thomas, A., and Paul, J., "Reviving tourism industry post-COVID-19: A resilience-based framework," *Tourism Management Perspectives* 37: 100786, 2021.

Sherlock, K., "Revisiting the concept of hosts and guests," *Tourist studies* 1(3), 2001, pp. 271-295.

Smith, V. L., *Hosts and Guests: The Anthropology of Tourism*, University of Pennsylvania Press: Philadelphia, 1977.

Spalding, M., Burke, L., and Fyall, A., "Covid-19: implications for nature and tourism," *Anatolia* 32(1), 2021, pp. 126-127.

Tremblay-Huet, S., "COVID-19 leads to a new context for the "right to tourism": a reset of tourists' perspectives on space appropriation is needed," *Tourism Geographies* 22(3), 2020. pp. 720-723.

Tussyadiah, I. P., "An exploratory study on drivers and deterrents of collaborative consumption in travel," in Tussyadiah I. and Inversini A. (eds.), *Information and communication technologies in tourism*, Springer, Cham, 2015.

UNTWO, 2021, COVID-19 AND TOURISM 2020: A year in review, https://www.unwto.org/covid-19-and-tourism-2020

Urry, J., *Mobilities*, Polity Press: Cambridge, 2007, p. 4.

Wang, N., *Tourism and Modernity: A Sociological Analysis*, Elsevier Science Ltd.: Oxford, 2017.

Yannopoulou, N., Moufahim, M., and Bian, X., "User-Generated Brands and Social Media: Couchsurfing and Airbnb", *Contemporary Management Research* 9(1), 2013, pp. 85-90.

Young A., Corsun, D. and Baloglu, S., "A taxonomy of hosts: Visiting friends and relatives," *Annals of Tourism Research* 34(2), 2007, pp. 497-516.

Yousuf, M. S. and Backer, E., "Hosting Friends Versus Hosting Relatives: Is Blood Thicker Than Water?," *International Journal of Tourism Research* 19(4), 2017, pp. 435-446.

Zervas, G., Proserpio, D., and Byers, J.W., "The rise of the sharing economy: Estimating the impact of Airbnb on the hotel industry," *Journal of Marketing Research* 54(5), 2017, pp. 687-705.

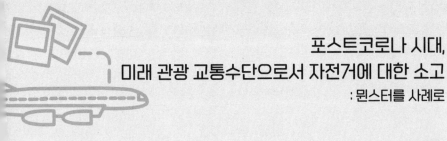

포스트코로나 시대, 미래 관광 교통수단으로서 자전거에 대한 소고
: 뮌스터를 사례로

| 손유찬 |

포스트코로나와 자전거관광

2020년 세계보건기구WTO에서 코로나19 펜데믹Pandemic을 선언한 후 많은 산업들이 직간접적인 피해를 입었다. 특히 접촉과 비말, 공기 등으로 전파되는 코로나19의 특성상 이동이 필연적인 관광산업의 경우 다른 산업에 비해 그 피해가 매우 컸다. 한국관광공사에 따르면 2020년 5월 한국을 찾은 관광객은 2019년 5월에 비해 97.9퍼센트나 감소한 3만 861명으로 집계되었다. 반면 코로나 백신이 개발되어 전 세계에 보급되고, 코로나 치료제가 개발되어 비교적 질병을 통제할 수 있게 되자 방한 관광객은 다시 증가했다. 2022년 5월 한국을 찾은 외국인 관광객은 전년 동월 대비 136.3퍼센트 증가한 17만 5,922명이었다.[1] 이처럼 코로나19는 우리의 일상뿐 아니라 관광산업에도 지대한 영향을 미쳤으며, 기후변화에 대한 경각심도 높였다. 지구의 기온이 상승하면서 북극의 빙하가 녹아 오랫동안 봉인되어 있던 치명적인 바이러스들이 퍼질 가능성이 높아졌기 때문이다. 세계보건기구는 지구의 평균 기온이 1도 상승할 때마다 감염병이 4.7퍼센트 증가한다면서 "기후변화가 전염병을 부른다"고 경고하기도 했다.[2]

이러한 포스트코로나 상황에서 자전거관광이 대안 관광, 지속가능한 관광으로 주목받고 있다. 밀폐된 공간에서 전염성이 높은 코로나19를 피하면서 관광을 즐기는 방법으로 자동차나 대중교통을 이용하는 관광 대신, 사회적 거리두기에 용이하고 환기를 시킬 필요가 없는 자

---

1 한국관광데이터랩, https://datalab.visitkorea.or.kr.
2 《동아일보》 2020년 2월 8일자, 〈[날씨 이야기] 기후변화가 팬데믹을 부른다〉.

전거가 대안적 교통수단으로 떠오른 것이다. 자전거는 이동 시 탄소를 배출하지 않고 도심 내 미세먼지의 주범인 배기가스가 없다는 점 때문에 도심에서 자동차를 이용한 이동보다 더 많이 장려되고 있기도 하다.

자전거관광의 이점은 또 있다. 관광객이 자전거를 이용해 이동할 경우 자동차나 대중교통보다 이동 시간이 늘어나기에 관광객이 도시에 머무는 시간을 늘려 관광 수입 증대로 이어지게 할 수도 있다. 또한 관광객이 수동적으로 이동하며 도시의 특정 관광지를 방문하는 형태, 즉 관광객이 도시를 점으로 인식하기보다 자전거를 타고 도로를 능동적으로 이동하면서 도시를 선(자전거도로)이나 면(자전거도로와 인접한 상점 및 거리)으로 인식하게 함으로써 관광 수익이 특정 지역에 편중되지 않고 도시 전체에 고르게 퍼지게 하는 효과를 낼 수 있다. 더불어 자동차로 이동할 때는 미처 보지 못했던 도시 곳곳의 숨겨진 장소들이 관광객에게 노출되어 비단 관광지뿐 아니라 도시 전체에 대한 이해도를 높이고 장소감을 향상시킬 수 있는 효과를 기대해 볼 수 있다.

이렇게 많은 이점을 가진 자전거관광에 특화된 도시가 독일 노르트라인베스트팔렌주에 위치한 뮌스터는 독일 북서부에 위치한 작은 도시이지만 '독일 자전거의 수도'로 불리고 있을 정도로 자전거에 특화된 도시이다. 매년 수많은 관광객이 자전거를 타고 뮌스터를 관광하고 있으며, 숙소 또는 관광지에서 다른 관광지로의 이동뿐만 아니라 아름다운 자연, 중세 시대 느낌이 나는 도시에서 자전거를 타는 행위Cycling를 하기 위해 뮌스터를 방문하는 관광객도 많다. 이에 본 글에서는 뮌스터가 어떻게 '독일 자전거의 수도'가 되었는지를 살펴보고자 한다.

비와 성당 그리고 자전거의 도시 뮌스터

"뮌스터에서는 비가 내리거나 종소리가 울린다(In Münster regnet es oder die Glocken läuten)." 이 말은 뮌스터가 속해 있는 독일 노르트라인 베스트팔렌Nord Rhein-Westfalen주의 오랜 속담이다. 조금 더 구체적으로 "뮌스터는 비가 내리거나 혹은 종소리가 들린다. 그런데 비도 오고 종소리까지 들리면 그건 일요일이다"라고 표현하기도 한다. 뮌스터와 비를 연관 짓는 표현은 또 있다. "비의 고향! 나는 그래서 당신의 이름을 미미가르다Mimigarda라고 부르고 싶습니다!(Heimat des Regens! So möchte ich Dich, Mimigarda, benennen!)"[3]라는 시의 한 구절이 그것이다. 이처럼 뮌스터는 오래 전부터 '비가 자주 오는 곳'이거나 '성당이 많은 곳(종소리를 울리는 곳이 성당이기에)'이라는 인식이 있었다. 그렇다면 속담처럼 실제로 뮌스터에는 비가 자주 내릴까? 그리고 실제로도 성당이 많을까?

이를 확인하려면 뮌스터의 위치를 확인해 볼 필요가 있다. 뮌스터는 독일 서북부에 위치한 노르트라인베스트팔렌주에서도 북쪽, 북위 51도에 걸쳐 있다(〈그림 1〉참조). 서울이 북위 37도인 것을 생각하면, 상대적으로 더 북쪽에 위치한 뮌스터는 춥고 눈도 많이 올 것 같지만 뮌스터의 평균 기온은 10.5℃로 생각했던 것보다 의외로 따뜻한 편이다.[4] 그 이유는 한국이 대륙의 동쪽 끝에 위치해 연교차가 큰 대륙성기후인데 반해, 뮌스터가 위치한 특히 독일 북부 지역은 대륙의 서

---

3 뮌스터의 옛 지명인 미미가르다Mimigarda를 '비의 고향'이라고 표현한 것으로, 1649년에 파비오치기Fabio Chigi라는 시인이 쓴 시의 한 구절이다. 현재까지도 뮌스터에 비가 자주 온다는 점을 거론할 때 많이 인용된다. 뮌스터대학교, https://www.uni-muenster.de.
4 독일 기상청, https://www.dwd.de/DE/Home/home_node.html.

| 그림 1 | 노르트라인베스트팔렌주와 뮌스터의 위치

출처: 뮌스터 시청, https://www.stadt-muenster.de; 구글 지도, https://www.google.com/maps.

쪽에 있어 비교적 연교차가 크지 않은 서안해양성기후이기 때문이다. 독일 북부 지역은 북대서양 난류로 인해 만들어진 온난습윤한 바람이 1년 내내 편서풍을 타고 해발 200미터 이하의 평탄한 지역을 관통해 넓게 퍼지는데, 뮌스터가 이곳에 위치해 있기 때문에 연중 온난습윤한 기후를 띄는 것이다.[5]

이 같은 온난한 기후로 인해 서울보다 훨씬 북쪽에 위치해 있음에도 눈보다는 비가 내리는 곳이 되었고, '비의 고향'이라는 별명도 붙었다. 하지만 뮌스터의 강우량은 많은 편이 아니다. 뮌스터의 연 강우량은 838mm로 대한민국 평균 강우량인 1,223.87mm보다 적다.[6] 독일을 기준으로 보았을 때에도 뮌스터는 독일 내 강우량이 많은 도시 상위 40개에도 포함되지 않는다. 이처럼 뮌스터는 '비의 고향'이라는

---

5 《SBS 뉴스》 2015년 4월 20일자, 〈[취재파일] 온난화…북대서양 해류가 느려졌다〉.

6 기상청 기상자료개방공개포털, https://data.kma.go.kr; 독일 기상청, https://www.dwd.de/DE/Home/home_node.html.

| 그림 2 | 흐린 날에 촬영한 뮌스터 시내 도로와 뮌스터 외곽 지역

출처: 2019년 10월 21일 저자 촬영

별명과는 달리 비가 많이 내리는 곳이라고 보기는 어렵다.

그런데도 뮌스터가 '비의 고향' 또는 '비가 오는 곳'이라는 별명을 가지게 된 이유는 비의 양이 적을지라도 자주 내리고, 일조시간도 다른 독일 도시들보다 상대적으로 짧기 때문이다(〈그림 2〉 참조). 뮌스터의 연평균 강우일수는 약 190일로 1년 중 절반 이상이 비 오는 날이다. 서울의 평균 강우일수가 108.6일인 것에 비하면 뮌스터에 비가 얼마나 자주 내리는지를 알 수 있다.[7] 일조시간이 짧은 것도 뮌스터를 '비의 고향'이라고 생각하게 만든 요인이다. 연중 흐린 날이 지속되면 비가 오지 않은 날에도 비가 왔다고 착각할 수 있기 때문이다. 뮌스터의 연간 일조시간은 독일에서 연간 일조시간이 가장 짧은 튀링겐Thüringen주 쥘Suhl의 1,436시간과 비슷한 1,500시간이다.[8] 서울

---

[7] 뮌스터대학교, https://www.uni-muenster.de; 기상청 기상자료개방공개포털, https://data.kma.go.kr.

[8] 독일 기상청, https://www.dwd.de/DE/Home/home_node.html.

의 연간 일조시간이 뮌스터보다 약 1,000시간 정도 긴 2,440시간이
니, 뮌스터의 일조시간이 얼마나 짧은지 알 수 있다.[9] 이처럼 독일 서
북부에 위치해 편서풍의 영향을 받아 연중 온난한 기후를 가지고 있
는 뮌스터는, 많은 양의 비가 내리지는 않지만 자주 비가 내리며, 일
조시간이 상대적으로 짧아 흐린 날이 많기 때문에 '비의 고향'이라는
별명을 갖게 된 것이다.

　뮌스터 속담에 등장하는 다른 특징은 '종소리가 들린다는 것'이다.
종소리는 대부분 성당 첨탑의 종에서 울리므로, 이 말은 '뮌스터에 성
당이 많다'는 의미와 연결된다. 뮌스터에서는 상당히 자주 종소리가
들리며, 실제로 가톨릭과 관련된 장소도 아주 많다. 뮌스터교구 내에
는 약 723개의 성당과 예배당이 있으며, 이곳에 등록되어 있는 신자
수는 뮌스터 전체 인구인 31만여 명을 훨씬 웃도는 190만 여 명이다.
이는 독일 가톨릭 교구 내에서도 두 번째로 많은 수인데, 뮌스터가
노르트라인베스트팔렌주 안에서도 작은 도시임을 감안한다면, 뮌스
터는 가톨릭 신자도 많고 성당도 많은 곳임을 알 수 있다.[10] 사실 뮌
스터라는 이름 자체도 가톨릭과 깊게 연관되어 있다. 뮌스터는 주교
좌성당[11] 또는 대성당이라는 뜻이어서, 도심에 성당이 있는 대부분의
독일 도시들은 사실 뮌스터플랏츠Münsterplatz(대성당 광장), 뮌스터스

9　기상청 기상자료개방공개포털, https://data.kma.go.kr.

10　*Domradio*, 2020. 10. 3., "Bistum Münster hat bisher 70 Kirchengebäude aufgegeben
Umgewidmet oder ungenutzt".

11　주교좌성당은 주교가 있는 성당으로, 주교는 해당 교구(교회 안에서의 행정단위로
한국에는 서울대교구, 수원교구 등이 있다)를 대표하며 교구를 총괄하는 직책이다
(가톨릭사전 홈페이지 참조).

| 그림 3 | 뮌스터의 상징이자 도시 어디에서나 볼 수 있는 자전거와 뮌스터대학교 대학본부[12]

출처: 2016년 10월 27일; 2019년 11월 14일 저자 촬영

트라세Münsterstraße(대성당길)라는 지명을 가지고 있다. 이곳 노르트라인베스트팔렌주의 뮌스터 외에도 바이에른주·바덴뷔르템베르크주·헤센주에도 뮌스터라는 이름을 가진 도시가 있고, 독일어를 공용어로 사용하는 스위스 베른주에도 뮌스터라는 도시가 있다. 이처럼 뮌스터라는 지명은 독일과 스위스 등지에서 쉽게 찾아볼 수 있지만, 많은 사람들은 '뮌스터' 하면 노르트라인베스트팔렌주의 뮌스터를 가장 먼저 떠올리곤 한다. 그 이유는 첫째, 다른 도시들에 비해 도시의 역사가 오래되었고, 둘째, 도시 안에 독일 내에서도 규모가 크고 유명한 뮌스터대학교Westfälische Wilhelms-Universität Münster[13]가 있으며, 마지막으로 '독일 자전거의 수도'라고 불릴 정도로 뮌스터의 자전거가 매우

---

12 1787년 뮌스터의 주교 막시밀리안 프리드리히Maximilian Friedrich von Königsegg-Rothenfels를 위해 지어진 궁전 건물이었다. 현재는 1954년부터 뮌스터대학교의 대학본부 건물 및 강의실, 학생상담실 등으로 사용되고 있다.

13 독일은 몇몇 도시들을 제외하면 보통 한 도시 안에 대학이 하나밖에 없기 때문에 지역명으로 대학을 부르는 경우가 많다. 그래서 '베스트팔렌 빌헬름 뮌스터 대학교'도 그냥 '뮌스터대학교'로 불린다.

유명하기 때문이다(〈그림 3〉 참조).[14] 실제로 독일관광청 인터넷 홈페이지에서 뮌스터를 검색해 보면 뮌스터를 '자전거의 도시Bicycle City'라고 소개하고 있다. 뮌스터 시청 또한 홈페이지에서 자전거의 도시 Fahrradstadt라며 도시를 홍보하고 있다.

무엇보다 뮌스터가 '독일 자전거의 수도'가 된 이유 중 가장 큰 요인은 뮌스터 주민들의 유별난 자전거 사랑 때문이다. 뮌스터대학교의 조사에 따르면, 뮌스터 인구 중 93퍼센트가 자전거를 소유하고 있고, 이 중 45퍼센트는 1대 이상의 자전거를 가지고 있다. 뮌스터 시청의 조사에 따르면 뮌스터 안에 약 50만 대의 자전거가 있을 것으로 추정된다고 하니(2022년 기준), 뮌스터에는 사람보다 자전거가 많은 셈이다. 또한 도심을 둘러싼 4.5킬로미터의 차 없는 자전거 도로망, 도시 곳곳에 만들어진 자전거 주차장, 기차역 앞에 건설된 독일 최대의 자전거 정거장, 높은 자전거 통행량, 그리고 대중교통과 자전거 이용의 연계성 등은 도시 내 자전거 경관을 형성하는 주요한 요인일 것이다. 그리고 이러한 요인들은 뮌스터를 독일 자전거의 수도로 만드는 데에 크게 일조했다.

제2차 세계대전 후 도시 재건과 자전거의 등장

유럽 역사에서 뮌스터가 처음 등장한 것은 793년 카를 대제Karl der Große[15]가 뮌스터에 기독교를 전파하기 위해 지금의 뮌스터 구시가

14　Kai Niederhöfer, *Münsterland Royal*, Droste Verlag, 2017, p. 88.

15　프랑크왕국Fränkisches Reich과 랑고바르드Langobardenreich, 서로마제국의 황제로

｜그림 4｜ 1264년 모습을 기준으로 복원된 성파울루스대성당

출처: 2021년 7월 9일 저자 촬영

지 부근으로 선교사를 파견하면서부터이다.[16] 뮌스터에 부임한 선교사는 얼마 되지 않아 주교가 되었고, 이에 주교가 머물 주교좌성당이 현재 뮌스터 구시가지 중앙에 위치한 성파울루스대성당St.-Paulus-Dom 자리에 지어졌다(〈그림 4〉 참조).[17] 주교좌성당 건축을 위해 자연스럽게 주변 지역에서 사람들이 모여들었고, 성당을 중심으로 시장·도서관·학교 등이 들어서며 도시의 규모가 커졌다. 곧 뮌스터는 베스트팔렌 지역에서 가장 큰 도시로 성장해 주변 지역을 관장하는 법원이나 행정관청 등도 도시 안에 들어섰다. 학교와 도서관, 법원과 행정관청 그리고 주교좌성당까지 자리 잡으면서 뮌스터가 교육과 행정·종

독일어로는 카를 대제, 프랑스어로는 샤를마뉴Charlemagne라고 한다.

16 뮌스터 도시박물관, https://www.stadt-muenster.de/museum.

17 오늘날 뮌스터 구시가지에서 볼 수 있는 성파울루스대성당은 1225년부터 1264년까지 건축된 성당의 모습으로, 제2차 세계대전 당시 폭격으로 파괴되었으나 1956년 재건되었다(성파울루스대성당 사이트 참조).

| 그림 5 | 도심 중앙에 위치한 중심상가 골목

출처: 2018년 12월 3일 저자 촬영

교를 아우르는 '엘리트 도시'가 되자 방어의 필요성도 높아져 도시와 다른 지역을 구분 짓는 4.5킬로미터의 성벽이 도시 외곽을 따라 세워 졌다. 중세 시대 뮌스터는 독일 북부 지역을 아우르는 한자동맹의 일 원으로 무역의 중심지 역할도 수행했는데, 당시 소금 무역이 이루어 졌던 '소금길Salzstraße'과 12세기부터 역사가 이어져 내려오는 '중심상 가Prinzipalmarkt'는 수백 년이 지난 아직까지도 뮌스터 구도심에서 만나 볼 수 있다(〈그림 5〉 참조). 이처럼 베스트팔렌 지역의 엘리트 도시 역 할을 수행하던 뮌스터는 1648년 그 이름을 유럽 전역에 알리게 된다. 독일의 30년전쟁과 스페인 · 네덜란드의 80년전쟁을 종결짓는 베스 트팔렌조약이 뮌스터 구 시청사 건물에서 체결되었기 때문이다.[18] 이

---

18 구 시청사는 1250년 중심상가 골목에 처음 들어섰고 제2차 세계대전 때 폭격으로 파 괴되었다가 1958년 베스트팔렌조약 310주년을 기념하여 복원되었다. 현재는 박물관 으로 사용되고 있다(뮌스터 관광청 사이트).

조약은 네덜란드가 신생 국가로 인정받고, 독일이 프랑스에 일부 영토를 빼앗기는 등 유럽의 지도를 바꾼 역사적인 조약이었다.[19, 20]

이처럼 뮌스터에는 도시와 역사를 함께 해 온 오래된 성당과 예전부터 지역의 교육과 행정, 경제를 담당하던 역사적 건축물이 다른 도시에 비해 많았다. 또한 지역의 엘리트 도시답게 도시를 구분 짓는 성벽 안쪽에는 행정관료나 법관·교육자 등 엘리트 계층이 많이 거주했는데, 이러한 요소들은 제2차 세계대전 후 폐허가 된 도시를 복원할 때 다른 도시들처럼 완전히 새롭게 도시를 건설하는 대신, 도시의 역사성 회복을 위한 장소들을 복원하는 방향으로 이끄는 요인이 되었다. 즉, 변화보다는 기존의 가치를 지키고 싶어 하는 보수적인 엘리트 계층과 오랜 전통을 중요하게 생각하는 가톨릭 신자들이 주민 구성의 다수를 차지하고 있었기 때문에, 폐허 위에 새로운 도시를 건설하기보다는 도시를 복원하는 결정을 내린 것이다. 하지만 천년이 넘은 건축물을 이전 모습 그대로 복원하는 것이 기술적으로 불가능했고, 자동차가 대중화되던 시기에 도시를 옛 구획대로 재건한다는 것은 심각한 교통난을 야기하는 일이기도 했다.[21] 이러한 이유로 도시의 완벽한 복원은 어려웠지만 상징적인 건축물을 최대한 복원하고, 도심의 구조를 크게 변형시키지 않는 선에서 도로를 복원하는 노력

---

19 황대현,〈베스트팔렌 강화조약에 대한 기억문화의 다양성〉,《서양사론》116, 287~307쪽.

20 이러한 역사적 가치를 인정받아 조약이 체결된 구 시청사 2층 홀은 유럽유산Europäischen Kulturerbe-Siegel으로 등재됐다. 홀이 가지는 상징성은 현대까지 이어져 '2022년 G7 외무장관 회의' 등의 중요한 외교 행사가 이곳에서 개최되기도 했다(뮌스터 관광청 사이트 참조).

21 이병철,〈전후 독일에서 구시가지의 재건과 지역 정체성 작업〉,《學林》45, 2020, 295~306쪽.

| 그림 6 | 중세 시대 모습대로 복원되어 길이 구불구불하고 복잡한 뮌스터

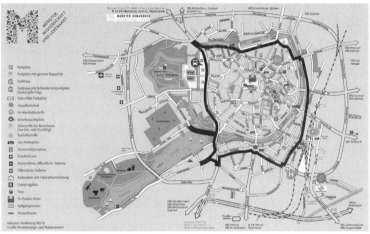

출처: 뮌스터 시청, https://www.stadt-muenster.de

이 이뤄졌다. 도시를 복원하면서 현대적인 모습의 건축물을 전혀 만들지 않은 것은 아니지만, 역사적인 건축물을 고려해 스카이라인 Skyline을 맞추고, 건물의 외관도 도시가 가지고 있던 건축물과 유사하게 만들고자 하였다.[22]

이렇게 도로망과 건축물은 중세 시대 모습대로 복원되어 이전 모습을 거의 되찾았지만, 뮌스터 시내에는 심각한 교통문제가 발생해 1970년대 들어서는 시내 교통량이 포화상태에 이르렀다. 가급적 예전 모습대로 복원하려 했던 뮌스터의 도심은, 차량 통행이 수월하도록 격자 모양으로 만들어진 신도시들과 달리 보행을 중심으로 하는

---

22 뮌스터 플러스, https://xn—mnsterplus-9db.de/Startseite.

원형 모양이기 때문에 일방통행 도로가 많고, 폭도 좁았으며 길도 구불구불했다(〈그림 6〉 참조). 여기에 1973년 오일쇼크로 석유 가격이 폭등하자 뮌스터 사람들은 자동차를 대체할 만한 교통수단을 적극적으로 찾기 시작했다. 이때 빛을 발한 것이 바로 '자전거'다.

뮌스터 내 자전거 이용률이 높은 원인과 현황

1970년대에는 오일쇼크뿐 아니라 옆나라 프랑스에서 시작된 68혁명[23]의 영향으로 기존 질서에 대한 저항도 일어났다. 이는 단순히 정치·사회적인 부분뿐만 아니라 개발과 환경에 대한 인식에도 변화를 가져와 이후 녹색당이 만들어지는 계기가 되기도 했다. 그만큼 환경에 대한 관심이 높아진 것이다. 또한 1980년대 산성비로 독일 산림이 피해를 입은 사건도 '비의 고향'인 뮌스터 시민들의 자전거 이용을 촉진시키는 계기가 되었다. 산성비의 주범으로 자동차 배기가스가 지목되며 자동차 운행을 규제해야 한다는 목소리가 높아지자, 뮌스터도 이러한 경향에 발맞춰 자동차에 대한 규제를 강화함과 동시에 친환경 교통수단인 자전거 통행량을 늘릴 수 있는 방법에 집중하였다.[24] 먼저 도심 내 환경구역Umweltzone(〈그림 6〉)의 검은색 실선 안쪽 지

---

23 1968년 미국의 베트남 침공에 항의하며 파리에서 시작된 68혁명의 영향을 받아 독일(서독)의 젊은 대학생들을 중심으로 일어난 기존 체제에 대한 저항운동이다. 나치당원이 서독 총리를 할 정도로 과거사 청산이 되지 않고 있던 독일이 과거사 청산과 함께 반권위주의, 친환경운동 등을 시작하게 된 계기가 되었다. 김누리, 《우리의 불행은 당연하지 않습니다》, 해냄출판사, 2020, 53~71쪽.

24 독일 기상청, https://www.dwd.de/DE/Home/home_node.html.

역)을 설정해 배기가스 테스트를 통과한 차량만 도심에 진입할 수 있도록 만들어 도심의 자동차 통행량을 줄여 나갔다.[25] 이와 동시에 환경을 생각하는 시민단체와 녹색당의 지속적인 요구로 뮌스터에 자전거도로가 늘어나기 시작했고, 자전거도로와 자전거 주차장 등 도시 내 자전거 통행 관련 기반 시설이 마련되자 자전거를 이용하는 인구도 자연스럽게 증가했다.

뮌스터의 자전거 이용 인구가 다른 도시들에 비해 폭발적으로 늘어나게 된 것은, 뮌스터의 독특한 인구구조 때문이기도 하다. 뮌스터는 예로부터 교육의 중심지 역할도 수행해 왔는데 그 중심에는 유서 깊은 뮌스터대학교가 있다. 1780년 설립된 뮌스터대학교는 그 역사만큼이나 뮌스터에 미치는 영향력도 상당한데, 이는 뮌스터의 인구구성을 살펴보면 확인할 수 있다. 2021년 기준 뮌스터 인구가 31만 7,713명인데, '2021/22 겨울학기'에 등록한 뮌스터대학교 학생 수가 무려 4만 4,431명으로 뮌스터 인구의 약 14퍼센트나 된다.[26] 뮌스터대학교는 독일에서 학생 수가 많은 대학 10위 안에 들 정도로 규모가 큰 편에 속하는데, 순위가 높은 다른 대학들이 뮌헨München이나 쾰른Köln처럼 인구 100만 명 이상의 도시들에 있는 것을 생각해 본다면, 뮌스터대학이 도시에 미치는 영향력이 다른 도시들에 비해 상대적으로 크다는 것을 알 수 있다. 학생 수뿐만 아니라 대학에 속한 상근 직원도 상당히 많다. 2021년 기준 7,488명이 뮌스터대학교에서 일을 하

---

25 뮌스터 시청, https://www.stadt-muenster.de.
26 노르트라인베스트팔렌 주 정보기술청, https://www.it.nrw.; 뮌스터대학교, https://www.uni-muenster.de.

출처: 2021년 7월 9일 저자 촬영

고 있으니, 뮌스터 전체 인구의 약 16퍼센트가 뮌스터대학교에 직접적으로 속해 있다고 볼 수 있다.[27]

　이처럼 뮌스터에는 학생이 많고 대학에 속한 사람들도 많아 인구 구성도 다른 도시들에 비해 젊은 편이다. 2021년 기준 뮌스터의 인구는 0~19세가 17.2퍼센트, 20~39세가 34.6퍼센트를 차지하여, 인구의 절반 이상이 40세 미만이다.[28] 이처럼 주민들의 평균연령이 젊다는 것, 특히 도시에 대학생이 많다는 점은 경제적인 이유에서든, 환경에 대한 인식 때문이든 도시에서 이동이 필요할 때 자동차보다 자전거를 선호하게 만드는 요인이 되었다(〈그림 7〉 참조). 뮌스터대학교가 2007년 실시한 조사에 따르면 뮌스터 시민 중 47퍼센트가 도시 안에서 이동이 필요할 때 자전거를 최우선으로 이용한다고 밝혔고, 이 중 77퍼센트는 거의 매일 자전거를 이용한다고 밝혔다. 이는 대다수의

27　뮌스터대학교, https://www.uni-muenster.de.
28　뮌스터 통계청, https://www.stadt-muenster.de/statistik-stadtforschung.

사람들이 뮌스터 안에서 이동이 필요할 때 자동차보다 자전거를 이용한다는 것을 의미한다. 뮌스터 시민들의 이러한 자전거 선호는 도시 통행량 조사에서도 확인할 수 있다. 뮌스터의 통행량 중 자전거가 차지하는 비중은 무려 38퍼센트로, 이는 인구 10만 명 이상의 독일 도시 중 가장 높은 수치라는 점에서 눈여겨볼 만하다.[29]

뮌스터가 가지고 있는 훌륭한 자전거 인프라

뮌스터 시민들의 자전거 이용을 장려하기 위해 행정당국이 기울인 노력도 뮌스터가 '독일 자전거의 수도'가 되는 것에 큰 역할을 했다. 그중 대표적인 것이 '자전거 정거장Radstation Münster Hbf.'으로, 2023년 기준 독일 내 가장 큰 규모의 '기차역과 연계된 자전거 정거장'이다. 1990년대 초부터 6년여의 논의 끝에 독일에서 최초로 뮌스터 중앙역Münster Hbf. 앞에 자전거 정거장 설치가 결정되었고, 3년 후 자전거를 사랑하는 뮌스터 시민들과 독일 연방정부 교통부장관, 노르트라인베스트팔렌주 환경부장관 등의 축하 속에 자전거 정거장 개회식이 열렸다.[30]

자전거 정거장이 들어서자 뮌스터 중앙역을 이용해 통근과 통학을 하던 많은 사람들이 자전거 정거장에 자전거를 채우기 시작했다. 자전거 정거장 건설 전 기차나 버스를 타기 위해 뮌스터 교통의 중심지인 뮌스터 중앙역까지 자전거를 타고 온 시민들은 중앙역 광장 근처 노상에 자전거를 묶어 놓을 수밖에 없었는데, 자전거 정거장이 들

---

29 뮌스터 시청, https://www.stadt-muenster.de.
30 자전거 정거장, https://www.radstation.de.

| 그림 8 | 뮌스터 중앙역 앞에 건설된 자전거 정거장과 주차된 수많은 자전거

출처: 2021년 7월 6일 저자 촬영

어서자 비바람과 절도로부터 자전거를 보호할 수 있는 자전거 정거장을 적극적으로 이용하기 시작한 것이다(〈그림 8〉 참조).[31] 또한 이용객 편의를 위해 자전거 정거장은 대다수의 상점들이 영업을 하지 않는 새벽 5시 반부터 역시나 대다수의 상점들이 이미 문을 닫은 밤 11시까지 운영되고 있다. 이례적으로 매우 이른 시간에 문을 열고, 늦은 시간까지 영업을 하는 이유는 기차와 버스를 이용하는 사람들을 고려한 것이다. 이러한 편리성과 저렴한 가격 등으로 인해 자전거 정거장은 뮌스터 시민들에게 큰 사랑을 받았고, 완공된 지 얼마 지나지 않아 2,800개의 주차 공간이 이용객들의 자전거로 빽빽하게 채워졌다. 이에 2001년 뮌스터 중앙역 옆 보행자 터널에 자전거 주차 공간 500개를 추가로 설치한 것을 시작으로, 중앙역 광장에도 자전거를 주차할 수 있는 공간을 확충하며 시민들의 수요를 따라가기 위해

---

31 뮌스터에서는 자전거 절도가 상당히 빈번하게 일어나는데 이러한 상황에서 자전거를 안전하게 보관할 수 있는 자전거 정거장은 뮌스터 시민들에게 인기가 높을 수밖에 없다. 《Westfälische Nachrichten》 2012년 5월 24일자, 〈Einsatz gegen den gewerbsmäßigen Fahrraddiebstahl〉.

| 그림 9 | **보행자 터널과 중앙역 광장에 추가로 설치된 자전거 주차 공간**

출처: 2021년 7월 6일 저자 촬영

노력하고 있다(〈그림 9〉 참조). 뮌스터 사람들에게 자전거 정거장이 사랑받는 이유는 또 있다. 자전거 정거장에서 주차 외에도 자전거 수리, 중고 자전거 판매, 자전거 세차, 자전거 대여 등 자전거와 관련된 대부분의 서비스를 함께 제공하고 있기 때문이다.[32]

독일 연방정부 환경청의 주도로 시행된 '바이크 앤 라이드Bike and Ride' 시스템도 뮌스터 시민들의 자전거 이용을 촉진시켰다. '바이크 앤 라이드' 시스템은 대중교통과 연계된 자전거 주차장 설치 및 대중교통 이용 시 자전거를 동반할 수 있도록 하는 내용 등을 골자로 한다.[33] 이에 발맞춰 뮌스터도 시내버스 노선과 연계된 곳에 자전거 주차장을 많이 설치했는데, 이렇게 만들어진 자전거 주차장의 주차 공간을 모두 합하면 동시에 약 1만 2천여 대의 자전거를 주차할 수 있는 규모이다.[34] 또한 뮌스터에서는 자전거를 가지고 버스를 타기에도 용이하다.

---

32 자전거 정거장, https://www.radstation.de.
33 김종신, 《자전거 수단선택시 영향을 주는 요인에 관한 연구》, 한양대학교 석사학위 논문, 2011, 14쪽.
34 뮌스터 시청, https://www.stadt-muenster.de.

| 그림 10 | **붉은색 자전거도로와 자전거 신호등**

출처: 2020년 7월 3일; 2016년 10월 30일 저자 촬영

뮌스터의 모든 시내버스가 자전거를 싣기 편한 저상버스로 이루어져 있고, 시내버스 안에 자전거 · 유모차 · 휠체어 등을 보관할 수 있는 공간이 따로 마련되어 있으며, 자전거나 휠체어를 동반한 탑승이 용이하도록 버스 출입구에 접이식 경사판도 설치되어 있어 자전거 이용객의 편의를 보장하고 있다.[35]

　도시 곳곳을 연결하는 자전거도로도 시민과 관광객이 뮌스터에서 자전거를 많이 이용하는 주된 요인이다. 1990년대에 붉은색 바닥으로 자전거 전용도로 디자인을 통일하면서 뮌스터를 상징하는 경관이 된 붉은색 자전거도로는 2023년 기준 약 480킬로미터에 달한다. 뮌스터에는 자전거도로뿐만 아니라 자전거 전용 신호등도 따로 있다. 연동된 개별 신호등을 통해 자동차와 자전거 교통의 흐름을 분리해 관리하는 덕분에 자동차와 자전거가 뒤섞이는 일을 막을 수 있었다 (〈그림 10〉 참조). 자전거도로 표시가 되어 있지 않은 대부분의 도로에

35　뮌스터 유틸리티, https://www.stadtwerke-muenster.de.

| 그림 11 | 옛 성곽길에 조성한 자전거도로와 산책로, 자전거가 등장하는 기념엽서

출처: 2019년 7월 14일; 2023년 1월 10일 저자 촬영

서도 관습적으로 차보다 자전거 통행이 우선하는데, 자동차 운전자들의 이러한 배려도 뮌스터를 '독일 자전거 수도'로 만드는 원동력이 되었다.

한편, 뮌스터에 있는 자전거도로 중 가장 아름다운 코스는 과거 성벽이 있던 자리에 만들어진 산책로Promenade코스다. 뮌스터의 경계를 구분 짓던 4.5킬로미터 길이의 성벽이 허물어진 자리는 이제 독일에서도 아름답기로 손꼽히는 산책로이자 자전거도로가 되어 도시의 안과 밖을 연결하고 있다(〈그림 11〉 참조). 옛 성벽 자리에 자동차를 위한 도로를 만드는 대신, 도시의 상징이 된 산책로와 자전거도로를 조성하면서, 뮌스터는 2001년과 2003년, 2005년에 독일 내 가장 큰 환경단체인 분트BUND와 독일연방자전거클럽General German Bicycle Club이 주관하는 '자전거 기후테스트Fahrradklimatest에서 '최고의 자전거 친화도시'로 선정되기도 하였다.[36]

---

36   자전거 기후테스트, https://fahrradklima-test.adfc.de.

세계에서 가장 살기 좋은 독일 자전거 수도

제2차 세계대전으로 파괴된 도시를 현대적으로 새롭게 건설하는 대신에 도시를 예전 모습으로 복원하기로 결정하면서, 뮌스터는 다른 도시와는 다르게 중세 시대를 연상케 하는 경관을 가지게 되었다. 예전 모습대로 구불구불하고 폭이 좁은 길과 역사적인 건물들로 가득 찬 뮌스터의 도심에는 지금, 자동차 대신 자전거가 달리고 있다. 자동차의 편의보다 환경을 먼저 생각한 뮌스터 시민들의 결정으로 도시는 480킬로미터의 긴 자전거도로를 가지게 되었고, 이는 뮌스터를 상징하는 대표적인 경관이 되었다. 뮌스터 시민들이 머리를 맞대고 토론한 끝에 내린 이 결정은 지속가능한 미래를 고민하는 현대에 더욱 주목받고 있다.

최근에 들어서야 프랑스 파리는 '자전거 중심의 친환경 녹색도시'를 중심으로 하는 새로운 도시계획을 발표했고, 한국의 도시들도 도심 교통 혼잡도와 대기오염을 줄이기 위해 자전거 통행을 위한 기반 시설 건설에 열을 올리고 있는 점을 생각해 보면, 뮌스터가 이미 오래전에 내린 결정은 실로 선견지명이었다고 생각한다.[37] 자전거를 기반으로 한 도시의 친환경성과 역사적 경관을 복원한 점 등을 인정받아 뮌스터는 유엔환경계획에서 공인한 공인한 '리브컴 어워즈'에서 '세계에서 가장 살기 좋은 도시'에 선정되었다.[38] 날로 심각해지고 있

---

[37] 《주간동아》 2023년 1월 15일자, 〈프랑스 파리 '15분 도시' 같은 'N분 생활권 도시' 한국에 만든다〉.

[38] 리브컴 어워즈, http://www.livcomawards.org.

는 환경오염 문제와 도시의 지속가능한 미래에 대한 논의가 커지고 있는 요즘, '자전거 수도'로 불리는 뮌스터는 우리에게 좋은 본보기가 되고 있다.

참고문헌

김누리, 《우리의 불행은 당연하지 않습니다》, 해냄출판사, 2020, 53~71쪽.

김종신, 《자전거 수단선택시 영향을 주는 요인에 관한 연구》, 한양대학교 석사학
　　위논문, 2011, 14쪽.

이병철, 〈전후 독일에서 구시가지의 재건과 지역 정체성 작업〉, 《學林》 45, 2020,
　　295~306쪽.

황대현, 〈베스트팔렌 강화조약에 대한 기억문화의 다양성〉, 《서양사론》 116,
　　287~307쪽.

《동아일보》 2020년 2월 8일자, 〈[날씨 이야기] 기후변화가 팬데믹을 부른다〉.

《SBS 뉴스》 2015년 4월 20일자, 〈[취재파일] 온난화…북대서양 해류가 느려졌다〉.

《주간동아》 2023년 1월 15일자, 〈프랑스 파리 '15분 도시' 같은 'N분 생활권 도시'
　　한국에 만든다〉.

가톨릭사전, https://www.catholic.or.kr.

구글 지도, https://www.google.com/maps.

기상청 기상자료개방공개포털, https://data.kma.go.kr.

노르트라인베스트팔렌 주 정보기술청, https://www.it.nrw.

독일 기상청, https://www.dwd.de/DE/Home/home_node.html.

독일 관광청, https://www.germany.travel/en/cities-culture/muenster.html.

리브컴 어워즈, http://www.livcomawards.org.

뮌스터 관광청, https://www.stadt-muenster.de/tourismus.

뮌스터대학교, https://www.uni-muenster.de.

뮌스터 도시박물관, https://www.stadt-muenster.de/museum.

뮌스터 시청, https://www.stadt-muenster.de.

뮌스터 플러스, https://xn—mnsterplus-9db.de/Startseite.

뮌스터 통계청, https://www.stadt-muenster.de/statistik-stadtforschung.

성 파울루스 대성당, https://www.paulusdom.de.

뮌스터 유틸리티, https://www.stadtwerke-muenster.de.

자전거 기후테스트, https://fahrradklima-test.adfc.de.

자전거 정거장, https://www.radstation.de.

한국관광데이터랩, https://datalab.visitkorea.or.kr.

Domradio, 2020. 10. 3., "Bistum Münster hat bisher 70 Kirchengebäude aufgegeben Umgewidmet oder ungenutzt".

Kai Niederhöfer, *Münsterland Royal*, Droste Verlag, 2017, p. 88.

지속가능한 창조관광으로서
콘텐츠 투어리즘의 온·오프라인 전략

| 김금미 |

이 글은 《순천향 사회과학연구》 제18권 1호(2021. 12)에 게재된 원고를 수정 및 보완하여 재수록한 것이다.

콘텐츠 투어리즘 국내외 적용과 활용 현황

국내 콘텐츠 투어리즘 관련 학술 연구는 주로 일본 콘텐츠 투어리즘 연구를 그대로 수용하는 경향이 있다. 먼저 국내 연구를 살펴보면, 2015년 정수희·이병민이 국내·외 투어리즘 용어와 개념을 소개한 바 있고,[1] 윤수현이 일본 아니메(애니메이션) 순례여행 사례를 한국 환경에 적용 및 활용하여 다룬 바 있다.[2] 이후 국내 환경에 맞는 콘텐츠 투어리즘 모델 개발을 시도하였으나[3] 국내 관광의 온·오프라인 방안 제시로 이어지지는 않았다.

미래 사회에 창조경제 주체의 역할과 중요성이 강조되는 가운데, 최근 지역의 생산성 제고를 위해 아이디어를 활용해 무형의 가치를 생산하는 주체, 즉 지적재산권 관련 산업의 활동과 생산성에 관심이 쏠리고 있다.[4] 이러한 흐름에 맞춰 다각도에서 콘텐츠 투어리즘의 학문적 연구를 고양시키고자 콘텐츠 투어리즘 학회가 발족하여 관광·지역 활성화·콘텐츠 산업 전략 등 다양한 분야로 영역을 확대하고 있다.[5]

국내 콘텐츠 투어리즘 모델을 제시하기 위해서는, 우선 콘텐츠 투어리즘과 관련한 국내외 환경을 파악할 필요가 있다. 이 글에서는 '콘

---

[1] 정수희·이병민, 〈영상콘텐츠를 통한 창조적 장소이미지의 구축과정에 대한 연구 – 일본 아니메 성지순례를 중심으로〉, 《문화역사지리》 27, 2015, 112~128쪽.

[2] 윤수현, 〈문화적 경험을 극대화하기 위한 관광 유형으로서 '콘텐츠 투어리즘'의 가능성과 활성화 방향에 관한 연구〉, 《차세대 인문사회연구》 14, 2018, 321~337쪽.

[3] 정수희·이병민, 〈콘텐츠 투어리즘의 구성요소와 한국형 모델 연구〉, 《문화콘텐츠연구》 18, 2020, 209~249쪽.

[4] 김동완, 〈규모의 지리 측면에서 바라본 창조적 계급과 도시 창조성: 도시 창조성의 재구성과 도시 정책적 시사〉, 《공간과 사회》 29, 2008, 148~175쪽.

[5] 정수희·이병민, 〈콘텐츠 투어리즘의 구성요소와 한국형 모델 연구〉, 209~249쪽.

텐츠 투어리즘'이라는 용어를 사용하지 않았더라도 관련 주제를 담고 있는 영역[6]까지 포함하였다.[7]

콘텐츠 투어리즘의 개념과 사례는 주로 일본 콘텐츠 관광 사례를 중심으로 논의되고 있으며, '콘텐츠 투어리즘'이라는 용어 자체도 일본에서 만들어진 일본식 조어로 인식되고 있다. 콘텐츠 투어리즘은 과거 서구에서 인문 요소에 기반한 문화콘텐츠 중심의 접근이 주를 이루었다면, 최근 엔터테인먼트 분야로 확대되고 온·오프라인으로 세분화되면서 복합적인 형태를 띤다. 큰 틀의 문화콘텐츠 측면에서 문화적 경험과 '문화적 공감'을 바탕으로 한 '문화관광' 혹은 '문화적 요소'를 고려하여, 일본의 아니메 순례여행을 모델로 한국 한류 팬덤의 활동 사례를 비교 분석하고, 이와 연계하여 문화관광 개발 측면에서 한국의 환경에 맞는 콘텐츠 투어리즘 모델을 제시하려는 노력이 있다. 이에 대해 정수희 등은 한·일 문화적 환경의 차이를 근거로 일부 일본 사례의 국내 적용에 문제를 제기하기도 했다.[8]

관광 개발의 대상으로만 접근했던 기존의 시각에서 벗어나 지역 차원에서 콘텐츠 투어리즘에 접근할 필요성,[9] 한류 및 웹툰·게임 등

---

6 정수희·이병민, 〈콘텐츠 투어리즘의 구성요소와 한국형 모델 연구〉, 209~249쪽.

7 국내 논문 전문사이트(디비피아, 리스)의 '콘텐츠 투어리즘' 관련 내용은 다섯 가지로 분류할 수 있다. 첫째, 지역의 다양한 자원의 공간적 특성과 관련된 '푸드', '온천', '역사', '헬스', '콘텐츠' 등이다. 둘째, 환경적 요소로 제시된 '그린 투어리즘', '오버 투어리즘', '슬로우 투어리즘', '블루 투어리즘', '에코 투어리즘' 등이다. 셋째, 지형 자원을 통한 관광 활동인 '지오 투어리즘', 넷째, '콘텐츠 투어리즘'과 같은 선상에서 분석된 '스크린 투어리즘', 인문 요소로 접근된 '문학여행', 다섯째, 참여자를 통한 마케팅 활용으로 '소셜 투어리즘', '발룬 투어리즘' 등이다.

8 정수희·이병민, 〈콘텐츠 투어리즘의 구성요소와 한국형 모델 연구〉, 209~249쪽.

9 윤수현(2018)의 〈문화적 경험을 극대화하기 위한 관광 유형으로서 '콘텐츠 투어리즘'

한 분야 집중에서 벗어나 다각화될 필요성이 제기되고 있다.

이정훈은 일본정책투자은행 지역기획부에서 2015년 콘텐츠와 지역 활성화에 대하여 제시한 일본 관광의 흐름·특징과 비교하여 변화의 양상을 파악하고자 하였다.[10] 일본 콘텐츠 투어리즘은 2000년대 후반 시작되어, 일본의 문화 정책인 '쿨재팬COOL JAPAN' 전략과 맞물려 특히 애니메이션을 중심으로 관광의 비약적인 발전을 이끌었다.[11]

일본의 아니메 순례여행의 성공 사례를 통한 국내 콘텐츠 투어리즘 활용·적용 사례를 보면, 지자체와 정부 부처에서 관련 내용을 공유하여 콘텐츠 투어리즘이 지역 발전전략으로 전개[12]됨에 따라, 국내 순례여행은 먼저 언론을 통해 대중에게 알려지고 여행사들이 이를 소재로 관광상품을 출시하는 형식을 띠었다.

의 가능성과 활성화 방향에 관한 연구〉, 이정훈(2021)의 〈콘텐츠투어리즘과 지역활성화 - 일본의 애니메이션 성지순례를 중심으로〉, 안지영(2017)의 〈콘텐츠 투어리즘을 활용한 지역활성화 가능성 모색〉, 정수희·이병민(2016)의 〈지역의 문화자산으로서 문화콘텐츠와 문화콘텐츠관광 연구 - 일본 콘텐츠 투어리즘 사례를 중심으로〉, 정수희·이병민(2020)의 〈콘텐츠 투어리즘의 구성요소와 한국형 모델 연구〉, 신광철(2019)의 〈성지순례 개념의 확장성에 대한 연구 - 콘텐츠 투어리즘의 사례를 중심으로〉, 장원호·정수희(2019)의 〈도시의 문화적 공감대로서 콘텐츠씬의 인식 - 콘텐츠 투어리즘 사례를 중심으로〉 등을 선행 자료로 살펴보았다.

10 이정훈, 〈콘텐츠투어리즘과 지역활성화 일본의 애니메이션 성지순례를 중심으로〉, 건국대학교 박사논문, 2021, vi~vii쪽.

11 안지영, 〈콘텐츠 투어리즘을 활용한 지역활성화 가능성 모색〉, 《외국학연구》 42, 2017, 487~504쪽.

12 정수희·이병민, 〈콘텐츠 투어리즘의 구성요소와 한국형 모델 연구〉, 209~249쪽.

국내 콘텐츠 투어리즘 유형과 특징

2019년 '대한민국 관광혁신 전략'은 K-팝 테마 상품 및 패키지 개발을 통한 한류관광 확대, 한류스타 연계 관광상품 개발 등 콘텐츠 관광에 대한 정책적 지원을 천명했다. 이에 따라 각 지자체 단위와 콘텐츠산업진흥원, 영상위원회 등을 중심으로 한류 중심의 로케이션 지원 사업 및 이와 연계한 관광루트 및 상품 개발이 이루어졌다.[13]

일본의 아니메 순례여행이 소비자의 구매 활동과 깊이 연관되어 지역 생산성을 높이기 위한 자발적 온·오프라인 관광 행동 동기를 촉진하는 것과 달리, 국내 콘텐츠 투어리즘은 콘텐츠 특히 미디어 관광 측면에서 "영화 촬영지를 활용한 관광 계획, 스토리텔링을 접목한 관광 활성화 방안 등 콘텐츠의 소비 이후 활용 전략"[14]으로 관광 개발과 관광 마케팅·홍보에 집중된 특징이 있다.

국내 콘텐츠 투어리즘은 주로 영화·드라마 촬영지를 돌아보는 서구의 필름 투어리즘·시네마 투어리즘과 같이 미디어 관광 형태를 추구한다. 그러나 이러한 기존 서구의 형태뿐 아니라 서브컬처 콘텐츠의 무대를 방문하는 성지순례 형식의 일본 아니메 투어리즘의 콘텐츠 등 여러 나라의 문화산업과 깊이 관련된 유형과 범위[15]의 국내 콘텐츠 투어리즘 현상이 나타났고, 특별히 한류 특유의 양식화 시도가 이루어지는 특징을 보였다.

---

13 정수희·이병민, 〈콘텐츠 투어리즘의 구성요소와 한국형 모델 연구〉, 209~249쪽.
14 정수희·이병민, 〈콘텐츠 투어리즘의 구성요소와 한국형 모델 연구〉, 209~249쪽.
15 이정훈, 〈콘텐츠투어리즘과 지역활성화 일본의 애니메이션 성지순례를 중심으로〉, vi~vii쪽.

국내에서는 주로 "엔터테인먼트 분야에서 유사한 기술적 생산구조를 갖거나 상품·서비스 혹은 대체할 수 있는 수익원을 생산 제공하는 상당 규모의 기관들 또는 기업"을 포함하며, "아날로그 형태의 순수예술부터 디지털 엔터테인먼트 분야까지 포괄하는 광범위한 개념"[16]으로 활용되고 있는데, 지역에 이러한 생산성이 어떻게 생성되고 주체와 대상으로 진행되는지 확인해 보려 한다.

미디어를 근간으로 한 한류 중심의 콘텐츠 투어리즘은 최근에는 일본과 유사한 형태를 취하고 있다. 소비자가 구매한 콘텐츠를 대상으로 행하는 순례여행은 특히 MZ세대[17]의 주도적 여행 형태로 나타나고 있다. '성지순례'는 종교적 영역에서 사용된 개념이지만 오늘날 "관광, 예술, 대중문화 등 다양한 영역"의 문화콘텐츠로 확장되었다.[18] 일본의 「콘텐츠의 창조, 보호 및 활용 촉진에 관한 법률」[19]에 규정된 여러 분야 중에서도 특히 '아니메'를 바탕으로 지역에서 콘텐츠가 기획·개발되는 특징을 보인다.

콘텐츠 투어리즘 유형은 성격, 주체, 대상, 목적 등에 따라 종교관광, 미디어관광, 콘텐츠관광으로 구분할 수 있다(〈표 1〉 참조). 각 유형은 그 주체에 따라 성격이 달라진다. 종교관광은 종교 순례자들이 종교적 의미가 담긴 장소를 찾아다니는 성지 관련 문화유산 관광 형

---

16 유진룡 외, 《엔터테인먼트 산업의 이해》, 넥서스, 2009, 20쪽.

17 MZ세대는 밀레니얼Millennial세대인 1980~2000년생과, 1990년대 중반부터 2000년대 중반에 태어난 Z세대를 합쳐서 일컫는 말이다.

18 신광철, 〈성지순례 개념의 확장성에 대한 연구 – 콘텐츠 투어리즘의 사례를 중심으로〉, 《종교문화연구》 32, 2019, 69~92쪽.

19 윤수현, 〈문화적 경험을 극대화하기 위한 관광 유형으로서 '콘텐츠 투어리즘'의 가능성과 활성화 방향에 관한 연구〉, 《차세대 인문사회연구》 14, 2018, 321~337쪽.

| 표 1 | 콘텐츠 투어리즘 유형별 주요 특징의 변화

구분	종교관광	미디어관광	콘텐츠관광
성격	종교 관광	영화/드라마 촬영지 관광, 문학 관광	성지순례
주체	종교 순례자들	일반 관광객, 문화적 성향을 가진 관광객	콘텐츠의 팬, 새로운 관광 경험을 원하는 관광객
대상	종교적 의미를 담고 있는 성지 관련 문화유산	촬영지, 작품 속 배경, 전시관 및 테마파크	(애니, M/V 등) 작품 속 배경 인물과 관련된 장소 관련 상품의 판매처/관련 시디
목적	내적 경험 종교적 의식	특별한 관광 콘텐츠와의 연관성 발견	팬으로서의 책임 특별한 팬으로서의 인증
지역의 의미	역사적 장소로서 지역 루트(여정)	목적지로서의 지역	콘텐츠 씬으로서의 지역 소통과 공감의 장소
주요속성	내적 만족 과정에서의 의례와 자기완성	콘텐츠의 소비, 둘러보기 방문인증	콘텐츠 소비와 생산 지역과의 관계 맺음 재방문
배경	–	관광의 대중화 관광 형태의 다변화	SNS의 발달 콘텐츠 플랫폼의 다양화
관광 유형	체험형	흥미형	프로슈머형
주요 사례	예루살렘, 산티아고 순례길	해리포터, 반지의 제왕	아니메 성지순례, BTS 투어

출처: 정수희 · 이병민, 〈콘텐츠 투어리즘의 구성요소와 한국형 모델 연구〉, 《문화콘텐츠연구》 18, 건국대학교 글로컬문화전략연구소, 209~249쪽

태를 띠며, 미디어관광은 문화적 성향의 관광객이 인문적 요소를 포함한 영화 · 드라마 로케이션 지역을 관광하는 형태이다.[20] 대상을 보면 종교관광은 내적 경험이라는 종교적 의식에 집중하며, 미디어관광은 작품 속 배경 · 촬영지 · 전시관 및 테마파크 등을 방문한다.[21] 콘텐츠관광의 주체는 새로운 관광 경험을 원하는 관광객이나 콘텐츠의 주 팬들로, 이들은 애니메이션 · M/V 등 작품 속 배경 인물과 관련된

---

20   정수희 · 이병민, 〈콘텐츠 투어리즘의 구성요소와 한국형 모델 연구〉, 209~249쪽.
21   정수희 · 이병민, 〈콘텐츠 투어리즘의 구성요소와 한국형 모델 연구〉, 209~249쪽.

장소를 방문하고 관련 상품과 시디를 구매한다.[22] 관광의 목적을 보면, 종교관광은 역사적 장소로서 지역 루트를 방문하는 것, 미디어관광은 콘텐츠와의 연관성 발견, 콘텐츠관광은 특별한 팬으로서 책임감에 기반한 인증에 있다. 지역의 의미도 다르게 나타난다. 종교관광에서는 의례와 자기완성의 장소, 미디어관광에서는 목적지 그 자체의 의미를 갖는다면, 콘텐츠관광의 경우는 콘텐츠 소비와 생산 지역의 관계 맺음이 중요한 의미를 가지며 이러한 관계 맺기를 통해 재방문이 이루어진다. 관광 유형을 보면, 종교관광은 예루살렘 방문이나 산티아고 순례길 등 체험형이라면, 미디어관광은 영화·드라마·애니메이션 등의 배경지를 대상으로 한 대중관광 형태를 띤다. 콘텐츠관광은 아니메 성지순례·BTS 투어와 같은 프로슈머형으로, 이들은 SNS를 비롯하여 다양한 플랫폼을 사용한다.[23] 특히 콘텐츠관광의 경우 아이디어를 근간으로 한 지역의 다섯 가지 창조 영역, 즉 '콘텐츠 프로듀서', '지역 프로듀서', '지역주민', '여행자', '정보 확산자'의 유기적인 활동[24]으로 전개되는 양상을 보인다.

일본의 콘텐츠 투어리즘 분석에 의하면 미디어 노출 후 콘텐츠 소비자, 즉 팬덤에 의한 정보 확산이 해당 지역에 사회적·문화적·경제적으로 많은 파급효과를 만들었다. 이들은 지역의 콘텐츠 정보와 관

---

22 정수희·이병민, 〈콘텐츠 투어리즘의 구성요소와 한국형 모델 연구〉, 209~249쪽.

23 정수희·이병민, 〈콘텐츠 투어리즘의 구성요소와 한국형 모델 연구〉, 209~249쪽.

24 최근에는 일본의 사례처럼, 한국 지자체에서 지역별 문화재단의 비영리단체를 조직하여 관광 PD가 지역의 역사 및 문화콘텐츠 관광상품을 기획·개발하여 '팸투어'를 운영하였다. 윤수현, 〈문화적 경험을 극대화하기 위한 관광 유형으로서 '콘텐츠 투어리즘'의 가능성과 활성화 방향에 관한 연구〉, 321~337쪽.

광지 정보 등을 획득한 뒤 교통·숙박 예약 등 인터넷 정보 인프라를 활용해 관광 행동 패턴 변화를 주도하였다. 이들의 관광 행동 패턴이 지역 교통 인프라 확충 및 관광 시설 구축에 영향을 미쳤다는 점에서, 지역 창조관광의 가능성을 보여 주었으며,[25] 이러한 일본의 사례는 국내 적용에 많은 시사점을 준다.

일본 콘텐츠 투어리즘의 주 소비층은 아니메 순례여행을 이끈 팬덤인데, 이들은 국내 MZ세대의 특징을 보인다. 이들은 적극적으로 콘텐츠를 구매하며 새로운 것을 찾아다니고 인터넷에서 원하는 교육을 골라 듣고 인터넷 정보 검색이 능숙한 정보화 습득 세대로서, 자신을 드러내는 SNS 활동을 두려워하지 않으며 문화 활동과 동시에 정보 생산이 가능한 프로슈머이다.

앞서 콘텐츠 투어리즘이 인문학 기반 대중관광 형태의 미디어관광에서 기술 변화와 함께 소비자 중심의 콘텐츠관광으로 이행되고 있음을 확인하였다. '관광'과 '문화콘텐츠'가 복합적이면서 유기적 관계를 맺고 있다는 점에서, 소비자가 구매한 콘텐츠를 바탕으로 지역의 관광 동기를 높이고 지역경제를 활성화하기 위해 콘텐츠 투어리즘의 온·오프라인 전략 활용이 중요함을 알 수 있다.

소비자 행동 패턴을 이해함에 있어 일본의 아니메 순례여행 경향을 그대로 받아들이기보다는, 문화콘텐츠 측면에서 문화적 활동이 반영된 순례여행으로 이끌 수 있도록[26] 국내 환경에 맞는 한국형 '콘

---

25 안지영, 〈콘텐츠 투어리즘을 활용한 지역활성화 가능성 모색〉, 487~504쪽.
26 신광철, 〈성지순례 개념의 확장성에 대한 연구－콘텐츠 투어리즘의 사례를 중심으로〉, 69~92쪽.

텐츠 투어리즘' 모델 제시와[27] 다각화된 온·오프라인 전략이 필요해 보인다.

문화산업의 범위 내에서 콘텐츠 투어리즘 전략을 도출하기 위해 인문 요소로서 콘텐츠 투어리즘의 국내외 사례를 분석하고, 국내 창조관광으로서 온·오프라인 전략을 제시하고자 한다.

콘텐츠 투어리즘과 문화콘텐츠의 상호연관성

콘텐츠 투어리즘은 콘텐츠를 동기로 하는 관광 및 여행 행동이나 콘텐츠를 활용한 관광 및 여행 진흥을 의미하며, 따라서 작가 혹은 작품과 관련된 기념관·문학관·박물관 등 지역의 다양한 문화자원과 연계되는 특징이 있다. 그런데 앞서 기술했듯, 최근 콘텐츠 투어리즘 범위에는 서구의 필름 투어리즘, 소설이나 시·기행문 등 문학작품 외에 콘텐츠 소비자, 즉 팬덤 중심의 순례여행으로 주목받고 있는 일본 만화·애니메이션도 포함된다.[28]

초기 콘텐츠 투어리즘은 주로 기행문을 중심으로 다양한 스토리와 여행을 접목하여 지역을 안내하는 역할[29]이 중심이다. 콘텐츠 투어리

---

27 정수희·이병민, 〈콘텐츠 투어리즘의 구성요소와 한국형 모델 연구〉, 209~249쪽.

28 에도 시대에 각종 풍류시나 기행문 〈도카이도주히자쿠리게〉, 소설 〈태평기〉 등의 무대가 되는 지역을 찾아가는 여행이 성행했는데, 이를 현대의 기준에서 콘텐츠 투어리즘으로 분류된다고 보았다. 이정훈, 〈콘텐츠투어리즘과 지역활성화 일본의 애니메이션 성지순례를 중심으로〉, vi~vii쪽.

29 일본의 경우 와카의 우타마쿠라를 기원으로 보고 있다. 짓벤샤 이쿠가 쓴 〈도카이도추히자구리게〉(1802~1814)는 이세신궁으로 참배하러 갈 때 가이드 북 역할을 하였다. 이정훈, 〈콘텐츠투어리즘과 지역활성화 일본의 애니메이션 성지순례를 중심으로〉, vi~vii쪽.

즘이 콘텐츠의 무대가 되는 지역을 방문하는 관광 행동을 총칭한다는 점에서 지역 경제 진흥을 목적으로 한 지역 관광 활성화에서 문화콘텐츠의 역할 강조에 초첨에 초점이 맞추어졌고, 이에 따라 문학작품·영화·텔레비전 드라마·만화[30]·애니메이션 등과 체험형 라이브에 해당하는 공연·전시회 등이 각 나라의 문화산업 정책에 따라 세분화되어[31] 적용·활용되었다.

특히 일본에서는 영어권에 존재하지 않는 일본식 영문 조어Japlish 和製英語[32]인 '콘텐츠 투어리즘'이라는 용어를 통해, 영화 무대와 관광을 결합시킨 서구의 '필름 투어리즘Film Tourism'을 문화콘텐츠 전반으로 확대하여 재정립하였다.[33] 일본에서 콘텐츠 투어리즘 용어 사용은 2005년 국토교통부·산업경제성·문화청이 제출한 영상 등 콘텐츠 제작 활용에 의한 지역 진흥 방식에 관한 조사보고서에서 찾아볼 수

---

30 돗토리현에는 만화 〈게게노 키타로〉의 작가 미즈기 시게루의 출신지인 사카이미나토시에 미즈기 시게루 기념관, 국내에도 널리 알려진 〈명탐정 코난〉의 작가인 아오키 고쇼의 출신지인 호쿠이이초에도 아오키 교쇼 고향관이 있다. 이정훈, 〈콘텐츠투어리즘과 지역활성화 일본의 애니메이션 성지순례를 중심으로〉, vi~vii쪽.

31 만화·애니메이션 외에 콘텐츠 투어리즘으로는 미야자와 겐지가 구상한 동화 속의 이상향인 이하토브Ihatov9o의 모델이 된 이와테현岩手県 일대와 후지TV가 1981년부터 1982년까지 방영했던 TV드라마 〈북쪽 나라에서北の国から〉의 무대인 홋카이도 후라노시北海道富良野市, 모리타카 치사토森高千里의 노래인〈와타라세 다리渡良瀬橋〉의 가사에서 언급되는 군마현 기류시群馬県桐生市의 길목 등이 대표적이다. 이정훈, 〈콘텐츠투어리즘과 지역활성화 일본의 애니메이션 성지순례를 중심으로〉, vi~vii쪽.

32 大石玄·五十嵐大悟, 〈日本政府による〈コンテンツ〉および『コンテンツツーリズム』の語の使用とその定義に関わる経緯について─2000年代の知財立国および観光立国推進の政府内での検討を踏まえて〉, 《富山県立大学紀要》30, 2020, p.18.

33 이정훈, 〈콘텐츠투어리즘과 지역활성화 일본의 애니메이션 성지순례를 중심으로〉, vi~vii쪽.

있다. 이 보고서는 관광과 관련 산업의 진흥을 목적으로 지역 콘텐츠를 양성하여 지역 고유의 분위기를 형성할 것을 제안하였다. 구체적으로 이미지, 즉 스토리성·테마성을 기반으로 한 관광자원 활용을 제시하였다.[34] 이는 앞서 2004년 제정된「콘텐츠의 창조, 보호 및 활용 촉진에 관한 법률コンテンツの創造、保護及び活用の促進に関する法律」에서도 확인할 수 있다.

콘텐츠 투어리즘에서 창의성을 근간으로 하는 지역의 생산성은 "아이디어를 최상의 가치로 두는 기업"이 잘 운영되는지에 따라, "아이디어라는 생산요소를 활용해 무형의 가치를 생산하는 주체"[35]들의 활동성과 생산성이 높은지에 따라 달라진다. "창조산업은 문화, 예술, 여가 가치를 포함하는 재화와 서비스를 제공하는 산업으로 서적 및 잡지 출판·예술·공연예술·음악·영화·TV·패션·게임 등을 포함"[36]하는데, 이러한 창조산업은 "산업구조 상의 특징, 그 사회 창조적 계급의 고유한 특성, 제도적 지원 장치와 창조적 풍토의 진화 패턴 등"[37]이 지역 문화 활동과 생산으로 전환되는 특징을 보인다. 이러한 창조 경제의 "창조성에 독창성·혁신성이라는 일반적 의미와 그와 관련하여 생산성이라는 특별한 의미가 내포"[38]되어 있다는 점에서, 지역의

---

34 이정훈, 〈콘텐츠투어리즘과 지역활성화 일본의 애니메이션 성지순례를 중심으로〉, vi~vii쪽.

35 김동완, 〈규모의 지리 측면에서 바라본 창조적 계급과 도시 창조성: 도시 창조성의 재구성과 도시 정책적 시사〉, 148~175쪽.

36 김동완, 〈규모의 지리 측면에서 바라본 창조적 계급과 도시 창조성: 도시 창조성의 재구성과 도시 정책적 시사〉, 148~175쪽.

37 김동완, 〈규모의 지리 측면에서 바라본 창조적 계급과 도시 창조성: 도시 창조성의 재구성과 도시 정책적 시사〉, 148~175쪽.

38 김동완, 〈규모의 지리 측면에서 바라본 창조적 계급과 도시 창조성: 도시 창조성의

창조성이 매우 중요하다 할 수 있다. "관광에서 창조성은 관광상품의 독창성과 혁신성"를 내포한다는 점에서, 관광산업뿐 아니라 다른 산업 부문의 생산력과 상호연관적이다.[39]

콘텐츠 투어리즘과 문화 스토리텔링 경로

창조산업과 관련된 국내 법령 「문화산업진흥법」 제2조는 문화산업 관련 분야에 엔터테인먼트의 체험형 라이브와 미디어를 포괄하며, 구체적인 항목으로는 영화 · 음악 · 연극 · 문예 · 사진 · 만화 · 애니메이션 · 컴퓨터게임 등을 비롯하여 그 외 문자 · 도형 · 색채 · 음성 · 동작이나 이들을 조합한 것, 그리고 이들과 관계된 정보를 전자계산기를 매개체로 하여 제공하기 위한 프로그램으로 정의하고 있다. 인간의 창조적 활동으로 제작된 유형 중 교양 또는 오락의 범위에 속하는 것들이다.[40]

재구성과 도시 정책적 시사〉, 148~175쪽.

39 김동완, 〈규모의 지리 측면에서 바라본 창조적 계급과 도시 창조성: 도시 창조성의 재구성과 도시 정책적 시사〉, 148~175쪽.

40 인간의 문명은 정보 전달에 소리 · 문자가 기술과 함께 발달하면서 그 기능과 역할을 점점 디지털의 전자적 속성으로 전환되는 추세에 있다. 국내 '문화산업 기본진흥법'의 경우 "문화산업의 경제적 측면을 강조하며, 문화예술 분야의 상품화와 관련된 모든 산업을 문화산업이라고 정의함으로써 광의의 문화산업 개념"으로, "최근 정보통신기술의 급속한 발전에 따른 환경 변화를 반영하며, 디지털 문화콘텐츠와 관련된 산업 전반을 포함"한다. 여기서 말하는 문화산업의 문화상품은 "기획 · 개발 · 제작 · 생산 · 유통 소비 등과 이에 관련된 서비스를 하는 산업"을 의미한다. 또한, "문화상품은 예술성 · 창의성 · 오락성 · 여가성 · 대중성 등의 문화적 요소가 체화되어 경제적 부가가치를 창출하는 유무형의 재화(문화콘텐츠, 디지털 문화콘텐츠 및 멀티미디어 문화콘텐츠를 포함)와 서비스 및 이들의 복합체"로 정의하고 있다. 유진룡 외, 《엔터테인먼트 산업의 이해》.

콘텐츠 투어리즘 정책 이행은 나라마다 문화적 입장과 산업 발달 정도에 따라 차이가 있어, 각 부문의 산업화 정도를 바탕으로 평가되는 특징이 있다. 정책적 관광 진흥 방안으로 콘텐츠 투어리즘이 이행될 수 있으려면, 콘텐츠 소비자에게 동기를 부여하는 지역 방문 목적 제시가 중요할 수밖에 없다. 여기에는 고대부터 현대에 이르기까지 수없이 많이 창작된 순수예술 분야의 작품과 문학작품뿐 아니라,[41] 단계별 변화 과정을 거친 문화콘텐츠 분야 전체가 포함된다. 이러한 문화콘텐츠들이 원소스멀티유즈의 다양한 형식을 통해 관광 스토리텔링화된다. 콘텐츠의 원소스멀티유즈와 스토리텔링 전개 과정을 정리하면 〈그림 1〉과 같다.

| 그림 1 | 콘텐츠의 원소스멀티유즈와 스토리텔링 전개

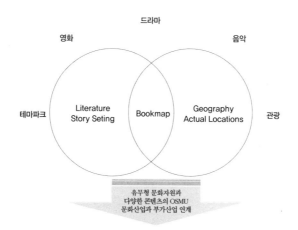

---

[41] 유진룡 외, 《엔터테인먼트 산업의 이해》, 20쪽.

문화콘텐츠 측면에서 일본의 순례여행 사례를 살펴보면, 공간적 특성을 활용하여 콘텐츠를 제작하여 홍보와 마케팅을 통해 지역 활성화를 꾀했다는 특징이 있으며, 문화산업과 부가산업을 연계하여 활용한 사례라 할 수 있다. 일본의 '아니매 성지순례'는 자연발생형, 지역주도형, 내부고양형 등의 3가지 유형적 특징을 보인다. 자연발생형은 수용자(관광객)가 단순한 소비자가 아닌 프로슈머로서 지역 경제에 영향을 미치며, 지역사회의 제작자·주민과 상호의존적으로 역할을 수행한다. 지역고양형은 지역 제작자에 의해 생산된 콘텐츠와 연계하는 유형의 콘텐츠 제작,[42] 내부고양형은 지역의 홍보성 콘텐츠 위주의 맞춤형 콘텐츠 제작의 특징을 갖는다.

　국내 '콘텐츠 투어리즘'은 새로운 것이 아닌 하나의 변화로서 접근된 현상으로 분석된다. 기존 '콘텐츠'의 내용을 도구적 틀에서 미디어의 다양한 분야인 영화·드라마·공연과 접목하되, 주로 한류 요소를 중심으로 접근하였다. 영화나 드라마의 경우 인물과 관계된 장소들이 대상이 되었고, 로케이션 장소나 작가·배우 등과 관련된 요소가 활용되었다.

　최근에는 문화산업에서 가장 중요하게 여겨지는 개인의 라이프스타일에 따른 문화적 경험을 바탕으로 다양한 형식이 나타나고 있다. 한류의 관점에서 예를 들자면, 방탄소년단이 문화적 순례의 핵심 요소로서 접근되었다. 특히 "디지털 기술이 발전함에 따라 수용자들이 미디어를 활용하는 능력을 갖추고 단순히 소비에 그치는 것이 아닌 창의

42　윤수현, 〈문화적 경험을 극대화하기 위한 관광 유형으로서 '콘텐츠 투어리즘'의 가능성과 활성화 방향에 관한 연구〉, 321~337쪽.

적인 콘텐츠를 제작하여 유통하는 단계에까지 동참"[43]하고, 방탄소년단의 정보를 이용해 지역을 "찾아가고" "따라하는"[44] 특징을 보였다. 원소스멀티유즈로 생산되는 다양한 방탄소년단 상품 경험재는 긍정적으로 '문화적 할인율Cultural discount rate'[45]을 낮추는 효과를 가져온다. '문화적 할인율'은 문화장벽의 높고 낮음에 따라 달라지는데, 주로 드라마·가요·영화는 문화장벽이 높고 게임과 애니메이션은 문화장벽이 낮다[46]고 본다. 문화장벽이 낮은 산업군에서 '순례여행'으로 접근된 '콘텐츠 투어리즘'은 관광 소비자의 자발적 참여가 높다고 할 수 있다.

한류 관점에서 제시된 '콘텐츠 투어리즘' 모델의 형식과 범위[47]는 일본의 콘텐츠 투어리즘과 기본적인 유형과 형태 면에서 크게 다르지 않다. 다만 국내의 경우 콘텐츠는 관광의 대상, 투어리즘은 참여 주체자로 구분하여 지역을 매개로 이루어지는 관광 행위로 본다는 특징이 있다. 이를 좀 더 자세히 보면, 첫째 콘텐츠로 제시된 내용은 인물·이야기와 장소의 연결, 장소로 전환되는 인물의 스타성과 캐릭터를 중심으로 구성되었다. 정서적 이미지와 실제의 이미지가 장소에 공존하는 것으로 제시되며, 이야기의 장소는 촬영지·배경지·문화유산·상

---

43 이동배, 〈글로벌시대 문화콘텐츠의 스토리텔링 연구 - 케이팝 BTS사례를 중심으로〉, 《문화콘텐츠연구》 17호, 2019, 69~93쪽.

44 신광철, 〈성지순례 개념의 확장성에 대한 연구 - 콘텐츠 투어리즘의 사례를 중심으로〉, 69~92쪽.

45 문화할인율이란 특정 문화의 산물이 다른 문화로 이동할 때 언어, 문화, 관습의 차이로 인한 수용 격차를 설명하는 용어이다. 다른 문화에서 수용이 어려울수록 할인율이 높다. 이는 문화적 보편성과 개별성 혹은 특수성과 맞물린 개념이다. 이동배, 〈글로벌시대 문화콘텐츠의 스토리텔링 연구 - 케이팝 BTS사례를 중심으로〉, 69~93쪽.

46 유진룡 외, 《엔터테인먼트 산업의 이해》, 20쪽.

47 정수희·이병민, 〈콘텐츠 투어리즘의 구성요소와 한국형 모델 연구〉, 209~249쪽.

징적 장소로 구분된다. 둘째, 콘텐츠 투어리즘 참여 주체의 활동은 제작자·관광객의 상호보완적 관계로 제시된다. 제작자는 공공·민간으로 나뉘고 관광객은 능동적 참여자·수동적 참여자로 구분되는데 능동적 참여자의 경우 적극적인 프로슈머로 규정된 콘텐츠 사용자로서 디지털 기기에 익숙하여 콘텐츠 제작도 가능하다.[48] 그 외 지역 협력자로는 행정기관과 지역 주민이 있다.

최근 콘텐츠의 디지털화는 정보의 수신과 발신뿐만 아니라 콘텐츠 제작에도 영향을 미치고 있다. 콘텐츠 유통 방식이 플랫폼으로 이동하면서, 콘텐츠 구매와 소비가 시공간의 제약을 넘어 플랫폼에서 언제 어디서나 이루어지고 수용자들의 문화적 경험도 그만큼 다양해지고 있다. 이처럼 진화된 문화적 경험은 수동적인 소비자에서 능동적인 프로슈머로, 즉 소비·생산이 가능한 형태로의 발전을 촉진시켰다.

기존 서구에서 인문학적 요소를 기반으로 교육·관광·출판의 융·복합 형태로 제시되었던 '문학지도'가 지역으로 선순환되며 자원 발굴 혹은 개발에 영향을 미치고 있다. 따라서 이러한 인문 요소 기반 콘텐츠 투어리즘 사례의 특징을 살펴볼 필요가 있다. 특히 인문학적 요소가 융·복합적 미디어 요소와 결합하여 플랫폼으로 진화하고, 이를 바탕으로 지역의 활동성과 결합하여 진행된 홍보·마케팅의 유형을 살펴볼 것이다. 나아가 최근 일본 순례여행에서 도출된 미디어 기반 콘텐츠 투어리즘이 기존 인문 요소 기반의 콘텐츠 투어리즘과 다른 점이 무엇인지 비교함으로써 지속가능한 콘텐츠 투어리즘의 온·

---

48 이정훈, 〈콘텐츠투어리즘과 지역활성화 일본의 애니메이션 성지순례를 중심으로〉,
    vi~vii쪽.

오프라인 전략을 도출하고자 한다.

콘텐츠 투어리즘 온·오프라인 사례
: 인문 요소의 융복합 발전 양상

초기 콘텐츠 투어리즘 사례는 오프라인의 경우 일반적으로 도서를 기반으로 하였으며, 온라인으로 전환 시 오프라인 정보를 DB로 구축하는 형태를 띠었는데, 동서양이 차이를 보인다. 인문 요소의 여행·관광 콘텐츠의 유형과 범위 및 내용을 주로 인쇄를 기반으로 하는 인문 자원 중심으로 살펴보겠다.

한국은 1990년대 인문학 자료 정리 방법의 경제적 효율성에 대한 문제 제기가 나오면서 학계·기관의 주도 하에 오프라인 방식에서 온라인 형태로 변화하기 시작했다. 작가·작품의 시공간 정보를 문화유산의 관리·개발과 연계한 《경기문학지도》가 도서 형태로 제작되었고,[49] 동국대학교의 《한국문학지도》·경기문화재단의 《경기문학지도》·전북문화재단의 《전북문학지도》 등은 인물이나 작품 등 문화유산과 관련 있는 지리 환경적인 요소를[50] 그대로 온라인에 적용하여 메타데이터 형식의 간략한 명칭과 연도·상징 위치 등을 표현하였다.[51] 그중 《한국문학지도》는 갈 수 없는 북한 관련 자료도 정리하여

---

[49] 경기문화재단 편집부, 《경기문학지도》, 경기문화재단, 2000.

[50] 동국대한국문학연구소, 《한국문학지도》, 계몽사, 1996.

[51] 그 결과 〈DSB문학지도〉, 마산문학관의 〈마산문학자원지도〉, 김유정문학관의 〈작품지도〉 등 시각적인 형태의 지도 형태가 제공되었다. 마산문학관(http://pen.masan. go.kr)에서 제공하는 〈마산문학지도〉는 메타데이터를 제공하고 있다. 한국문학방송

담았다는 점에서 의미가 있다. 1990년대 이후에는 작가와 작품과 도시를 잇는 관광 코스·루트 연구가 나타났다.[52] 〈마산문학자원지도〉, 김유정문학관의 〈작품지도〉[53] 등이 이에 해당한다.

중국은 박물관 선진화 사례를 기초로 중국 문학의 활용 가능한 콘텐츠 생산 유형의 발전적 형태를 보여 준다. "중국 문학의 생성과 관련된 정보에 지리정보시스템GIS이 가미된, 지식정보 체계를 제시"하였는데,[54] 이러한 형태의 문학지리학은 "지역 고유의 문화를 보존하는 새로운 문화 트렌드"이다. "지리정보시스템을 중국어·문학·역사·고고학·경제·군사 및 기타 분야까지 확대한 플랫폼"을 구축하는 과정에서 학계와 기업을 적극적으로 활용하였다.[55] 중국 문학의 생성

〈DSB문학지도〉조차도 기록문화유산의 가치로만 작가 정보를 간략히 소개하는 데 그치고 있어, 작가 혹은 작품과의 연관성 없이 사용되고 있다. ①문학관, ②대학교 ③ 문예창작학과, ④출신문인, 문예지/동인지/문학단체의 기본적인 정보가 순차적으로 나열만 되어 있다.

52 경기문화재단 편집부, 《경기문학지도》, 2000.

53 실레마을과 관련된 작품 루트를 제공하고 있다. 총 12편의 관련 작품 중 〈산골나그네〉, 〈총각과 맹꽁이〉, 〈아내〉, 〈소낙비〉, 〈두포전〉, 〈동백꽃〉, 〈산골〉, 〈산골나그네〉, 〈가을〉, 〈만무방〉 등 9편은 김유정의 작품이고 〈동백꽃〉, 〈유정의 사랑〉, 〈산국농장 이야기〉 등 3편은 김유정과 관련된 유사 제목이거나 김유정을 추모하는 인물이나 작품이다. 이를 a.생애 활동 지역 b.생애 서울활동지역 c.작품 활동 지역으로 구분하고 각 작품의 관계도를 형성하여 관광 루트를 제시하였다. 어린 시절과 학창 시절 방황했던 강원도 일대 춘천과 충남 예산, 서울과 경기도 등이 삼각형 형태를 이루고 있다. 김금미, 〈현대문학자원의 정보구조설계: 김유정을 중심으로〉, 한국외국어대학교 석사논문, 2012.

54 曾大兴·夏汉宁·郑苏淮 主編, 《문학지리학文学地理學》(中国文学会第三届年会论文集, 广州 : 中山大學出版社, 2014), 저우원예周文业의 〈중국문학지리정보시스템 플랫폼 구축以地理信息系統GIS构建中国文学信息平台〉이 문학지리학 플랫폼 구축에 중요한 역할을 하였다.

55 周文业, 〈以地理信息系統GIS 构建中国文学信息平台〉, 《文学地理學》, 北京 : 国家图书馆出版社, 2014. pp.439-455.

과정을 밝힌 중국문학지도 연구에 기초하여 중국문학사와 과학기술의 융·복합[56]을 시도하였는데, 문학 관련 정보 DB 구축 형태는 한국과 유사하며 작가 정보만 구축되어 있다. 예컨대 중국문학지도에서 중국 행정구역 지도의 산둥성에 해당하는 부분을 클릭하면, 그 지역 작가 정보가 메타데이터로 제공되는 형태이다.[57]

독일은 괴테 포털사이트에 구축된 다양한 연구 DB 내용을 중심으로, 루트비히막시밀리안대학교와 코흐Susanne Koch가 괴테의《이탈리아 기행》을 바탕으로 '괴테 루트'를 개발한 바 있다. 괴테 루트는 괴테의 삶을 테마로 지역의 다양한 시공간을 점·선 네트워크로 연결하고, 괴테가 다녀갔던 해당 지역의 문화·예술·역사·음식 등과 관련된 비즈니스와 연계하여 이를 '복합 문화관광 콘텐츠'로 제시하고 있다. 독일-이탈리아 문화 교류와 이탈리아의 풍경·생활 체험에 초점을 맞추어 지역 문화산업과 연계한 사례이다.[58]

미국은 문학작품·작가와 관련된 내용을 지역의 유·무형 건축물 등의 자원 위치와 연계하여 전자적 형태로 구축하고, 이를 수용자가 활용할 수 있도록 문학지도 형태로 제시하였다. 주로 도서를 기반으로 한 멀티미디어 리터러시 교육을 통한 지식 생산과 문화 활동 차원에서 관광과 출판 분야가 지역과 긴밀한 관계를 유지하며 수용자의

---

56 양이의《다시 그린 중국문학지도重绘中国文学地图》,《다시 그린 중국문학지도 해석重绘中国文学地图通释》,《20세기중국문학도감20世纪中国文学图志》등이 있다. 특히《20세기중국문학도감》은 학계에서 중국 문학사를 다양하게 해석한 새로운 연구 방법론으로 평가되었다.

57 中国现代文学馆, www.wxg.org.cn.

58 최희수, 〈독일 고성가도 사례로 본 테마길 개발의 방향〉,《글로벌문화콘텐츠》14, 2014, 21~41쪽; 괴테포털, http://www.goethezeitportal.de.

참여를 독려하였다.

먼저 관광 측면을 보면, 2005년《뉴욕타임스》에서 제작 진행한 '맨해튼문학지도Literary map of Manhattan'를 들 수 있다. 독자들이《뉴욕타임스》(bookmap@nytimes.com)로 발송한 작품 정보를 바탕으로 제작한 이 지도는 독자들이 만든 북리뷰 섹션과 연결되며, 맨해튼과 관련이 있는 작가 혹은 작품 속 인물의 대사와 지문도 담고 있다. 실제 공간과 가상공간이 결합되어, 맨해튼 출신 실제 인물과 관련된 건물 위치는 물론 작품 속 인물들이 살았던 곳의 주소도 표시되어 있다. 또한, 알파벳 약어로 동서남북을 구분하고 지역 번호를 매겨 작품에 등장하는 인물의 대사나 기억에 남는 지문을 제공하였다. 그러나 이미지 속 임의의 위치를 설정하여, 실제 작가·작품과의 관계성을 설명하지 못하였으며, 점과 선을 통해 정보를 입체적으로 구현하지는 못했다.

교육적 측면에서는 구글릿트립스Google Lit Trips에서 적용된 '북매핑bookmapping'을 들 수 있다. 이는 멀티미디어 기술을 바탕으로 한 3D 기법의 지리정보시스템GIS으로,[59] 구글지도와 구글어스를 학생의 단계별 교육에 제공하는 멀티미디어 리터러시 활용과 연계하여 위치 기반 지식을 점·선으로 연계하여 루트로 제공한다. 책의 원천 소스를 활용하여 지역의 자원 및 동영상 등 자료를 자유롭게 첨삭할 수 있는 스토리보드도 제공한다.[60] 첨삭된 해당 지역의 스토리는 작가

59 김금미·이영구, 〈구글지도를 활용한 문학지도 제작〉, 《한국콘텐츠학회 종합학술대회 논문집》 2012(5), 2012, 205~206쪽.
60 문학지도 웹사이트 구축 사례로는 작가 26명의 작품 이야기를 지도로 제작한 '더 아틀라스 오브 픽션The Atlas of Fiction', 책 표지 속 공간을 런던 지도로 제공한 '겟 런던 리딩Get London Reading', 수집된 책과 책에 언급된 장소를 지도로 연결한 '구글

혹은 작품의 인물·배경·사건 등 줄거리의 상징적인 서사를 중심으로 독자에 의해 움직인다. 아울러 구글의 구글북스Google Books는 책의 출처를 밝히고 있으며 구글 검색 기능을 통해 아마존 도서 검색과도 연결된다.[61]

미국에서는 책의 지식을 탐험하는 이들을 "스토리 트래커story tracker", "북 맵퍼book mapper"[62] "책 사냥꾼"[63] 등으로 일컫는다. 구글 아비Avi의 '하드골드Hard Gold'를 보면, 도서 이미지(ⓐ), 도서 혹은 지역의 해당 자원의 위치(ⓑ), 스토리(ⓒ)가 지역의 정보를 잇는 루트로 연결된다(〈그림 2〉).

위의 사례처럼 인문(문학) 요소가 지도 제작에 있어 중요한 역할과 기능을 하며, 북매핑을 통해 사진·영상·음성·텍스트 등 다양한 자료들을 활용하여 정보의 유형을 만들어 갈 수 있다.

북스Google Books', KMZ 파일을 제공하여 책의 내용을 교육을 비롯한 여러 방면에 활용할 수 있도록 해주는 '구글 릿 트립스Google Lit Trips' 등이 있다. Terence W. Cavanaugh & Jerome Burg, *Bookmapping- Lit Trips and Beyond*, USA: ISTE, 2010.

61 첫째, 소재가 다양하다. 주로 모험, 전쟁, 항해 등 책 속 인물에 대한 접근뿐만 아니라 작가의 생애를 시공간 축으로 제작할 수도 있다. 둘째, 책의 표지나 내용의 이미지, 혹은 책에서 언급된 지역을 특정 장소와 연결하는 방식으로 제작할 수 있다. 《슬레이브 댄서SLAVE DANCER》는 아프리카에서 출발하여 미국으로 향하는 노예선의 이동 경로를 나타내며, 《부덴브룩스BuddenBrooks》는 4대에 걸친 독일 북부 상인의 몰락을 기록한 소설로 1835~1877년 가족의 삶의 방식과 관습을 점선으로 표현하였다. 이외에도 〈LVSIADAS de Luis de ca meeh〉는 항해 루트로 존 스타인벡의 소설 《분노의 포도GRAPES of WRATH》 속 조드 일가의 이주 경로인 오클라호마주~캘리포니아주를 나타낸다. 《포섬매직Possum Magic》은 두 마리 쥐가 호주로 음식여행을 떠나는 스토리이다. 이처럼 다양한 작가 혹은 작품 등으로 북맵 지형도를 만들어 갈 수 있다. GoogleLittrips, http://www.googlelittrips.org/Vimeo http://vimeo.com/

62 Terence W. Cavanaugh & Jerome Burg., *Bookmapping- Lit Trips and Beyond*, 2010.

63 이희인, 《여행자의 독서》, 북노마드, 2013.

| 그림 2 | 구글 아비Avi의 〈하드골드Hard Gold〉

a. 도서   b. 위치(루트)   c. 스토리

종합해 보면, 지식 기반 형태로 수용자의 생산과 깊이 관련되어 '콘텐츠 투어리즘'으로 볼 수 있는 인문 요소 활용과 개발 측면에서 동서양(일본 사례는 뒤에서 따로 기술하겠다)은 차이를 보였다. 일본이 인문 요소 콘텐츠를 중심으로 지역에 방문하여 직접 체험을 이끌 수 있도록 사이트를 구축하여 정보를 제시하고 있는 데 비해, 한·중은 인문 요소 문화자원의 DB 구축에 머물러 있다. 반면 서구의 경우 다양한 원천 소스에 기술을 접목하여 의미와 가치를 극대화시키고, 이를 콘텐츠 소비자가 직접 정보를 나열하고 통합할 수 있는 창의적인 지도 제작 사례를 보여 주었다. 주로 문학의 스토리·배경·플롯을 위치 기반 자료와 접목하여, 수용자의 정보 생산과 지식 생산 범위를 교육과 관광 분야에서 지도 제작 형태로 구현했다.

심승구[64]에 의하면 문화자원의 가치 확대 유형은 다섯 가지로 구분된다. 첫째, 가치의 재인식은 기존 문화자원에 대한 새로운 해석과 분

---

64 심승구,《문화재 활용을 위한 정책기반 조성연구》, 문화재청, 2006.

석을 통한 인식의 확장과 의미의 재해석이다. 둘째, 가치의 전환은 새로운 의미에 따른 새로운 가치로의 전환이다. 셋째, 가치의 창조는 비지정 문화재와 같은 아직 그 가치가 인정되지 않은 문화자원에 대한 가치의 발굴이다. 넷째, 가치의 극대화는 문화자원의 가치를 특수 분야에 한정하지 않고 역사·문학·기술·과학·건축·회화·공예·음악 등 다양한 영역에서 해석해 그 가치를 극대화하는 것이다. 다섯째, 가치의 융합은 문화자원의 가치를 다른 가치 체계와 결합시키는 것으로, 문화자원과 스토리, 문화자원과 인간, 문화자원과 기술 등의 융합이 그것이다.[65]

정수희 등[66]은 "매체를 소비하는 플랫폼의 다변화를 새로운 콘텐츠 투어리즘의 확산을 주도"한 원인으로 꼽았다. "기술의 발전과 인터넷의 등장으로 국내외 콘텐츠를 실시간으로 손쉽게 접할 수 환경", 곧 플랫폼이 콘텐츠 소비층의 확대를 가져왔으며, 최종적으로 수용자에게 수신과 발신을 할 수 있도록 "콘텐츠의 시공간적 범주 확장을 통해 문화적 할인에 대한 부담"[67]을 줄이는 방법이 제시되었다.

창조관광에서는 상품으로서 '콘텐츠'의 '재화 가치'를 전제로 하는 '저작권'이 필수불가결한 요소로 작용한다. 정보통신을 축으로 문화산업 콘텐츠의 유형이 점점 디지털화되고 유통 방식이 플랫폼으로 전환되는 추세에 따라, 온라인 여행·랜선 여행 형식으로 '콘텐츠 투어리즘'이 확대될 것으로 추측할 수 있다.

---

65 심승구,《문화재 활용을 위한 정책기반 조성연구》.
66 정수희 · 이병민, 〈콘텐츠 투어리즘의 구성요소와 한국형 모델 연구〉, 209~249쪽.
67 정수희 · 이병민, 〈콘텐츠 투어리즘의 구성요소와 한국형 모델 연구〉, 209~249쪽.

그러나 국내외 온·오프라인 사례를 보면, 콘텐츠를 중심으로 소비자가 지역에서 창조관광을 할 수 있도록 유도되었으나, 관광객의 능동적인 관광 활동 참여와 지역 주민 혹은 관광사업자와의 밀접한 사회적 교류를 바탕으로 한 활동은 이루어지지 못했다. 일부 수용자가 기술과 지식을 배양하며 자신의 잠재 능력을 실현하는 형태의 관광으로 제시된 사례로 맨해튼문학지도·문학여행 같은 유형이 나타나긴 하였으나, 장소가 지닌 특성을 활용한 학습을 통해 몰입과 진정성 있는 경험을 얻을 수 있는 창조관광의 사례를 만들어 가지는 못했다. 특히 주민들과의 사회적 교류를 경험할 수 있는 여행은 제공되지 못했다.[68]

콘텐츠 투어리즘 온·오프라인 사례 : 미디어 기반 일본 아니메 순례여행

최근 일본은 아니메 순례여행을 미래 관광을 이끌어 갈 '차세대 투어리즘'으로 보고, 대외적으로 쿨재팬 정책과 함께 아니메 성지순례를 적극적으로 지원하고 있다. 아니메 성지순례는 개인의 취미를 바탕으로 성지를 순례하는 행위로서 '콘텐츠 투어리즘'에 해당한다고 할 수 있다. 일본의 아니메 순례여행은 "콘텐츠를 동기로 하는 관

---

68 문화관광의 중요한 담론으로, 문화관광의 핵심 요소들을 극대화하려는 전략적 접근이 창조관광이다. 능동적인 참여 숙련된 소비를 통한 지식 습득, 진정성 경험, 잠재성 실현을 통한 자기계발, 생산자인 동시에 소비자인 프로슈머 관광자 등이 창조관광의 핵심 요소이다. 지선진, 〈문화관광에서 창조성과 창조적 경험의 의미〉, 《문화정책논총》 31(1), 2017, 188쪽.

광 및 여행 행동, 콘텐츠를 활용한 관광 및 여행 진흥"을 목적으로 한다.[69] 일본 애니메이션 성지순례의 시기별 변화 양상을 1세대, 2세대, 3세대로 나누어 살펴보자(〈표 2〉 참조).

우선 1990년대 전반기의 1세대는 자연발생형이라 할 수 있다. 주로 팬 웹web페이지 중심의 정보 수집, 자기중심형, 지역민과의 교류가 거의 없는 특징을 보인다. 문화 향유 측면에서 다양성에 바탕을 둔 취향공동체의 출현은, 온·오프라인 매체와 장르를 넘나드는 새로운 콘텐츠의 소비·향유·생산의 특징을 보인다. 특정 소수 집단의 관심사나 목적 등이 SNS를 통해 공유되면서, 기존의 명소나 특정 목적지를 대상으로 하는 둘러보기식 관광에서 벗어나, 새로운 관광 형태로서 개인의 경험과 체험·취향을 중심으로 스스로 만들어 가는 순례형 관광 현상이 나타나게 되었다.[70] 특히 개인에게서 나타난 순례여행의 양식화된 특징으로 "기호성·놀이·진취성·모에[71]" 그리고 "동인적 요

| 표 2 | 일본 애니메이션 성지순례의 시기별 변화 양상

세대	시기	특징
1세대	1990년대 전반	팬 웹페이지 중심의 정보 수집, 자기중심형, 지역민과의 교류 거의 없음
2세대	2005년 이후	영상 등 콘텐츠 제작 활용에 의한 지역진흥 방식에 관한 조사보고서 발표 후, 지역 진흥 사례로 인식, 지역과 팬과의 결합이 요구되기 시작
3세대	2010년 이후	제작사 측의 적극적인 정보 제공, 계획적인 지역진흥책으로 활용

출처: 정수희·이병민, 〈지역의 문화자산으로서 문화콘텐츠와 문화콘텐츠관광 연구: 일본 콘텐츠 투어리즘 사례를 중심으로〉, 《관광연구논총》 28(4), 2016, 55~80쪽

---

69 정수희·이병민, 〈지역의 문화자산으로서 문화콘텐츠와 문화콘텐츠관광 연구: 일본 콘텐츠 투어리즘 사례를 중심으로〉, 《관광연구논총》 28(4), 2016, 55~80쪽.
70 정수희·이병민, 〈콘텐츠 투어리즘의 구성요소와 한국형 모델 연구〉, 209~249쪽.
71 실존 여부와 관계없이 어떤 인물이나 사물을 깊이 마음에 품는 모양을 칭한다. 주로

소와 같은 라이프스타일"이 어우러져 애니메이션 순례여행에서 패턴화되는 경향이 뚜렷하다.[72] 이러한 '차세대 투어리즘'를 즐기는 세대는 정보화사회에 잘 적응하여 개인 취미 활동을 위해 정보 검색을 활용하고, 커뮤니티를 구성하는 등 교류를 통해 자신을 드러내며, 블로그나 SNS를 이용해 다수에게 공개하는 특징이 있다.

본래 성지순례는 "종교적 목적을 지닌 여행으로 일상에서 벗어나 신앙심을 고취하고 새로운 종교적 경험을 얻고자 하는 종교의례의 일종"[73]이다. 성지에 대한 순례 행위로서 성지순례는 서양 중세에 이르러 순례관광으로 간주되었다.[74] 실존하는 지역이 애니메이션의 무대가 된 것을 계기로 시작된 일본의 '아니매 성지순례'는 자연발생형, 지역주도형, 내부고양형의 3가지 특징을 보인다. '애니메이션 성지순례'가 발생(자연발생형)한 뒤 애니메이션 제작사·지방자치단체·판권자 등이 협력(지역주도형)하고, 내부고양형의 콘텐츠 투어리즘으로 제안되었다.[75]

이러한 맥락에서 1960년대부터 2000년대 이후 일본 관광의 흐름을 살펴보자(〈표 3〉 참조). 우선 관광 행동을 규정하는 요소는, 교통 인프라와 관광 시설 및 지역 자원의 상품가치 중심에서 2000년대에

젊은 층이 사용하는 단어이다.

72 윤수현, 〈문화적 경험을 극대화하기 위한 관광 유형으로서 '콘텐츠 투어리즘'의 가능성과 활성화 방향에 관한 연구〉, 321~337쪽.

73 김용표, 〈세계의 중심상징과 성지순례: 종교현상학적 접근〉, 《한국불교학》 57, 2010, 29쪽.

74 신광철, 〈성지순례 개념의 확장성에 대한 연구 - 콘텐츠 투어리즘의 사례를 중심으로〉, 69~92쪽.

75 岩間英哲 他, 〈コンテンツによる地域振興の研究 - アニメツーリズムの成立条件と構造 -〉, 《専修ネットワーク&インフォメーション》 21, 2013, pp.20-21.

는 정보 인프라를 중심으로 이루어지고 있다. 즉, "아이디어를 최상의 가치로 두는 기업"이 잘 운영되는지에 따라 혹은 "아이디어라는 생산요소를 활용해 무형의 가치를 생산하는 주체"[76]들의 활동성과 생산성이 중요한 요소로 부각되었다. 과거에는 지역 문화자원을 바탕으로 문화콘텐츠의 가치사슬 극대화에 중점을 두었다면, 2000년대 들어 여행의 주요 정보 발신자가 기업과 지역에서 개인으로 변화되고 있음을 알 수 있다. 관광 주체의 구도 역시 기업 대 고객, 호스트 대 게스트 등 일방향에서 개인 간의 쌍방향성 네트워크로 변화되었으며, '가장 중시되는 커뮤니티' 역시 기업과 지역사회 커뮤니티에서 2000년대 개인 커뮤니티를 중심으로 정착되고 있다. 관광 형태도 과거 기

| 표 3 | 일본 관광의 흐름과 그 특징

	1960-1970	1980-1990	2000년대-
관광행동을 규정하는 중요 요소	교통인프라	관광시설 및 지역자원의 상품가치	정보인프라 (인프라)
여행의 주요 정보 발신자	기업 (여행회사, 항공운송업자 등)	지역 (관광협회, 행정, NPO, 주민 등)	개인 (블로그, SNS 등, 취미 커뮤니티)
관광 주체 구도	기업 대 고객 (일방향성)	호스트 대 게스트 (일방향성)	개인 (쌍방향성 네트워크로)
가장 중시되는 커뮤니티	기업 커뮤니티	지역사회 커뮤니티	취미 커뮤니티
관광	기업이익 (경영개선, 자원의 단기 회수 전략)	리조트 (지역재생)	생활방식 (기호성, 개인적 요소)

출처: 이정훈, 〈콘텐츠투어리즘과 지역활성화 – 일본의 애니메이션 성지순례를 중심으로〉, 건국대학교 박사논문, 2021, 7~9쪽.

---

76 김동완, 〈규모의 지리 측면에서 바라본 창조적 계급과 도시 창조성: 도시 창조성의 재구성과 도시 정책적 시사〉, 148~175쪽.

업 이익 우선, 지역재생 중심에서 개인의 기호성에 바탕한 생활방식
이 우선되는 추세이다.

한편 2세대와 3세대는 지역주도형과 내부고양형으로 세분화된다.
2세대는 2005년 영상 등 콘텐츠 제작 활용에 의한 지역진흥 방식에
관한 조사보고서 발표 후 지역진흥 사례로서 지역과 팬의 결합이 요
구되기 시작한 시기이며, 3세대는 제작사 측의 적극적인 정보 제공과
함께 계획적인 지역진흥 정책이 적극 활용된 시기이다. 이 시기에는
지역을 방문하는 "관광객의 적극적인 자기계발과 관련된 활동 정도"
에 따라, 혹은 "관광객의 학습 욕구를 다양한 지역적 창조활동과 연
계시키는 지역 토착 기술" 유무에 따라 지역의 창조관광의 접근 형태
가 달라진다.[77]

〈러브 라이브〉 순례여행 모바일 앱의 사례를 보자(〈그림 3〉 참조).
이 모바일 앱은 애니메이션 작품 〈러브 라이브〉의 성지 위치를 탐색
해 주는 방식인데, 위치만 제공할 뿐 대중교통이나 도보 경로 찾기가
지원되지 않아 구글 지도를 보조적으로 사용해야 한다. 지도 위에 애
니메이션 정보를 표시하여 어떤 장면의 성지인지 간략하게 제공하
며, 해당 애니메이션 작품의 인물이나 장면 AR 이미지를 띄워 사용
자가 함께 사진을 촬영할 수 있도록 하여 지역 탐방객에게 콘텐츠 체
험 참여를 높이고 있다. 지역의 공간적 특징을 중심으로 자원을 공감
하는 것에서 출발하여,[78] '콘텐츠'의 내용물을 바탕으로 지역에서 다

---

[77] 이는 거주민 사회에 세입을 증가시킬 뿐 아니라 지역민과 방문객 간의 의미 있는 접촉
의 기회를 제공할 수 있다. 실제로 뉴질랜드, 호주, 페루 등에서는 창조관광을 지역 정
체성 확립과 관객 유치를 위한 지역 마케팅의 혁신적인 수단으로 새롭게 강조하였다.

[78] 장원호 · 정수희, 〈도시의 문화적 공감대로서 콘텐츠씬의 인식 − 콘텐츠 투어리즘 사

| 그림 3 | 순례여행 모바일 〈러브 라이브〉 사례

양한 문화적 경험을 할 수 있도록 하였다.

지역 아니메를 활용한 지역 관광 진흥 사례를 보면(〈표 4〉 참조), 문화산업 상품을 적극적으로 활용하는 아니메 순례여행의 특징을 확인할 수 있다. 콘텐츠 수용자들이 펼치는 다양한 추체험에 의한 활동에 따라, 지역의 문화적 '콘텐츠'와 문화자산이 생성되며 특유의 시공간, 즉 장소성이 형성된다.

첫째, 자연발생형에 해당하는 〈럭키☆스타〉는 애니메이션 제작사가 제작위원회의 주문을 받아 제작한 작품으로, 제작사나 출판사가 의도하지 않은 상태에서 배경 지역이 미디어 홍보 혹은 마케팅 측면에서

례를 중심으로〉,《한국경제지리학회지》22(2), 2019, 123~140쪽.

| 표 4 | 지역 아니메를 활용한 지역관광 진흥 사례

구분	애니메이션	작품 무대	실제 장소	이벤트
자연 발생형	〈럭키☆스타〉	와시노미야신사	사마타마현	에마〈럭키☆스타〉 그림 드로잉 등장인물 기념촬영 브런치&공식참배
지역 주도형	〈러브 라이브〉	간다마츠리 (축제 장소)	간다묘진	간다마츠리 400주년 기념하여 러브라이브와 콜라보
내부 고양형	〈꽃이 피는 첫걸음〉	유노 사키 온천	가나자와 인근 유와쿠온천	AR기반 성지순례 앱, 성지순례 맵

효과를 본 사례이다. 〈럭키☆스타〉는 애니메이션 성지순례가 잡지에 소개되면서 주목받게 된 최초의 애니메이션이다. 〈럭키☆스타〉 애니메이션 투어리즘은 애니메이션 방영 이후에 이루어졌다. 〈럭키☆스타〉 작품의 무대인 사이타마현 와시미야마치埼玉県 鷲宮町를 찾은 '성지순례자'가 건강과 소원을 적은 목판에 등장인물을 그려 기념 촬영을 하거나 코스프레를 한 채 참배하는 모습이 미디어를 통해 보도되면서 이들의 행동 패턴이 관심을 불러일으켰다. 이에 지역상공회가 판권자인 가도카와KADOKAWA에 연락하여 애니메이션 캐릭터를 활용한 스트랩 및 지역 특산품을 판매하기 시작했다. 애니메이션 팬들이 여행의 능동적인 주체가 되어 성지순례의 배경이 되는 장소에 찾아가 사진을 촬영하고, 관련 일러스트나 굿즈를 기증하거나 이벤트에 참가하는 등 순례여행을 이어 갔고, 이를 지역사회가 포착하고 이후 관련 기업들이 합류하면서 '애니메이션 투어리즘'이 성립되었다.

이러한 관심은 3,500여 명 가량의 팬과 작품에 참여한 성우·작가 등 관계자들의 참여로 이어졌고, 상공회의소를 중심으로 성지순례를 문화자산으로 발전시켰다. 애니메이션 팬 초청 운동회, 애니메이션 캐릭터를 그려 넣은 축제용 미코시神輿(축제에 사용하는 가마)를 지역 축제에 등장시키는 등 다채로운 형태로 관련 사업이 전개되었다.

둘째, 지역주도형은 애니메이션 방영 이전부터 지역과 기업체가 합작하여, 지역사회의 뜻을 반영하여 콘텐츠를 제작하고 미디어 홍보와 PR 등을 전개하는 모델이다. 지역주도형은 도시와 작품을 연계하여 소비자의 취향에 맞는 지역 '산업'으로 접근한 측면이 강하다. 프로덕션 I.G.Production I.G.의 〈러브라이브! 선샤인!!〉과 P.AWOKS의 〈트루 티어즈〉·〈꽃이 피는 첫걸음〉을 들 수 있다.

2012년 제작되어 요미우리TV를 통해 방영된 〈러브라이브! 선샤인!!〉는 치바현 가모가와시千葉県鴨川市를 배경으로 한 SF애니메이션이다. 〈공각기동대攻殻機動隊〉로 유명한 프로덕션I.G.[79]가 가모가와를 무대로 애니메이션을 제작한다는 이야기를 듣고 가모가와시가 콜라보레이션 기획을 제의하면서 시작되었다. 2019년 12월부터 동일본여객철도에서 가모가와와 가츠우라勝浦를 연결하는 래핑열차를 7년 동안 운행하기도 했다.

도야마현 난토시에 위치한 애니메이션 제작사 P.AWOKS는 〈트루 티어즈〉, 〈꽃이 피는 첫걸음〉 등 지역 소재 애니메이션을 제작하였다. 지역과 지역민의 소통을 유도하기 위해 애니메이션 제작자와 전략적 협력으로 제작된 애니메이션 〈꽃이 피는 첫걸음〉은 난토시를 배경으로 세 커플의 사랑 이야기를 담고 있다. 애니메이션 팬들이 모

---

[79] 그 외 〈윤회의 라그랑제 輪廻のラグランジェ〉, 〈Wake Up, Girls!〉, 〈코쿠리코 언덕에서〉 등이 있다.

바일 이용해 시청할 수 있도록 앱을 활용하고, 지역 배경 애니메이션을 제작하여 아니메 성지순례 흐름을 주도하였다.[80]

〈꽃이 피는 첫걸음〉의 작품 속 가상의 지역축제였던 본보리 마츠리는 방영 직후 유와쿠 본보리 마츠리라는 실제 지역축제로 발전되었는데, 이는 제작위원회·철도회사·가나자와시 등 지역 기관이 협력한 결과였다.

셋째, 내부고양형은 지역 내부 커뮤니케이션 활성화를 중심에 둔 모델이다. 도야마현富山県에 위치한 애니메이션 제작회사 P.A.WORKS·팬웍스ファンワークス·The Berich가 지역 관광명소를 홍보하는 단편 애니메이션을 제작하여 공식 홈페이지를 통해 공개하여 해외의 애니메이션 팬들에게 영어·중국어·프랑스어·한국어 자막과 함께 제공하였다.[81] 그 외 도요타자동차와 애니메이션 제작회사 STUDIO 4℃가 공동으로 제작한 유튜브 전용 단편 애니메이션 〈PES: Peace Eco Smile〉은, 도쿄도 기치죠지吉祥寺를 무대로 한 도요타 기업 PR 영상물이다. 이 작품은 기치죠지에서 개최된 〈기치죠지 애니메이션 원더랜드吉祥寺アニメワンダーランド〉에 출품되기도 했다. 지역 자치단체의 주도 하에 그 지역에 근거지를 둔 크리에이터들이 제작한 관광 홍보용 애니메이션, 대기업이 제작하는 홍보 영상 등이 포함되는데, 지역이나 기업의 이미지 제고에 그쳤다.[82]

80　정수희·이병민, 〈지역의 문화자산으로서 문화콘텐츠와 문화콘텐츠관광 연구 : 일본 콘텐츠 투어리즘 사례를 중심으로〉, 55~80쪽.

81　富山観光アニメプロジェクト〈泣かせる空に会いたい〉(검색일: 2021년 12월 14일), http://www.bbt.co.jp/cooltoyama/

82　이정훈, 〈콘텐츠투어리즘과 지역활성화 일본의 애니메이션 성지순례를 중심으로〉,

앞서 살펴본 세 가지 유형 모두 애니메이션 콘텐츠를 바탕으로 한 순례여행이지만, 철저하게 소비자의 취향을 고려하지 않고 내부고양형의 경우처럼 제작사나 지역 혹은 대기업의 이미지 홍보만 목적으로 하면 아니메 순례여행을 하는 팬덤 혹은 지역 방문객에게 외면받을 수 있다.

애니메이션 팬의 콘텐츠 경험을 바탕으로 소외된 지방 소도시의 관광 진흥과 지역 경제 활성화를 꾀하고자 했던 일본의 아니메 순례여행은 자연발생형·지역주도형·내부고양형 등의 사례로 분화되었고, 그 과정에서 팬덤의 콘텐츠 경험이 지역주민에 대한 호감으로 발전하여 지역에 긍정적인 시각을 갖게[83] 만드는 결과가 도출되었다.

창조관광으로서 콘텐츠 투어리즘의 온·오프라인 전략

코로나19 팬데믹 기간 비대면 환경이 확산되면서 '콘텐츠' 유형이 플랫폼 유통 중심으로 전환되는 추세에 있다. 이러한 변화에 발맞춰 국내에서도 2021년 하반기부터 그동안 정체되어 있던 관광 분야의 온라인 투어에 500억을 투자[84]한다는 뉴스가 나오는 등, 전통적인 관광 시스템에 큰 변화가 일어날 것이 예고되었다. 미래 플랫폼의 진화

---

vi~vii쪽.

83 정수희·이병민, 〈지역의 문화자산으로서 문화콘텐츠와 문화콘텐츠관광 연구: 일본 콘텐츠 투어리즘 사례를 중심으로〉, 55~80쪽.

84 《매일경제》 2021년 10월 7일자, 〈[단독] "코로나 끝나면 수요 폭발한다". 여기어때, 온라인투어 500억 투자한다〉.

는 다양한 메이커maker[85]의 체험 및 활동 공간 확대로 이행될 것으로 기대된다.

기술의 발달로 모바일을 통한 정보 접근성이 향상됨에 따라, SNS를 통한 메이커의 문화 활동, 특히 MZ세대의 창의적 지식 생산 활동이 주목을 받고 있다. 개인 취향을 기반으로 한 지식 생산 활동을 통해 지역의 다양한 자원이 새로운 형태의 이미지로 전달되고, 그들이 먹고 머무른 장소와 구매한 상품들이 자연스럽게 잠재 방문객의 관심을 유도한다.

이들 메이커가 지역 콘텐츠 경험을 통해 형성한 지역에 대한 공감이 지역 주민에 대한 호감으로 발전하여 지역에 긍정적인 시각을 갖도록[86] 한다. 한 예로 크리에이터의 활동을 중심으로 한 네이버의 '제페토 스튜디오'는[87] 가상현실 내에서 의상 등 다양한 아이템을 직접 제작하고 판매하는 것은 물론 다양한 사람과 교류할 수도 있게 구현되었다.

---

85 메이커는 "1950년대 미국 MIT의 프로그래머 집단에서 시작된 해커문화를 모태로 형성되었다. 오늘날에는 개인 제작자이자 특정한 사회운동의 동조자"를 지칭한다. 이들은 인터넷 "네트워크를 통해 디지털 공유지(공동자원)에 접속"해 함께 문제를 해결하기 위해 지식과 기술을 공유한다. 정책적으로 이들에게 장소를 제공하여 디지털 분야의 교육과 기업을 연계하는데, 서울의 경우 애니메이션, 캐릭터 1인 제작자를 통해 지역 홍보를 주로 다뤄왔다. 최근 다양한 분야에서 메이커의 활동과 문화에 관심이 집중되고 있다. Kum-Mi Kim, "Creative Work and Production by Makers: The Case of the Seoul Metropolitan Theater's Applied Theater Class," *American Journal of Applied Sociology* 3(2), 2021, pp. 1-15.

86 정수희 · 이병민, 〈지역의 문화자산으로서 문화콘텐츠와 문화콘텐츠관광 연구: 일본 콘텐츠 투어리즘 사례를 중심으로〉, 55~80쪽.

87 메타버스를 활용한 순천향대학교 입학식, 블랙핑크 팬싸인회, 스포츠 · 기업 설명회, 기업 면접 · 회의, 세계지식인 포럼 등 다양하게 활용하였다. 네이버 Z, https://www.naverz-corp.com/news/detail/03. (검색일: 2021. 10. 11.)

정책적 측면에서 "기존 정부와 지자체에서 제안한 가상 콘텐츠 영역에서 실재하는 지역 문화콘텐츠 생산으로 이어지는 문화생산의 새로운 확장 형태"는, 기존 문화관광의 형태가 아닌 "문화와 경제의 상관관계 측면에서 접근"된 듯하다. 이러한 정책 반영 과정에서 "실제 도시의 발전 전략으로 인식되었기 때문에 콘텐츠 관광과 차이"[88]가 있으며, 핵심 콘텐츠인 한류 측면이 부각된 것으로 보인다.

추후 콘텐츠 투어리즘은 저작권을 바탕으로 국가·지역·제작사가 함께 상생할 수 있도록 좀더 세부적인 접근이 요구된다. 이는 미래 아이디어를 근간으로 한 창조산업에서 매우 중요한 이슈로, 향후 글로벌 핵심 전략에서 중추적인 역할을 할 수 있도록 다양한 분야와 연계되어야 한다. 결국, 콘텐츠 투어리즘은 콘텐츠를 구매하는 주 소비자를 대상으로 하며 온라인을 통한 홍보 및 마케팅으로 유도된다는 점에서, 꼭 한류가 아니더라도 핵심 콘텐츠를 중심으로 한 원소스멀티유스 스토리텔링에 집중할 필요가 있다. 이를 통해 핵심 콘텐츠가 부가산업들을 포함하여 지역의 창조경제를 이끌 수 있는 선순환 구조 체계를 구성할 수 있다.

온라인 콘텐츠 투어리즘 전략으로 앞서 기술했던 지도 유형과 다양한 정보와 이미지를 삽입한 여행안내서처럼, 누구나 여행 콘텐츠를 제작·공유할 수 있도록 해야 한다. 또한 지역 탐방객이 콘텐츠 스토리와 체험을 결합한 창조관광을 수행할 수 있도록 지역 문화자원을 연출해야 한다. 이는 사회적·문화적·경제적 접근과 함께 지역의 창

---

88 정수희·이병민, 〈콘텐츠 투어리즘의 구성요소와 한국형 모델 연구〉, 209~249쪽.

조적 경제활동과 연계되어 온라인 콘텐츠 투어리즘 모델 제시로 이어질 것이다. 이를 수행할 수 있는 주체로 유튜브 크리에이터, 아프리카 TV의 1인 제작자들을 들 수 있다. MZ세대는 디지털 디바이스를 이용한 동영상 제작과 정보 검색에 익숙하고, 적극적으로 콘텐츠 사용에 비용을 지출하며 SNS에 자신의 이야기를 공유하는 특징이 있다.

지역의 창조경제 성장의 핵심 요소로는 3Ts, 즉 기술Technology · 인재Talent · 관용적 분위기Tolerance가 중요하다. 특히 기술적 측면에서 다양한 플랫폼 전략을 통해 콘텐츠 소비 · 생산을 중심으로 메이커의 활동이 연계되어야 한다. 또한 국적 · 인종에 상관없이 그러한 인재를 포용할 수 있는 도시의 관용이 무엇보다 중요다는 점에서 "창조성의 영역을 사람 · 과정 · 상품 · 환경의 관계적 측면"에서 접근하여 제시할 필요가 있다.[89]

코로나19로 비대면 환경이 확대되면서 정치 · 경제 · 사회 · 문화 전반에 걸쳐 플랫폼 활동이 중요시되는 가운데, 문화체육관광부에서 메타버스를 활용하여 한강을 테마로 한 관광지를 구현한 바 있다. 실제 관광지를 '실감형' 관광 콘텐츠 유형으로 구현한 것인데, 국내 · 외 관광객에게 많은 호응을 얻었다. 인재들이 모여 활동할 수 있는 새로운 영역으로서 가상여행 관광 플랫폼은 이미 현실화되고 있다. 이에 지역 관광 정보를 메타버스 가상공간에 입히는 새로운 시도가 이어졌으며, 이는 국내 · 외 관광객에게 지역 및 도시의 안내서 역할을 톡톡히 하였다.

---

89 김동완, 〈규모의 지리 측면에서 바라본 창조적 계급과 도시 창조성: 도시 창조성의 재구성과 도시 정책적 시사〉, 148~175쪽.

미디어·콘텐츠 분야는 "타 직업군에 비해 감정과 경험 위주의 창조적 직업으로 자동화가 필요 없는 분야인 만큼"[90] 미래 유망 직종이라 할 수 있다. 이러한 창조성 영역, 즉 문화콘텐츠 분야의 이행 영역에서 메이커 등을 미래 핵심 인재로 키울 필요가 있다. 이를 위해 정책적 측면에서 향후 소재 혹은 주제에 맞는 아이디어를 기반으로 개인의 창조성을 키울 수 있도록 접근해야 한다. 과거 지식 생산과 문화 활동은 특권 계층의 전유물로 향유되었지만, 기술의 발전과 인터넷의 발달로 수용자가 다양한 정보를 수집·결합·해석하여 '지혜'로 발현 또는 '재창조'되는 경향이 두드러지고 있다. 이처럼 새로운 지식 생산 방안을 유도하는 인력 창출 모델 제시가 요구된다.

종합해 보면, 온·오프라인 콘텐츠 투어리즘에서 소비·생산 경로 혹은 홍보 및 마케팅의 창구로서 플랫폼이 인문학적 요소와 결합되는 미디어 및 디지털 융합 현상이 뚜렷해지고 있다. 이때 어떤 방식으로 사용되고, 어떤 프로세스를 구축할 것인지가 관건이다. 이는 각 나라의 문화산업 정책 방향과 깊이 연관되어 있으며, 문화산업 범위와 유형에 따라 다르게 나타난다. 따라서 첫째, 진흥 정책으로 반영되어야 하고, 둘째 당연히 지역마다 콘텐츠 환경이 다르므로 지역과 기업 그리고 정부가 협업해야 하며,[91] 셋째, 그 과정에서 수용자의 창의적인 아이디어를 중시해야 한다. 왜냐하면, 콘텐츠 투어리즘은 일반적인 콘텐츠 투어와는 다르게 개인의 취향이 우선되기 때문이다. 실

---

90 김동욱, 〈4차 산업혁명 시대에 미디어·콘텐츠 노동 환경의 변화 – 넷플릭스의 '데이터 경영' 사례를 중심으로〉, 《방송과 미디어》22(3), 2011, 8~17쪽.
91 정수희·이병민, 〈콘텐츠 투어리즘의 구성요소와 한국형 모델 연구〉, 209~249쪽.

제로 최근 수용자의 지역 문화 경험으로 이루어진 콘텐츠 제작 형태가 다양해지고 있다.

수용자의 콘텐츠 활동 및 생산은 그들의 활동 과정과 상품 측면에서 접근되어야 한다. 영화·드라마·애니메이션·문학·노래·게임·웹툰·공연 등 다양한 문화콘텐츠 수용자들의 문화 활동이 그 자체로 그치는 것이 아니라, 그들이 생산에도 적극 개입하여[92] 순례여행으로 이행된다는 점에서 수용자의 행위를 먼저 고려해야 한다.

콘텐츠 투어리즘이 "콘텐츠를 동기로 하는 관광 및 여행 행동이나 콘텐츠를 활용한 관광 및 여행 진흥"[93]을 목적으로 이루어진다는 점에서 MZ세대 메이커의 활동에 주목할 필요가 있다. 커뮤니티 중심의 적극적인 콘텐츠 사용, 자신의 지식을 공유하는 디지털 가상공간 활동이 더 증가할 것으로 보이는 가운데, MZ 세대에 의한 "참여와 공유, 소통을 전제로 하는 SNS 활동은 지역 경제에 부수적인 효과를 불러올 것이다. 이러한 특징은 기존 문화관광과 달리 매체 환경에 의한 새로운 콘텐츠 향유 방법으로서 창조관광의 가능성"을 보여 준다. 따라서 이들의 활동을 중심으로 스토리텔링을 통한 지역 커뮤니티 생성이 요구된다.

최근 각 문화산업의 진흥 정책에서 문화콘텐츠 수용 과정 중 창발적 아이디어 발현을 위해, 오프라인에서 이루어지는 개인의 경험과 함께 온라인에서 개인의 선형적 이야기 구조로 제시되는 지식화

---

92 정수희 · 이병민, 〈콘텐츠 투어리즘의 구성요소와 한국형 모델 연구〉, 209~249쪽.
93 윤수현, 〈문화적 경험을 극대화하기 위한 관광 유형으로서 '콘텐츠 투어리즘'의 가능성과 활성화 방향에 관한 연구〉, 321~337쪽.

된 정보의 공유가 중요하게 다루어지고 있다. 콘텐츠를 즐기는 다양한 분야에서 스타와 관련된 장소를 찾아 인증하는 팬 문화로 BTS 성지순례를 비롯하여 축구·TV프로그램·음식 등 다양한 성지순례들이 나타나고 있다. 이에 대중적인 순례여행 플랫폼이 구축[94]이 요구된다.[95]

최종적으로 온라인 콘텐츠 투어리즘를 통해 시공간의 구애 없이 다양한 정보를 언제·어디서나 접근할 수 있는 글로벌 핵심 콘텐츠 전략이 필요하다. 또한 이를 바탕으로 오프라인에서 개인의 창조성과 기술, 재능 등을 활용한 지적재산권 설정이 중요하다. 오프라인 콘텐츠 투어리즘 전략에서 중요한 사항은 다음과 같다. 첫째, 관광의 창의적 환경을 만들어야 한다. 이는 창조적 클러스터를 방문하는 것을 의미한다. 창조적 상품은 유명 작가나 화가 등과 관련된 창조적 관광 매력물이며, 창조적 과정은 관광객들을 위한 창조적인 온·오프라인 활동을 의미한다. 둘째, 지역 관광자원 정보를 지역 탐방객이 활용하여 재구조화할 수 있도록 해야 한다. 개인의 창조성을 바탕으로 이루어지는 관광 활동을 통해 창조성이라는 가치를 발견하여 관광산업과 연계된 교육 프로그램을 개발해야 할 것이다. 창조관광에서는 참여, 고유의 경험, 창조적 개발 잠재성, 기술 발전 등을 주요한 가치로

---

94 신광철, 〈성지순례 개념의 확장성에 대한 연구 - 콘텐츠 투어리즘의 사례를 중심으로〉, 69~92쪽.

95 예술을 매개로 한 대표적인 순례여행으로 '베네트 아트 프로젝트'를 꼽을 수 있다. 세토니해 나오시마에서 열리는 세토우치 국제예술제는 바다의 복권을 테마로 인간과 생명을 다루는데, 나오시마 주변 데시마·이누 등 세토내해 여러 섬에서 3년에 한 번씩 행사가 열린다.

다루고 있다. 셋째, 온라인 기반 커뮤니티를 통해 지역사회와 공감할 수 있도록 해야 한다. 즉, 4차 산업혁명 패러다임을 수용한 포스트코로나 대안 모델을 제시해야 한다. 넷째, 이를 개인의 창의성으로 구축된 공간에서 창조산업과 연계해야 한다. "문화, 예술, 여가 가치를 포함하는 재화와 서비스를 제공하는 산업으로 서적 및 잡지 출판·예술·공연예술·음악·영화·TV·패션·게임 등"[96] 다양한 분야가 연계되어[97] 각자가 정보 발신자로서 교류·공유하면서 지역 발전을 이끌 수 있을 것이다.

앞서 일본의 아니메 순례여행 진흥 정책이 지역과 아니메 제작사의 협력을 통해 도출되었던 것처럼, 자연발생형을 제외하고는 대부분의 창조관광이 전문예술가들에 의해 운영되고 있으며 창조관광 연구 또한 예술가나 관련 정부기관, 서비스 제공자, 기업가 등과 같은 공급자 주도적 관점에서 이루어졌다. 따라서 창조관광으로 이행되기 위해서는 "수요자의 적극적인 관심과 참여를 크게 요하는 관광 유형이라는 점에서 소비자의 관점이 간과되어서"는 안 된다.[98] 관광객들이 관광지의 특성에 따라 학습 경험에 적극적으로 참여할 수 있는 기회를 제공받음으로써 창조적 잠재성을 개발할 수 있는 관광 프로그램이 제공되어야 한다.[99] 지역에 창조적 풍토를 어떻게 만들고 운영

---

96 김동완, 〈규모의 지리 측면에서 바라본 창조적 계급과 도시 창조성: 도시 창조성의 재구성과 도시 정책적 시사〉, 148~175쪽.

97 김동완, 〈규모의 지리 측면에서 바라본 창조적 계급과 도시 창조성: 도시 창조성의 재구성과 도시 정책적 시사〉, 148~175쪽.

98 김동완, 〈규모의 지리 측면에서 바라본 창조적 계급과 도시 창조성: 도시 창조성의 재구성과 도시 정책적 시사〉, 148~175쪽.

99 지선진, 〈문화관광에서 창조성과 창조적 경험의 의미〉, 184~215쪽.

할 것인가, 그리고 그 프로세스를 어떻게 지속시킬 수 있는가에 대한 실천적 정책도구로서 창조도시 정책론이 요구된다.

참고문헌

경기문화재단 편집부, 《경기문학지도》, 경기문화재단, 2000.

김금미, 《지역문화콘텐츠 개발》, 〈김유정문학자원을 활용한 지역콘텐츠 연구 – 춘천시 실레마을을 중심으로〉, 도서출판 둥글, 2014.

동국대한국문학연구소, 《한국문학지도》, 계몽사, 1996.

심승구, 《문화재 활용을 위한 정책기반 조성연구》, 문화재청, 2006.

이희인, 《여행자의 독서》, 북노마드, 2013.

유진룡 외, 《엔터테인먼트 산업의 이해》, 넥서스, 2009.

김금미, 《현대문학자원의 정보구조설계: 김유정을 중심으로》, 한국외국어대학교 석사논문, 2012.

김금미 · 이영구, 〈구글지도를 활용한 문학지도 제작〉, 《한국콘텐츠학회 종합학술대회 논문집》 2012(5), 2012, 205~206쪽.

김나윤 · 김상헌, 〈문화콘텐츠 개발을 위한 지식정보체계〉, 《한국콘텐츠학회논문지》 11(12), 2011, 711~722쪽.

김동욱, 〈4차 산업혁명 시대에 미디어 · 콘텐츠 노동 환경의 변화 – 넷플릭스의 '데이터 경영' 사례를 중심으로〉, 《방송과 미디어》 22(3), 2011, 8~17쪽.

김동완, 〈규모의 지리 측면에서 바라본 창조적 계급과 도시 창조성: 도시 창조성의 재구성과 도시 정책적 시사〉, 《공간과 사회》 29, 2008, 148~175쪽.

김용표, 〈세계의 중심상징과 성지순례: 종교현상학적 접근〉, 《한국불교학》 57, 2010, 27~62쪽.

신광철, 〈성지순례 개념의 확장성에 대한 연구 – 콘텐츠 투어리즘의 사례를 중심으로〉, 《종교문화연구》 32, 2019, 69~92쪽.

안지영, 〈콘텐츠 투어리즘을 활용한 지역활성화 가능성 모색〉, 《외국학연구》 42, 2017, 487~504쪽.

윤수현, 〈문화적 경험을 극대화하기 위한 관광 유형으로서 '콘텐츠 투어리즘'의 가능성과 활성화 방향에 관한 연구〉, 《차세대 인문사회연구》 14, 2018, 321~337쪽.

윤수현 · 신광철, 〈일본의 콘텐츠 투어리즘 성공사례 분석: '지역 공동체 협력' 및

'팬과 지역 커뮤니티의 상호소통'을 중심으로〉,《글로벌문화콘텐츠학회 학술
대회》2017(1), 2017, 155~159쪽.

이동배,〈글로벌시대 문화콘텐츠의 스토리텔링 연구 – 케이팝 BTS사례를 중심으
로〉,《문화콘텐츠연구》17호, 2019, 69~93쪽.

이득우 외,〈게임화 투어테인먼트 서비스 플랫폼 설계 및 구현〉,《한국인터넷방송
통신학회 논문지》17(3), 2017, 153~158쪽.

이웅규 · 구정대,〈포스트 코로나에 대응하는 정부의 혁신적인 관광정책 연구〉,
《관광학연구》44(7), 2020, 87~106쪽.

이정훈,《콘텐츠투어리즘과 지역활성화 일본의 애니메이션 성지순례를 중심으
로》, 건국대학교 박사논문, 2021.

박희영,〈일본문화산업 속 애니메이션 콘텐츠 활용 방식과 전략 연구〉,《일본근대
학연구》66, 2019, 107~125쪽.

장원호 · 정수희,〈도시의 문화적 공감대로서 콘텐츠씬의 인식 – 콘텐츠 투어리즘
사례를 중심으로〉,《한국경제지리학회지》22(2), 2019, 123~140쪽.

정수희 · 이병민,〈콘텐츠 투어리즘의 구성요소와 한국형 모델 연구〉,《문화콘텐츠
연구》18, 2020, 209~249쪽.

정수희 · 이병민,〈지역의 문화자산으로서 문화콘텐츠와 문화콘텐츠관광 연구: 일
본 콘텐츠 투어리즘 사례를 중심으로〉,《관광연구논총》28(4), 2016, 55~80쪽.

지선진,〈문화관광에서 창조성과 창조적 경험의 의미〉,《문화정책논총》31(1),
2017, 184~215쪽.

최희수,〈독일 고성가도 사례로 본 테마길 개발의 방향〉,《글로벌문화콘텐츠》14,
2014, 21~41쪽.

周文業,〈以地理信息系統 GIS 构建中国文学信息平台〉,《文学地理學》, 北京：国家
图书馆出版社, 2014.

岩間英哲 他,〈コンテンツによる地域振興の研究 —アニメツ―リズムの成立条件
と構造—〉,《専修ネットワーク&インフォメーション》21, 2013, pp.20-21.

大石玄 · 五十嵐大悟,〈日本政府による〈コンテンツ〉および「コンテンツツ―リズ
ム〉の語の使用とその定義に関わる経緯について―2000年代の知財立国およ
び観光立国推進の政府内での検討を踏まえて〉,《富山県立大学紀要》30, 2020.

Terence W. Cavanaugh & Jerome Burg., *Bookmapping- Lit Trips and Beyond*, USA:

ISTE, 2010.

Kum-Mi Kim, "Creative Work and Production by Makers: The Case of the Seoul Metropolitan Theater's Applied Theater Class," *American Journal of Applied Sociology* 3(2), 2021, pp. 1-15.

국가법령보호센터, https://www.law.go.kr/lsSc.do?section=&menuId=1&subMenu Id=15&tabMenuId=81&eventGubun=060101&query=%EC%BD%98%ED%85%90%EC%B8%A0#undefined. (검색일: 2021. 10. 10.)

네이버 Z, https://www.naverz-corp.com/news/detail/03. (검색일: 2021. 10. 11.)

다음사전, 콘텐츠, 디지털 콘텐츠, https://dic.daum.net/search.do?q=%EC%BD%98%ED%85%90%EC%B8%A0. (검색일: 2021. 10. 10.)

애니메이션 성지순례 어플 '무대 순회(舞台めぐり)' 사용 후기, https://bbs.ruliweb.com/family/3094/board/181035/read/9439669. (검색일: 2021. 1. 7.)

《경향신문》 2021년 7월 21일자, 〈MZ세대가 말하는 '코로나 시대의 여행'…"랜선여행은 일시적 해소 방안일 뿐"〉.

《조선일보》 2021년 7월 19일자, 〈"MZ세대라고 통칭하지 마세요"…M세대는 '실속', Z세대는 '편리'〉.

《매일경제》 2021년 10월 7일자, 〈[단독] "코로나 끝나면 수요 폭발한다". 여기어때, 온라인투어 500억 투자한다〉.

괴테포털, http://www.goethezeitportal.de.

GoogleLittrips, http://www.googlelittrips.org /Vimeo http://vimeo.com/.

中国现代文学馆, www.wxg.org.cn.

富山観光アニメプロジェクト「泣かせる空に会いたい」, http://www.bbt.co.jp/cooltoyama/. (검색일: 2021. 12. 14.)

포스트투어리즘의 새로운 렌즈

2023년 6월 30일 초판 1쇄 발행

지은이 ┃ 정은혜 김지영 이세윤 곽연경 김주락 최서희
　　　　장윤정 이하영 이나영 손유찬 김금미
펴낸이 ┃ 노경인 · 김주영

펴낸곳 ┃ 도서출판 앨피
출판등록 ┃ 2004년 11월 23일 제2011-000087호
주소 ┃ 우)07275 서울시 영등포구 영등포로 5길 19(양평동 2가, 동아프라임밸리) 1202-1호
전화 ┃ 02-336-2776　팩스 ┃ 0505-115-0525
블로그 ┃ bolg.naver.com/lpbook12
전자우편 ┃ lpbook12@naver.com

ISBN 979-11-92647-14-2　94300